Clara Maria Bagus

Die Unvollkommenheit des Glücks

CLARA MARIA

BAGUS

DIE Unvollkommenheit DES GLÜCKS

Roman

PIPER

Mehr über unsere Autorinnen, Autoren und Bücher:
www.piper.de

Wenn Ihnen dieser Roman gefallen hat, schreiben Sie uns unter Nennung des Titels »Die Unvollkommenheit des Glücks« an *empfehlungen@piper.de*, und wir empfehlen Ihnen gerne vergleichbare Bücher.

Von Clara Maria Bagus liegen im Piper Verlag vor:
Die Farbe von Glück
Der Klang von Licht
Die Unvollkommenheit des Glücks

Unser Versprechen für mehr Nachhaltigkeit
Klimaneutrales Produkt
FSC®-zertifiziertes Papier
Hergestellt in Deutschland

FSC
www.fsc.org
MIX
Papier | Fördert gute Waldnutzung
FSC® C014496

ISBN 978-3-492-07297-7

Satz: Satz für Satz, Wangen im Allgäu
Gesetzt aus der FreightText Pro
Druck und Bindung: GGP Media GmbH, Pößneck
Printed in Germany

Für meinen Mann und meine Söhne

Du bist nur ein einziges, unwiederholbares Mal
auf dieser Welt.
Worauf wartest du? Fang an zu leben.
Es ist viel später, als du denkst.

Dies ist die Geschichte einer Frau und eines Mannes.
Die in denselben Himmel blicken.
Ihrer voller Zugvögel. Seiner voller Trümmer.
Sie will dem Leben entkommen. Er dem Tod.
Und was sie finden, ist Licht, das Licht berührt.

Prolog

Manchmal sieht man tagelang keinen Himmel. Die Welt ist in einen dichten Nebel gehüllt, den nachts nicht einmal das Licht des Vollmonds zu durchdringen vermag.

Manchmal scheint die Sonne so grell, dass sie alle Farben ausbleicht und alles wie ein stark überbelichtetes Foto erscheinen lässt.

Doch manchmal ist alles im Gleichgewicht: Hell und Dunkel, Klarheit und Undurchsichtigkeit, Leuchten und Verglühen.

An manchen Tagen ist die Nacht so dunkel, als ob hinter zahllosen Schichten von Schwärze das Blau des nächsten Tages unüberbrückbar weit entfernt läge.

An anderen Tagen strömt das Licht vom Himmel wie Kristall. Die Luft ist blau. Ein Blau voller Leichtigkeit. Ein Blau, das man in die Hand nehmen kann.

1

Erinnerungen

Man sagt, jene, die aus dem Krieg zurückkehren, werden ein Leben lang von ihm heimgesucht. Zum Beispiel, wenn sie abends im Bett liegen und die Augen schließen. Dann stürmen die Erinnerungen auf sie ein, besonders jene Gräueltaten, zu denen sie in ihrer Rolle als Soldaten gezwungen wurden. Schlagen sie die Augen auf, verschwinden die quälenden Bilder, doch mit geschlossenen Lidern sind sie immer da.

Ganz gleich, wie unbeteiligt die Szenen, Filmen gleich, in ihren Köpfen während des Kampfes auch aufgenommen wurden, wie frei von emotionaler Kraft – weil Soldaten im Krieg von ihrem wahren Wesen abgeschnitten sind, weil sie nicht mehr denken und fühlen dürfen, nur reagieren –, spiegeln die im Kopf abgespulten Filme nach dem Krieg jedes Detail wider. Die dauernden Wiederholungen statten die Bilder mit einer solchen Bedrohlichkeit aus, die der Soldat bei seinen Taten vielleicht nicht empfunden hat, nicht empfinden durfte, die jedoch jetzt mit Wucht auf ihn einstürzen. Unauslöschlich in die Sehnerven eingebrannt, quälen die Szenen den Rückkehrer nun. Bleiben bis in jeden Winkel hinein spürbar, bis ans Lebensende.

2

Die Katastrophe

Zensur in allen Medien. Nur noch die Täuschung wird abgedruckt. Und die, die für die Wahrheit kämpfen, werden beiseitegeschafft. Dann plötzlich kippt das Land ins Dunkle. Ohne dass es jemand merkt. Es merkt niemand, weil es keiner glaubt. Und dann ist es zu spät. Der Krieg verliert sein Fragezeichen. Er wird zu einem Punkt, dann zu einem Ausrufezeichen. Er ist keine ausgedachte Geschichte mehr in einer ausgedachten Welt. Kein Film und kein Roman. Er ist real.

Sie schrecken auf. Fallen aus ihren Träumen vom Frieden – wie durch dünnes Eis. Das, von dem sie geglaubt hatten, es würde nie geschehen, geschieht.

Der Frieden der vergangenen Jahrzehnte war nicht dauerhaft, wie gewähnt. Er war nur eine Atempause zwischen den Kriegen, nur eine Zeitfalte in der Geschichte, in die wir uns gebettet hatten, solange das Glück auf unserer Seite war.

In ihren Köpfen hagelt es Gedanken.

So schön die Vergangenheit auch war, legen sich jetzt Schatten auf den Rückblick und nehmen allen Annahmen über eine gütliche Welt die Farbigkeit.

Jetzt erkennen sie: Schon Jahre zuvor hatten sich erste Risse im Frieden gezeigt, hatte der Wind den Duft der Freiheit davongeblasen und in entfernte Gebiete geweht.

Viel zu lange hatten sich die Länder an das geklammert, was alle zu vereinen schien: den Schrecken an die Grausamkeit der bisherigen Kriege, aus denen wir glaubten, herausgewachsen zu sein, die niemand mehr in solch tierischer Form erwartet hätte.

Und dann begreifen sie: Er war immer schon da. Dieser Krieg. Still war er mitgezogen und hatte von Jahr zu Jahr ihrer Untätigkeit an Kraft gewonnen. Um nun zuzuschlagen.

Zuversicht ist zur Bedrohung geworden. Und Ignoranz zum Wagnis. Die Lieferung von Blutkonserven an die Grenze, das kann kein bloßes Manöver sein. Und dann zerbersten die ersten Granaten. Zerstören Häuser. Zerfetzen Menschen. Raketen schießen in den Himmel, explodieren in tausend Splitter aus geschmolzenem Licht. Gebäude brechen in Flammen aus. Felder angesät mit menschlichen Gliedmaßen. Und in den Schützengräben harren die Soldaten. Alles Sterbende. Ohne zu sterben.

Wie hatte es nur so weit kommen können? Zu diesem barbarischen Echo der Vergangenheit.

3

Lew

Lew, fünfundvierzig, ist ein gut aussehender Mann auf die ungeschliffene Weise. Er ist groß, schlank, hat dunkles, leicht gewelltes Haar, markante Züge und einen gepflegten Sechstagebart. Ein leicht vorspringendes Kinn betont das scharf geschnittene Gesicht. Ein dichter schwarzer Wimpernkranz umgibt seine grauen Augen. Sein sehniger Körper bewegt sich mit einer natürlichen Zwanglosigkeit.

Lews ganzes bisheriges Leben ist windstill verlaufen. Ohne größere Aufstiege oder Abstürze, ohne nennenswerte Erschütterungen oder Gefahren. Nie hat ein Sturm, selten ein scharfer Luftzug hineingeweht in seine behagliche Existenz. Und wenn das Schiff, auf dem er gerade durchs Leben segelte, doch einmal leckte und voller Wasser lief, schnappte er sich ein Rettungsboot und ging von Bord.

Lews Leben ist eines mit wenigen Spannungen und nur unmerklichen Veränderungen. Aufgrund unzähliger Abschirmungen geschieht in seiner Welt nie etwas Plötzliches. Die Katastrophen, die sich auf der Erde ereignen, finden in seiner Wahrnehmung in der Peripherie statt, durchdringen jedoch nie sein gut gepolstertes, abgesichertes Dasein. Er ist viel zu sehr mit sich selbst beschäftigt, als dass er fremdes Leid in den mannigfaltigen Erscheinungs formen an sich herankommen lässt. Was draußen in der Welt geschieht, ereignet sich praktisch nur in der Zeitung, klopft nie an seine Wohnungstür. Stets im gleichen Rhythmus lässt er sich von der Welle der Zeit weitertragen.

Lew ist ein Mann, der jedem Gedanken an Familie ausweicht. Sein Leben lang schon ist er ein unabhängiger, freiheitsliebender Mensch, der sich jeglicher Art von Vertrautheit und Verpflichtung entzieht. Er liebt das unbeschwerte Kosten und Genießen.

Obwohl seine Freunde längst verheiratet sind und teils schon beinahe erwachsene Kinder haben, betrachtet Lew sich noch immer als jemand, der unermesslich viel Zeit vor sich hat.

Er fühlt sich wohl in der Rolle des Liebhabers. Gekonnt versteht er es, den emotionalen Schlaglöchern des Lebens auszuweichen. Wenn es Lew zu eng wird, stiehlt er sich einfach davon und hinterlässt nichts als Chaos – ganz so wie ein Dieb ein geplündertes Haus. Für ihn lässt sich Partnerschaft am besten als Destillat leben, in kurzen, konzentrierten Dosen. Alles, was danach kommt, geht ihn nichts an. Er besitzt das Talent, Erwartungen zu enttäuschen.

Tief berührt ihn keine. Außer diese eine Frau – eine Begegnung vor zehn Jahren –, die ihn verzaubert hat wie keine davor und keine danach. In einer einzigen Nacht. Es war nicht einmal Sex gewesen. Ein bloßer Kuss. Die Magie eines Augenblicks. Der Funke, den man nie vergisst. Sie war ihm »zugestoßen«, diese Frau.

Jedes Mal, wenn er daran denkt, wie seine Fingerspitzen über ihre Arme, ihren Hals, ihr Gesicht geglitten waren und sie ertastet hatten, spürt er mit Erstaunen, aus welcher Ferne diese Frau in sein Leben getreten war, es umgeworfen, mit einem Sturm von Glück erfüllt und es wieder verlassen hatte.

In den Beziehungen, die er seitdem mit Frauen führt,

vermisst er stets etwas, das ihn zum Bleiben bekehrt. Der Atmosphäre fehlt entweder die letzte Beschwingtheit, oder aber sie enthält nicht genug Spannendes, Prickelndes, Elektrisierendes. Das besonders Glückhafte, das fast jeder Mensch zu Beginn einer neuen Beziehung empfindet, das Verliebtsein, jenes knisternde Verhältnis eben, das sich unaufhaltsam bei der ersten Nähe ergibt, hat er nach der einen mit keiner mehr erlebt. Ohne dieses Beflügelnde versickert der anfänglich flirrende Reiz rasch, und was er an Zuneigung zu empfinden imstande ist, reicht nicht aus, um ihn länger als einige Wochen bei einer Frau zu halten. Die Unzufriedenheit der Frauen bleibt ihm ein Rätsel, allerdings eins, dessen Auflösung ihn nicht sonderlich interessiert. Als seine Mutter ihm rät, er solle bei den Frauen weniger auf das Äußere achten, gibt er salopp zurück, bei den meisten gäbe das Innere auch nicht viel her.

Überzuckert von zu vielen Komplimenten und Privilegien genießt er das leichte, verantwortungslose, klingende Leben und bleibt sich selbst genug. Ein Schlendrian, der dahinlebt wie in einer behaglichen Dämmerung. Achtlos zieht Lew an Dingen vorüber, die einen Mann in seinem Alter eigentlich beschäftigen sollten. Nur ab und an schleicht sich ein Hinterfragen in sein Bewusstsein, und es scheint ihm mit seinem Leben etwas nicht ganz richtig zu sein, etwas darin zu fehlen. Aber er findet nicht heraus, was es ist.

An einen möglichen Krieg hat er nie geglaubt. Für ihn stehen die Beziehungen der Länder untereinander fest und unverrückbar. Im heutigen Zeitalter scheint ihm alles Radikale und Undurchdachte ohnehin ausgeschlossen. Lew, im Militär einst zum Kampfjetflieger ausgebildet, ist heute Luft- und Raumfahrtingenieur und meint, der stetige technische Fortschritt müsse auch einen stetigen moralischen Aufstieg zur Folge haben.

Noch ist ihm nicht bewusst, dass dieser Krieg ein weiterer ist, der zeigt, dass weder die Spannungen zwischen Ländern zerfließen noch die Grenzen zwischen Konfessionen. Dass die Menschen weiter vom Frieden entfernt sind, als sie glaubten. Dass dieser Krieg die Welt um Jahrzehnte menschlicher Anstrengungen zurückwerfen wird.

Noch denkt er, dass dieser Krieg eine kurze Angelegenheit sein wird. Noch lebt er in der Überzeugung, dass er sein Leben selbst im Krieg bis auf die winzigste Lücke gegen das Schicksal verbarrikadieren kann.

4

Ana

Etwa eintausendsechshundert Kilometer weiter südwestlich, in einem Land ohne Krieg, lebt Ana, zweiundvierzig. Eine Frau mit blasser, fast papierweißer Haut, auf deren Wangen sich ein Hauch von Röte abzeichnet, sobald es draußen etwas kühler ist. Ihr langes, immer leicht zerzaustes Haar schimmert in der Farbe von Hagebutten und fällt in weichen Wellen über ihre Schultern. Ihre Augen sind von einem blassen, zerfließenden Blau.

Ana hat ein Gesicht ohne besondere Kennzeichen. Ein Gesicht, das in der Menge unsichtbar bleibt. Eigentlich. Denn in gewisser Hinsicht wirkt sie doch anziehend. Keine Schönheit, aber eine Ahnung von Schönheit. Eine stille Schönheit. Eine geräuschlose. Sie ist eine Frau, die auf schlichte Weise hübsch ist. Ganz so, als verkörperten ihre zarten Züge, ihre hohen Wangenknochen, ihre schmalen Lippen und die ganze Unauffälligkeit ihrer Erscheinung das weibliche Vorbild einer neuen Epoche. Einer Epoche, die es noch zu entdecken gilt. Einer leisen Epoche.

Ana weiß, sie macht sich zu viele Sorgen und lebt zu sehr in ihrem Kopf. Doch wie auch nicht? Ihr Wesen saugt Stimmungen geradezu auf. Nicht nur die eigenen, auch die der anderen. Kaum betritt sie einen Raum, erfasst sie dessen emotionalen Tenor. Sie absorbiert die Emotionen der Menschen, die sie umgeben, buchstäblich. Dafür muss sie die Leute gar nicht lange in Augenschein nehmen. Hinzu kommen ihre eigenen Gefühle, die viel zu rasch und intensiv auf die Umgebung reagieren. Folglich muss Ana nicht nur die kompliziert gewordene äußere Welt stets neu für sich ordnen, sondern zusätzlich ihre eigenen Emotionen und jene, die von anderen auf sie einströmen. Vermutlich liegt es an diesem ausgeprägten Innenleben, dass sie immer recht müde wirkt.

Ana mag den frühen Morgen. Dann, wenn es draußen noch leise ist. Und die Abenddämmerung. Dann, wenn alles ruhig wird. Sie liebt sie, die Ränder des Tages, wenn die Welt gedämpft ist und still.

Der Grund, warum sie einst in die Stadt gezogen ist, ist zum Grund geworden, aus der Stadt fortzuziehen: die vielen Menschen, das flirrende, gellende Leben.

Anfangs hat Ana die bodentiefen Fenster ihrer Wohnung genossen. Sie offenbarten, was die Stadt zu bieten hatte: an Wetter, an Licht, an Möglichkeiten. Doch inzwischen lassen sie zu viel hinein. Selbst wenn sie geschlossen sind, wird das Appartement vom Lärm überflutet. Von der Hast und Grelle der Schnelligkeit. Es bleibt nicht mehr draußen, dieses heutige Leben, es dringt bis in die Häuser ein, in jede Wohnung, in jedes Zimmer. Es entspricht ihr nicht, und sie entspricht nicht ihm.

Ausziehen sollte sie. Fort. Doch wohin? Beinahe zehn Jahre lebt sie nun hier. Ihr Ex-Freund Mika hatte das Appartement zuerst bewohnt und sie damals – nur wenige Wochen nachdem sie sich kennengelernt hatten – überredet, ihre kleine Wohnung aufzugeben und zu ihm zu ziehen. Zu jener Zeit wusste Ana noch nicht, dass ihr Zuhause das erste einer langen Reihe von Dingen war, die sie für ihn aufgeben sollte. Letzten Endes sich selbst. Doch das merkte sie erst, als er sie vor zwei Jahren verließ.

Mika hatte Ana Ziele, Pläne und sogar Gedanken übergestülpt. Sie hat nahezu jede seiner Belehrungen ernst genommen und befolgt, ohne zu merken, dass diese Anweisungen sie so weit von sich selbst wegführten, dass sie letzten Endes keine wirkliche Person mehr war. Nur noch ein Abziehbild von Mika oder der Frau, die er in ihr sehen wollte. Mit der Zeit war Ana so gut darin geworden, ihre eigenen Neigungen zu unterdrücken, dass sie sich derer jetzt kaum noch bewusst ist. Wie ein reißender Fluss ein Flussbett auswäscht, sein zerrender Strom Gestein und Boden erodiert, hat Mikas Dominanz mehr und mehr von Anas Persönlichkeit davongeschwemmt.

Warum sie noch immer in diesem Appartement wohnt, das ursprünglich seines war, weiß sie nicht. Der abgestandene Geruch nach Vergangenheit klebt in jeder Ecke und klemmt ihr die Luft ab. Längst hätte sie sich etwas Neues suchen sollen, ohnehin ist es nur noch eine Frage der Zeit, bis ihre Rücklagen aufgebraucht sind und sie die Miete nicht mehr zahlen kann. Ihre Ersparnisse: das Geld, das ihr Vater nach der Trennung der Eltern vor nun fast dreißig Jahren monatlich bis weit nach Abschluss ihres Studiums an sie überwiesen hatte. Irgendwann hat er die Zahlungen eingestellt – kein Wunder, weder sie noch ihre Schwester Daria haben sich je bei ihm gemeldet, nicht einmal, um sich für die regelmäßige finanzielle Spritze zu bedanken. Ana rührte das Geld nie an, hielt sich während des Studiums – Journalismus und Kreatives Schreiben – mit Nebenjobs bei Zeitungen über Wasser und lebte nach Abschluss ihres Bachelors von ihrem spärlichen Gehalt als freie Journalistin. Später dann, als sie mit Mika zusammenwohnte, zahlte Mika die vollständige Miete für das Appartement weiterhin allein. Seit er jedoch ausgezogen ist und Anas monatliches Einkommen, das sie sich durch unregelmäßige Auftragsarbeiten verdiente, immer dünner wurde, rettete ihr das Geld des Vaters das Leben oder zumindest den Alltag. In wenigen Monaten wäre allerdings auch dieses Konto leer.

Wenn sie es sich richtig überlegt: Der Inhalt der Wohnung, ihr bescheidener Besitz, wäre schnell in Kisten gepackt. Das Appartement war sowieso für eine andere Zukunft gedacht gewesen, für eine, die nun nicht mehr stattfinden wird.

Doch wohin?

Sie versteht es nicht: das Zeitgemäße, das Laute, das Hektische, die Oberflächlichkeit. Sie findet keinen Zugang zu dieser Welt, in der unsere Aufmerksamkeit von kurzlebigen Geschehnissen absorbiert wird, die dann irgendwo in uns verschwinden, als seien sie nie da gewesen. Manchmal fühlt sie sich in dieser Zeit so verloren, als irre sie in einem fremden Jahrhundert umher.

Es ist schwer für Ana, das moderne Leben auszuhalten. Den Rhythmus dieser Epoche. In der an einem einzigen Tag so viel geschieht wie früher in einem Jahrhundert. In der eine Erfindung die andere jagt. In der eine erschreckende Nachricht auf die nächste folgt. Diesen Takt, der sich unweigerlich auf den Menschen überträgt, unser Hirn überfordert, das noch immer ein anderes Maß hat und sich einer solchen Schnelligkeit gar nicht so rasch anpassen kann.

In Anas Augen hat der Fortschritt früherer Jahrhunderte das Leben der Menschen einfacher gemacht. Heute, davon ist sie überzeugt, macht er es schwerer. Damals, als der Reißverschluss die Knöpfe ersetzte, das Auto die Pferde und der Computer die Schreibmaschine, passte die äußere Geschwindigkeit noch zur inneren. Doch heute? Heute überholt uns das Außen, und wir hinken hinterher mit unserem biologischen Gehirn. Immer zügiger ersetzt künstliche Intelligenz den menschlichen Verstand. Und wieder fehlt uns ein Grund, um nachzudenken.

Es erschöpft Ana, dieses heutige Dasein, in dem der Einzelne in einem ständigen Wettstreit ist, die anderen und sich selbst übertreffen zu müssen. Dieses gierige Vorwärtsjagen. Dieses Getriebensein. Dieses Verlangen, durch ständige Posts und Statusberichte in den Sozialen Medien Aufmerksamkeit zu erhaschen. Dieser Hunger nach Selbstdarstellung und Bestätigung, der in den Blutkreislauf der Zeit eingedrungen zu sein scheint. Eine Art zu leben, die uns verbraucht, die uns leert.

Sollten wir nicht versuchen, uns selbst Anerkennung zu geben, statt ihr im Außen nachzujagen? Machen wir uns nicht zu Gefangenen, wenn unser Wohlbefinden derart von anderen Menschen abhängig ist? Vergleichen wir uns in den sozialen Netzwerken nicht ohnehin nur mit der beschönigten Version des Lebens anderer? Denn wer postet sich selbst schon in einem schwarzen Moment? Warum also sind die im Sekundentakt eintrudelnden Veröffentlichungen anderer und das stetige Surren des Mobiltelefons ein solcher Magnet? Wenn sie sowieso nur dazu führen, dass wir uns schlechter fühlen als vorher.

Die maßlose, ungeheuerliche Leere der Zeit erschreckt Ana. Die meisten Menschen kommen ihr vor wie Pflichtmaschinen. Die arbeiten und arbeiten. Und keine Ruhe finden. Die durch die Tage hasten und nie stehen bleiben. Wie aufgezogene Uhren. Bis die letzte Sekunde vorüberzieht und das Uhrwerk für immer stehen bleibt. Und was war das dann für ein Leben?

An jeder Straßenecke springt Ana das Gefühl der Absurdität an. Nirgendwo ist man sicher vor dieser Invasion. Überflüssige Lichtreklamen, Screens an jeder noch so unsinnigen Stelle. Sie sind ihr zu viel, diese unzähligen flirrenden Reize und Sinnesempfindungen. Diese durch ständiges Vergleichen überempfindlichen Augen und Ohren. Diese Gesellschaft, die nach Ausrufezeichen verlangt, nach Lautstärke, in der man schreien muss, um sich verständlich zu machen. Die fordert, stets überall präsent zu sein, und dabei vergisst, dass es für manche schon schwierig genug ist, überhaupt zu existieren. Ana kann nichts Natürliches in dieser Lebensführung finden, und doch hat sie ihr keine Alternative entgegenzusetzen. Sie irrt in dieser Welt umher wie in einem Labyrinth.

Unzählige Male hat sie versucht, das Weltgeschehen für sich zu ordnen. Aber wie soll es einem hochsensiblen Menschen gelingen, die äußere Welt zu ordnen, wenn die innere stets durcheinander ist?

Am liebsten bleibt sie für sich. Selbst mit Freunden geht Ana nur gelegentlich aus. Wozu auch? In der heutigen Zeit macht man Bekanntschaften, wie man sich eine Zigarette anzündet. Man nimmt ein paar Züge, gerade so viele, wie einem schmecken, und wenn man genug hat, drückt man das spärliche Glimmen aus.

Früher versuchte Ana noch, sich mit einem bestimmten Kreis von Leuten innerlich zu verbinden. Aber es gelang ihr nur selten. Schwerlich fand sie Menschen, mit denen sie über Dinge sprechen konnte, die ihr wichtig sind. Sich darüber auszutauschen zum Beispiel, was der Sinn des Lebens ist oder wie man ein gutes Leben führt, wie man seinen eigenen Weg findet und nach einem Scheitern wieder aufsteht. Doch sie kennt nur wenige, die so tief über das Leben nachdenken wollen. Die Konfrontation mit sich selbst ist nicht jedermanns Sache.

Hinzu kam Anas achtjährige destruktive Beziehung mit Mika, die ihren Kontakt mit anderen nicht leichter gemacht hat, sondern schwerer. Als Ana Mika kennenlernte, ging sie noch regelmäßig mit Freundinnen aus. Doch Mika kontrollierte Ana mehr und mehr, redete ihr Treffen genauso aus wie die Freundinnen selbst. Als Ana begriff, warum er das tat, war es bereits zu spät. Das Problem des Betrügers ist nicht, dass ihm keiner glaubt, sondern dass er keinem glaubt.

Überhaupt stand Mika jeglicher Freundschaft, die Ana damals noch mit anderen unterhalten hat, sowie all ihren Lieblingsbeschäftigungen im Weg. Er drängte all ihre Interessen in den Hintergrund und verkleinerte ihren Lebenskreis immer weiter. Anfangs schleichend, nahezu unmerklich, bis Anas Leben auf einen einzigen Menschen, auf einen einzigen Punkt, geschrumpft war. Auf Mika.

Von Monat zu Monat beschränkte sie ihre Existenz mehr und mehr auf die Beziehung mit diesem Mann, verlor unter dieser Einengung allmählich ihre eigene Identität. Überließ sich einem Leben, das Mika diktierte. Entfernte sich von Tag zu Tag mehr davon, wie sie eigentlich leben wollte.

Bis Mika ging. Und ihr Ich mitnahm.

Jetzt sucht Ana nach einem Versteck vor der Welt. Nach einem Ort, der ihr die Menschen und das Leben vom Leibe hält. Doch wo einen solchen Platz finden? Wo war man vor Menschen sicher?

Sie ist um jeden Tag froh, an dem sie mit niemandem reden muss. Lebt im Schattenland der Zerbrechlichen. Nimmt bloß als Beobachterin am Leben teil. Schränkt ihren Lebensraum auf den kleinstmöglichen ein. Denn nur in der Miniaturwelt, die sie sich erschaffen hat, fühlt sie sich sicher.

Und doch vergeht kein Tag ohne das Gefühl, die Zeit auf dem Erdball unbeholfen und ungenutzt davonrinnen zu lassen. In dieser Abgeschiedenheit, in der sie lebt. In dieser Entrücktheit.

Ja, vielleicht ist sie das, was viele über sie sagen: sonderbar.

All die Jahre ist Ana das gewesen, was Mika ihr einflößte: ein Nichts. Wie hätte sie ihm auch nicht glauben sollen? Die Leute schauten schon immer an ihr vorbei oder vielmehr durch sie hindurch, ganz so, als sei sie unsichtbar. Beinahe kann sie es verstehen. Schließlich ist ihr Hauptmerkmal Blässe.

Wenn sie jetzt verschwinden würde, wäre es, als hätte es sie nie gegeben. Will man so leben? Spurenlos?

Ana weiß, sie muss etwas tun. Sie muss etwas ändern. Doch sie scheitert an sich selbst. Immer und immer wieder. Nichts scheint möglich zu werden. Und sie nie die, die sie eigentlich sein will. Sie entkommt sich nicht. Wie wir uns nie entkommen, bevor wir in uns ankommen. Wie gern würde sie ihre Wahrheit finden. Doch wo danach suchen?

Angefüllt und umgeben von dichtem Nebel steht sie da. Hat keine Ahnung, wer sie ist, und wartet darauf, dass die Welt es ihr sagt. Sie wünscht sich, sie könnte das Rätsel ihres Wesens lösen, könnte jenen Teil in sich erkennen, der sie in Wahrheit bestimmt. Aber dafür müsste sie leben. Und das wagt sie nicht. Der Schritt ins Leben macht ihr eine solche Angst, dass sie sich täglich weiter zurückzubewegen scheint statt vorwärts.

Ana fragt sich, wie viele Menschen es wohl da draußen gibt, die ähnlich empfinden wie sie. Wie viele nach ihrem Platz suchen. Und: Wie macht man sich auf die Suche, wenn man nicht mal weiß, wonach?

5

Der Brief

Der Brief erreicht ihn an einem Mittwochmorgen. Ein Einschreiben in einem amtsgrünen Umschlag. Als Lew ihn in den Händen wiegt, legt sich ihm eisiger Schweiß auf die Haut. Er dreht das Kuvert. Auf der Rückseite ist ein Wappen eingestanzt. Lew reißt den Umschlag auf und zieht das dünne Papier heraus. Seine Finger zittern, als er das Blatt auseinanderfaltet. Plötzlich kribbelt Furcht in seinen Nerven. Er überfliegt das Schreiben. Es ist dreimal unterschrieben und gestempelt. Eine wichtige Angelegenheit. Er liest es noch einmal. Diesmal konzentrierter. Dennoch erscheint es ihm, als wackelten die Buchstaben hin und her. Als zerflössen sie für den Bruchteil einer Sekunde und schwömmen dann in ihre Form zurück.

Lew hat ihn erwartet, diesen Brief. Er hat sich sogar freiwillig gemeldet, trotz seines Alters. Es war seine Chance, endlich wieder die Kraft der Luft zu spüren. Endlich wieder der einzigen Leidenschaft nachzugehen, die er wirklich hat: Fliegen.

Und doch. Und doch denkt er jetzt an seine Mutter, die beinahe siebenundachtzig ist und sich langsam aufzulösen beginnt. In den letzten Jahren hat sie sich sukzessive verändert. Und auch wenn die einzelnen Schritte dieser Veränderung nur unmerklich zu spüren waren, so ist sie doch ganz offensichtlich alt und brüchig geworden.

Was soll er ihr bloß sagen? Wie soll er es ihr sagen? Er muss zu ihr fahren. So etwas sagt man nicht am Telefon.

Lew ist bereit, seinem Land zu dienen. Dem Land, das diesen Krieg vor nun fast einem Jahr begonnen hat. Jetzt, da es für ihn so weit ist.

Seit fast zwanzig Jahren ist er als Ingenieur im Flugzeugbau tätig. Er ist derjenige, der die Steuerungssoftware von Militärflugzeugen wie kein anderer kennt. Ein Experte. Eine Koryphäe.

Aufgrund seines Alters trafen ihn nicht die ersten Wellen der Einberufung. Jetzt ist er eingezogen.

Einen wie ihn kann man brauchen. Das weiß er. Keine Frage, die jungen Piloten haben die besseren Augen, die schnelleren Reaktionen, die größere Ausdauer. Dafür hat er mehr Erfahrung. Außerdem können ihm andere Augen beim Sehen helfen, zum Beispiel die eines scharfsinnigen Co-Piloten. In diesem Krieg, da ist er sich sicher, wird er sich beweisen.

Als Lew am Wochenende seine Mutter besucht, hört er schon im Korridor das Rascheln des hauchdünnen Papiers jedes Mal, wenn sie die Zeitungsseiten umblättert. Er späht um die Ecke. Sie sitzt am Küchentisch. Ihre Fingerkuppen sind dunkel von der noch frischen Druckerschwärze. Die hungrigen Gläser ihrer Brille schlucken gierig jeden neuen Bericht über den Krieg.

Lew betritt die Küche und sieht, wie angespannt sie ist. Sie schaut zu ihm auf. Eine Mutter im Schwebezustand zwischen Angst und Sorge. Eine weise Frau, die schon monatelang unter diesem Krieg leidet, die die ganze Tragik schon vorausgelitten hat, als der Krieg noch gar nicht begonnen hatte. Sie hatte diese Ahnungen.

Jetzt, da er sie so dasitzen sieht, fragt sich Lew, ob er den Mut haben wird, in diesen Krieg zu ziehen. Noch präziser fragt er sich, ob er den Mut haben wird, nicht in diesen Krieg zu ziehen.

Die Greisin hatte nach Kriegsbeginn hinter seinem Rücken den Hausarzt angefleht, eine Eingabe zu machen, dass Lew, ihr einziger Sohn, nicht in die Reserve kommt. Er sei mit fünfundvierzig ohnehin zu alt. Doch der sechzigjährige patriotische Hausarzt hat nur streng über den Rand seiner Brille geschielt und den Kopf geschüttelt. Wenn das Land Lew braucht, braucht das Land Lew.

Lew denkt an seinen Vater, der im Alter von dreiundfünfzig Jahren an Krebs gestorben ist und mit letztem Atemhauch zu seinem damals zehnjährigen Sohn sagte: »Ich glaube an dich, Lew. Ich glaube, dass du einmal etwas Großes bewirkst.«

Das will Lew jetzt. Etwas Großes bewirken. Kämpfen. Den Feind töten. Oder etwa nicht? Er redet es sich ein, bis er es sich selbst glaubt. Er würde in diesem Krieg der Sohn seines Vaters werden.

Lew zieht sich einen Stuhl heran und setzt sich zu seiner Mutter. Ohne ein Wort reicht er ihr den abgegriffenen Briefumschlag über den Tisch. Er hat das Schreiben so viele Male aus dem Kuvert gezogen, gelesen und wieder hineingesteckt, dass es schon ganz seifig ist.

In ihren Augenwinkeln sammeln sich Tränen. Lew blickt in ihr sorgenvolles Gesicht. In das Gesicht einer Mutter, die seit Kriegsbeginn jeden Tag aufs Neue ihren Sohn in der Hölle verschwinden sieht. Und heute ist der Tag, an dem ihr Albtraum Wirklichkeit wird.

»Du kannst den Brief wieder einstecken«, sagt sie, ohne den Umschlag zu öffnen, und schiebt ihn zurück über den Tisch. Sie weiß ohnehin, was darin steht. »Willst du dein

Leben wirklich wegwerfen?« Stille. »Du machst also tatsächlich freiwillig bei diesem Desaster mit? Unbegreiflich! Selbst nach einem Jahr fasse ich noch immer nicht, dass es so weit gekommen ist. Mitten im Frieden ein Krieg!«

»Das wussten wir doch, Mutter.«

»Nichts wusstest du. Du hast mir nicht geglaubt, als ich vermutete, dass unser Präsident Derartiges plant. Wie die meisten hast du die Möglichkeit eines Krieges weggeschnippt wie die Asche einer Zigarette. Irgendein Knistern war schon lange im Gebälk, immer wieder flogen Funken von Reibungen, die man nicht ernst genug genommen hat, bis das Feuer ausgebrochen ist.« Sie schluckt schwer. »Dazu kann ich nur sagen: Gott, vergib ihnen nicht, denn sie wissen genau, was sie tun!« Ihre unruhigen Finger versuchen die sich einrollenden Ecken der Zeitung glatt zu streichen. »Dass du freiwillig bei diesem Grauen mitmachen willst, ist nicht nur unverständlich, es ist schlicht inakzeptabel! Du bist doch kein Mörder.«

»Ich ziehe nicht in den Krieg, um zu morden, Mutter. Ich will kämpfen – für unser Land.«

»Glaub nicht immer, was du wahrhaben willst. Wir sind doch nicht nur Staatsbürger, wir sind auch Weltbürger«, sagt die Greisin. Ihr silbernes Haar hat sie hinter dem Kopf zu einem Knoten gebunden. Ihre Haut ist bleich und wirkt mit den eingefallenen Wangen beinahe durchsichtig. Die schmalen Lippen sind trocken und rissig, die Lider gerötet und von lila Äderchen durchzogen. Ihre Augen, die tief in den Höhlen liegen und hinter der Lesebrille riesig erscheinen, wirken viel zu groß für den geschrumpften kleinen Körper – ganz so, als hätten sie genug gesehen von dieser Welt.

Erst jetzt nimmt Lew den vertrauten Geruch des Hauses wahr. Eine Mischung aus Vergangenheit, Kölnisch Wasser und Kaffeebohnen.

»Du selbst sagst mir doch immer, man könne sich nicht aus allem raushalten, in der Hoffnung, das Leben ließe einen dann in Ruhe«, sagt Lew kleinlaut.

»Rede doch keinen Unsinn. Du weißt sehr genau, dass ich das in Bezug auf andere Dinge meine.«

»Ich habe mich als Kampfjetpilot ausbilden lassen, Mutter. Um für unser Land zu kämpfen, wenn es notwendig wird.«

»Das war vor fünfundzwanzig Jahren!«

»Aber ich habe mich damals bewusst dafür entschieden.«

»Du glaubst dir doch selbst nicht, was du da sagst. Meinst du etwa, bei jedem, der sich in jungen Jahren für eine militärische Ausbildung entschieden hat, spult sich der Lebensfaden bis ins hohe Alter unabänderlich fort? So ein Blödsinn!« Sie nimmt ihre knochige Hand vom Tisch und hebt ermahnend den von der Arthritis knotigen Zeigefinger. »Über den Krieg kann man nichts wissen, solange man ihn nicht gesehen hat! Mir steckt das Grauen des Zweiten Weltkrieges noch in den Knochen, in dem mein Vater – dein Großvater – gefallen ist. Diese Grausamkeiten, diese Vergehen, diese Qualen. Dieses Gemetzel. All die Zerstörung und das Blutvergießen. Ich werde in meinen Träumen noch immer vom Knall detonierender Bomben heimgesucht. Dann schrecke ich aus tiefschwarzen Nächten auf, schweißnass und bete, dass die Welt endlich und endgültig aufwacht.« Lews Mutter schließt die Augen und schüttelt den Kopf.

»Dieser Krieg ist etwas anderes«, sagt Lew.

»Krieg ist Krieg.« Sie schaut ihn eindringlich an. Dann sagt sie: »Diese teflonbeschichtete Version von dir ist ja hoffentlich noch nicht das Endprodukt. Mir kommt es beinahe so vor, als würdest du dich in den Krieg hineinflüchten, weil er eine gute Möglichkeit ist, um vor dir selbst wegzulaufen. Ich will gar nicht wissen, wie viele in den Krieg ziehen, weil der Widerstand eines Einzelnen gegen eine Macht weit mehr Mut erfordert als das bloße Sich-Mitreißen-Lassen. Ich weiß, mein Sohn, das sind Gedanken, die du nicht gern zu Ende denkst.«

»Mutter.«

»Dass junge Menschen Angst davor haben, sich diesem Irrsinn entgegenzusetzen, verstehe ich ja. Aber in deinem Alter! Männer mit deiner Intelligenz haben das Land verlassen, als es noch möglich war. Sie haben sich von Land und Politik abgewendet, weil sie erkannt haben, dass beides zwangsläufig in einer Katastrophe enden wird.«

Ihr Blick gleitet ab, irrt für einen Moment im Zimmer umher, dann zum Fenster und bleibt schließlich irgendwo draußen hängen. Im Tageslicht, das durch die Scheibe fällt, wirkt ihr Gesicht plötzlich zart und klein. Ganz so, als würde sie zu einem Kind.

Dann wendet sie sich Lew wieder hastig zu. Etwas flackert in ihren Augen auf. »Es ist noch nicht zu spät! Es fänden sich vielerlei Ausreden.«

»Ich bin doch kein Deserteur.«

»Deserteur vor der eigenen Verantwortung schon.« Sie hält einen Moment inne. Dann sagt sie: »Wirst du es nicht müde, vorzugeben, jemand zu sein, der du nicht bist?«

Schweigen.

Schließlich spricht sie in die Stille hinein: »Was deine Möglichkeiten betrifft: Es gibt nicht immer nur das Eine oder das Andere. Wenn ›Soldat werden‹ oder ›Feigling sein‹ die beiden verfügbaren Türen sind, musst du eine dritte Tür finden und öffnen.«

Eine dritte Tür. Wenn das so einfach wäre.

Lew blättert in seinem Kopf einige Möglichkeiten durch, wie er seine Mutter besänftigen könnte, aber es fällt ihm nichts ein.

»Im Krieg geht alles verloren, was gut und edel ist im

Menschen«, flüstert sie vor sich hin. Ihre Miene spannt sich an und wird ernst. Jeder Muskel zittert jetzt in ihrem Gesicht. »Du wirst töten und getötet werden. Wenn nicht körperlich, dann seelisch.«

»Ich werde zurückkehren. Lebend.«

»Niemand kehrt lebend aus einem Krieg zurück. Entweder man ist außen tot oder innen«, sagt sie in einem Ton, bei dem hinter Verzagtheit auch Enttäuschung durchschimmert. Sie stützt ihren Kopf in die Hände, atmet tief ein. »Du musst das nicht tun, Lew. Du musst diesen Militärdienst nicht antreten. Du könntest dir ein Bein brechen. Man kann sich leicht ein Bein brechen, weißt du? Es gibt viele steile Treppen, die mit nassen Schuhsohlen erschreckend rutschig sind. Besonders jetzt in dieser Jahreszeit. Mit einem gebrochenen Bein wird man für eine Weile als untauglich erklärt. Und eine Weile kann gerade lange genug sein.«

»Ich werde kämpfen, Mutter. Für unser Land. Wir werden diesen Krieg gewinnen.«

»Gewinnen muss man nicht den Krieg, sondern den Frieden! Sonst folgt bloß ein Krieg auf den nächsten. Angezettelt von Menschen, die mehr Macht haben, als gut für sie ist. Wir sind bloß Marionetten, die erst dann stückweise die Wahrheit erfahren, wenn alles lange vorüber ist. Wenn du die wirklichen Tatsachen erfahren willst, lies die ausländischen Blätter.« Sie klopft mit der Handfläche auf die vor ihr ausgebreitete Zeitung. »Hier steht alles drin! Ich ergattere alle drei, vier Tage eine. Weißt du, wo?«

»Ich will es gar nicht wissen, Mutter«, seufzt Lew. »Ist dir klar, was passiert, wenn sie dich erwischen?«

»Was sollen sie schon machen mit einer Greisin wie mir? Mir den Tod auf den Hals hetzen?« Sie lacht spöttisch. »Sag du mir lieber, wie du mit gutem Gewissen in diesen Irrsinn ziehen willst, wenn du die Fakten nicht kennst.«

»Ich kenne sie, Mutter.«

»Du kennst die offiziellen! Die hiesigen Zeitungen sind gut darin, es so darzustellen, als müsse alles genau so geschehen. Die wirklichen Gründe, die persönlichen Dramen und die seelische Atmosphäre eines Krieges finden ihren Niederschlag nicht in diesen Texten. Es ist erschreckend, wie wenig ihr jungen Leute heute von den Ereignissen wahrhaben wollt.«

Mit den Fingerspitzen streicht Lew ihr sanft über den Handrücken. Sie zieht die Hand zurück und sieht ihn an.

»Es gibt immer solche und solche. Solche, die vom Krieg wegeilen, und solche, die zum Krieg hineilen. Und solche, die darin verloren gehen. Was ist in deiner Erziehung nur schiefgelaufen? Ich habe alles richtig gemacht, aber es hat trotzdem nichts gebracht.«

Lew blickt in ihre Augen. Und sieht darin eine letzte helle Glut, die aus einer erlöschenden Hoffnung zu ihm hinüberleuchtet. Dann schließt seine Mutter die Lider, und Tränen laufen ihr übers Gesicht. Lew fasst ihre kalten, knochigen, erneut zurückschnellenden Hände und drückt sie. Er schiebt seinen Stuhl mit einem scharrenden Geräusch zurück, faltet seine hohe Gestalt auf, beugt sich zu ihr hinunter und umschließt ein letztes Mal ihren, wie ihm erscheint, von Minute zu Minute schrumpfenden kleinen Körper.

Kein Geräusch ist zu hören. Bis auf ein Singen in der Leitung der Heizung und das Vorrücken des Zeigers an der Küchenuhr.

6

Schwarze Löcher

Ein Schwarzes Loch ist ein Gebilde im Weltraum, dessen Masse auf ein extrem kleines Volumen konzentriert ist. Aufgrund dieser Kompaktheit erzeugt es in seiner unmittelbaren Umgebung eine so starke Gravitation, dass nichts mehr entkommen kann, wenn es einmal hineingeraten ist. Die äußere Grenze dieses Bereiches wird als Ereignishorizont bezeichnet. Nichts kann einen Ereignishorizont von innen nach außen überschreiten. Nicht einmal Licht. Lichtstrahlen außerhalb des Ereignishorizonts werden durch die enorme Schwerkraft des Schwarzen Lochs von ihrer ursprünglichen Bahn abgelenkt, umgelenkt oder, wenn sie ganz nah am Schwarzen Loch sind – am Ereignishorizont –, von ihm verschluckt. Da selbst Photonen nicht mehr entweichen können, ist ein Schwarzes Loch schwarz und so gut wie unsichtbar. Schwarze Löcher saugen neben Licht auch Materie aus ihrer Umgebung auf und verschlingen sie. Dadurch wachsen sie, werden immer größer und stärker. Aufgrund seiner Anziehungskraft kann ein Schwarzes Loch selbst Sterne in seiner Nähe dazu bringen, es zu umkreisen. Sie fallen dann dadurch auf, dass sie sich ungewöhnlich schnell bewegen. Und manchmal verschlucken Schwarze Löcher die Sterne sogar.

Es gibt sie. Schwarze Löcher. Nicht nur im Weltall. Auch unter den Menschen. Und genau wie ein Schwarzes Loch Materie und Licht anzieht, in sich verschwinden lässt und dabei stets wächst und kräftiger wird, gibt es Leute, die alle Kraft und alles Licht aus den Menschen ihrer Umgebung saugen und verschlucken. Von solchen Leuten muss man sich fernhalten. Oder wenn man ihnen bereits zu nahe gekommen ist, sollte man sich so schnell wie möglich aus ihrem Gravitationsfeld befreien.

Ana bemerkte viel zu spät, dass Mika ein solcher Mensch war.

7

Das Ende eines Traums

Der Tag, an dem Anas Welt aus den Fugen geriet, begann unter einem wolkenlosen Himmel. Ein Himmel in einem Blau, nach dem man greifen und das man herauszupfen konnte. Ein Himmel in einem Kornblumenblau.

Zwei Jahre sind inzwischen vergangen, doch die Erinnerung an jenen Tag prangt noch immer hinter ihren Lidern in einer Deutlichkeit, die wehtut. Noch immer fragt sie sich, ob sie es hätte kommen sehen müssen. Ganz bestimmt hat es erste Zeichen gegeben. Es gibt sie immer. Aber die meisten von uns sind so in ihrem Alltag gefangen, dass wir den Blick für sie verloren haben.

Mika verließ sie. Seine Worte zum Abschied waren knapp, schneidend, endgültig und zogen einen langen markanten Schlussstrich unter ihre gemeinsamen Jahre.

Selbst jetzt noch steigen Ana Tränen in die Augen, wenn sie daran denkt. Aber sie blinzelt sie weg.

»Wir müssen reden«, sagte der Mann zu ihr, mit dem sie acht Jahre zusammen gewesen war. Für den sie so vieles aufgegeben hatte. »Das geht so nicht weiter. Wir beide. Das funktioniert nicht.«

Es dauerte eine Weile, bis die Worte bei ihr ankamen. Sie verstand nicht. Versuchte, in seinem Gesicht zu lesen. Doch seine Miene war starr, verschlossen. Mit einem Mal war er ihr völlig fremd.

»Was meinst du?«, fragte sie stockend.

»Es hat keinen Sinn. Das mit uns.«

Seine Sätze schienen meilenweit entfernt. Sie fing nur einzelne Worte auf, Fragmente. Bis sie deren Bedeutung begriff und ihre Stimme wiederfand, dehnte sich die Zeit.

»Hast du eine andere?«, sagte sie leise. Und er nickte nur unmerklich.

Ein Gefühl der Unwirklichkeit überkam sie. Sie tastete nach der Stuhllehne und klammerte sich daran fest. Und während sie zitternd so dastand, gestand er ihr noch, dass seine neue Freundin schwanger von ihm war. Als er das sagte, huschte eine mikroskopische Regung über sein Gesicht. Er freute sich auf das Kind.

»Aber du wolltest doch nie ein Kind!«

»Vielleicht. Aber jetzt weiß ich, dass ich eins will.«

Wie gern hätte Ana Kinder gehabt. Jedes Mal, wenn sie davon angefangen hatte, hatte Mika ihr das Wort abgeschnitten. Sie hatte geschwiegen. Aber das Thema war geblieben. Es hatte mit ihnen am Tisch gesessen. Acht ganze Jahre lang. Bis Mika ihren Traum mit einer anderen verwirklichte.

»Warum?«, fragte sie.

»Das willst du wirklich wissen? Du hältst Ehrlichkeit doch gar nicht aus.«

»Bitte«, flehte sie ihn an, und ein Kribbeln selbstvernichtender Erniedrigung kroch ihr über die Haut, breitete sich als schwarze Pünktchen bis in ihr Gesichtsfeld aus und verdunkelte ihren Blick für den Bruchteil einer Sekunde.

Doch Anas Verzweiflung glitt an Mika ab. Scharf sog er Luft durch die Nase ein. »Du warst ein Fehler. Und er endet heute.«

»Das weißt du jetzt? Nach acht Jahren?«, stotterte sie nach einem Moment des schockierten Schweigens. Und flüsterte dann in die schreiende Stille hinein: »Hast du mich je geliebt?«

Die Antwort blieb unausgesprochen im Raum hängen, doch beide kannten sie. Ein Klirren in Anas Herzen war zu hören, als bräche ein Traum aus Glas.

Diese berstende Verzweiflung in ihr. Die Ohnmacht.

Sie kämpfte mit den Tränen. »Bitte nicht«, sagte sie zu ihm und vernahm dabei den bettelnden Ton ihrer Stimme.

Seine Worte darauf wie ein Schlag: »Das mit uns, das ist vorbei. Komm drüber hinweg!«

Während ihres ganzen Wortwechsels zog er immer wieder gierig an seiner Zigarette, und am Ende drückte er den Stummel in den Hals einer vom Vorabend umherstehenden, halb vollen Bierflasche. Ein kurzes Zischen – ganz so wie ihre Beziehung gewesen war –, und dann stieg ein dunkler Rauchfaden aus der Flasche auf.

Sie flehte Mika an, zu bleiben, nach acht gemeinsamen Jahren. Versuchte, seine menschliche Seite anzusprechen. Doch es half nichts. Er ging.

Anas Leben fiel in sich zusammen wie eine Sandburg – während seins wie eine feingestimmte Uhr weiterlief. Seit Ana ihn kannte, plante und führte er sein Leben mit militärischer Präzision. Gekonnt navigierte er es selbst über unbefestigtes Gelände. Er ließ darin keinen Platz für Überraschungen, was ihn jedoch nicht daran hinderte, andere mit seinen Plänen vor den Kopf zu stoßen. Mika wollte Ana nicht mehr in seiner Welt haben, warf sie vom Beifahrersitz und schloss die Tür. Sie jedoch hatte das Fahren verlernt.

Heute ist Ana klar, dass sie sich lange etwas vorgemacht hat. Dass sie damals blind sein wollte für das Scheitern der Beziehung. Dass ihr eigenes Erleben eine Täuschung war.

Mikas Blick hatte sich schon lange von einer gemeinsamen Zukunft abgewandt. Hätte sie ihr Gespür nicht geleugnet, hätte sie die Distanz fühlen können, die mit jedem gemeinsamen Monat zwischen ihnen gewachsen war.

In den Jahren vor der Trennung hat Mika ihr die Liebe nur vorgespielt, das weiß sie jetzt. Er hat sie gebraucht. Nicht geliebt. Sein Theater war aus Glas, sie hätte hindurchsehen können. Doch hat sie sich nicht eingestanden, dass er bereits im Gehen war und dass sie tatsächlich nicht zueinanderpassten.

Obwohl ihre Körper einander vertraut gewesen waren, waren ihre Gedanken in den Nächten fremdgegangen, aneinander vorbei. Hatten nach anderen Seelen getastet.

Wie oft hat sich Ana dabei ertappt, sich eigentlich nach einem ganz anderen Mann zu sehnen. Nach dem Mann nämlich, der ihr vor langer Zeit begegnet war. Damals, als sie ihn das erste und einzige Mal gesehen hatte und sofort wusste, dass dies einer jener Momente war, die bis ganz zum Ende blieben: Sie war mit Mika erst kurz zusammen gewesen, als sie in ihrem ersten gemeinsamen Urlaub diesen Unbekannten traf. Sie hatten einander angelächelt, und Ana sog sein Gesicht in sich ein. Der Fremde hatte sich ihr zugewandt und ihr direkt in die Augen geschaut. Es hatte sich unwirklich angefühlt, ganz so, als ob er in ihr Innerstes blickte, auf die Wahrheit in ihr. Als ob er sie in ihrer Ganzheit sah – und erkannte. Bis zu jenem Geschehnis hatte Ana nicht gewusst, dass das möglich war. Wann auch immer Mika sie ansah, versuchte er, die Frau zu sehen, die er in ihr sehen wollte. Er konnte oder wollte nicht sehen, wer sie tatsächlich war.

Vielleicht hatte Ana deshalb in jener Begegnung mit dem Fremden diesen merkwürdigen Frieden empfunden – als könne sie in seiner Gegenwart alles, was sie zu sein vorgab, beiseiteschieben, und einfach nur sein, wer sie wirklich war. Es hatte sich so angefühlt, als offenbare ihr sein Blick sich selbst. Als erkenne sie sich in seinen Augen.

Der Fremde hatte Fragen in ihr geweckt, die sich nun in aller Deutlichkeit in ihr Bewusstsein schieben, in es einsickern und Antworten verlangen: *Wer bist du? Was machst du? Warum machst du das? Warum hältst du so wenig von dir? Warum hast du vergessen, wohin du willst?*

Als sie mit jenem Mann einen viel zu kurzen Moment allein auf der Veranda des Hotels gestanden war, hatten seine Hände in der Dunkelheit nach ihren getastet. Seine Fingerkuppen berührten ihr Handgelenk, glitten über ihre Arme, über ihren Nacken, über ihr Gesicht. Anas Herz pochte. Ihre Lippen zitterten, als er sie küsste. Plötzlich war Mika aufgetaucht, und sie hatten sich schockiert voneinander gelöst.

Am nächsten Morgen war Mika mit Ana in aller Frühe abgereist, und sie sah den Unbekannten nie wieder. Kannte nicht mehr von ihm als seinen Vornamen.

Wochenlang noch spürte Ana die Hand dieses Fremden auf jedem Zentimeter ihrer Haut, obwohl er sie nur im Gesicht, am Nacken, an den Schultern, den Armen und Händen berührt hatte. Wie oft schloss sie die Augen und belebte die Erinnerung an ihn wieder. Stellte sich die Fragen, die mit den Erinnerungen kamen: *Willst du wirklich dieses Leben mit Mika? Willst du wirklich hier sein?*

Heute fragt sich Ana, in wie vielen Betten der Welt Paare so eng beieinanderliegen und doch so weit voneinander entfernt. Heimlich und still nach etwas anderem suchend.

Die Atmosphäre um Mika und sie war nur anfangs warm gewesen, lauwarm, präziser gesagt. Kühlte dann jedoch recht schnell ab, und es wurde frostig um sie. Ana spürte recht bald, dass er nicht der Richtige war. Und doch blieb sie. Das hatte nichts mit Dummheit zu tun. Auch nicht damit, nicht wahrhaben zu wollen, dass er der Falsche war. Vielmehr hatte es etwas mit dem Grad der Einsamkeit zu tun. Mit der Tiefe der Sehnsucht. Man verliebt sich nicht immer in den Menschen, der es wert ist. Man bleibt nicht selten, weil man einsam ist. Und wie einsam musste man sein, um sein Innerstes abzustellen – wie ein Radio.

Heute weiß sie: Man kann sich nicht aussuchen, wen man liebt. Und wen man liebt, verändert alles.

Dieses elektrisierende Gefühl, dieses Wissen darum, dass man zueinandergehörte, obwohl man noch nicht viel voneinander kannte, hatte Ana nur dieses einzige Mal vor vielen, vielen Jahren mit dem Fremden erlebt. Nie zuvor und nie danach hatte sie dieses Gespür gehabt, füreinander bestimmt zu sein. Doch sie und dieser Mann hatten sich nach der ersten Begegnung wieder verloren.

Wenn Ana jetzt über ihre Zeit mit Mika nachdenkt, war die Beziehung mit ihm im Grunde von Anfang an ein Abstieg, ein unmerklicher Abstieg über unzählig viele kleine Stufen hinunter. Von Tag zu Tag brachte er ihr mehr Kälte entgegen, kränkte sie und zweifelte alles an ihr an, sodass sie sich am Ende fühlte wie ein bloßes Fragezeichen.

Und obwohl sie mit ihm am Schluss einsamer war als ohne ihn, wollte sie ihn nicht gehen lassen. Denn sie glaubte bis zuletzt, ihn zu brauchen.

Dann war er weg. Abrupt und ohne Reue. Und Ana war sich sicher, dass Mika am Tag seines Schlussstrichs noch nicht die Treppe hinunter war und sie schon aus seinen Gedanken gelöscht hatte.

Das war am schlimmsten, dieses Gefühl der Gleichgültigkeit, das er ihr dagelassen hat. Diese plötzliche Bedeutungslosigkeit.

Jetzt denkt Ana an den Tag – es war etwa vier Wochen nachdem er sie verlassen hatte –, als Mika noch einmal auftauchte, um seine restlichen Sachen zu holen. Organisiert und durchgeplant wie immer, eilte er von Zimmer zu Zimmer und stopfte alles, was ihm gehörte und er behalten wollte, in ein paar Kisten und einen Koffer. Mit jedem seiner Schritte verschwand mehr von ihm aus ihrem gemeinsamen Leben. Acht Jahre innerhalb weniger Minuten gepackt und eingestampft auf minimalem Raum.

Ana hielt dieses Gefühl der Endgültigkeit nicht aus, ging auf die Terrasse hinaus, beugte sich weit über die Balustrade und starrte in die Tiefe. Den Suizid im Blick.

Als Mika fertig mit allem war, trat er mit bewegungslosem Gesichtsausdruck zu ihr hinaus, stellte sich hinter sie und bemerkte kalt: »Es sind nur vier Stockwerke, Ana. Bei deinem Glück stirbst du nicht mal, sondern wirst nur zu einem Krüppel.«

Seine wachsende Abneigung ihr gegenüber war greifbar. Er hatte es schon immer verstanden, seine Pfeilspitzen gut zu platzieren. Mika kannte ihre Unsicherheiten und wunden Punkte. Und am Ende versprühte er seine Boshaftigkeiten wie einen bissigen Geruch.

Während Ana am ganzen Körper zitterte, umfasste er bloß den Griff seines Koffers fester und fügte hinzu: »Los, spring doch. Ich warte unten.« Dann ging er, die Kisten unter den Arm geklemmt und den Rollkoffer hinter sich herziehend, zur Tür und rief ihr zum Abschied zu: »Diese Inkonsequenz haftet ja allen Möchtegern-Selbstmördern an. Alles für ein bisschen Aufmerksamkeit. Aber falls es doch klappen sollte und du wirklich springst, ein Trost: Du beendest damit einen sinnlosen Fall. Wenn es schon keine

Lösung für dein Leben gibt, gibt es nach deinem Sprung auch kein Problem mehr. Die Welt macht auch ohne dich weiter.«

»Dann geh doch! Verflucht noch mal, geh! Verschwinde! Wie kannst du dich nur ertragen! Du bist ein solcher Mistkerl!«, schrie Ana ihm in einem Ton hinterher, der sie selbst erstarren ließ.

Mika war schon immer ein Mensch gewesen, der jene, die ihm im Weg standen, in Untiefen zog, bis sie ertranken.

Heute muss Ana an die Worte ihrer längst verstorbenen Großmutter denken, die überzeugt davon war, dass Menschen mit solch hässlichen Charakterzügen ihr Leben früher oder später selbst zum Scheitern brachten. Dass man nur in aller Ruhe abzuwarten brauchte. Doch war das wirklich der Fall? Scheiterten diese Leute jemals?

Das Glück grausamer Menschen, denen alles zu gelingen scheint, kommt Ana wie ein Verrat am Prinzip vor.

Mika hat sie verlassen. Sitzen gelassen. Wegen einer anderen. Einer Jüngeren. Wie das klingt, dieses Wort: *sitzen gelassen*. Man hört, wie es einen trifft, dieses Wort. Welches Geräusch es hinterlässt. *Sitzen gelassen*. Wie eine Ohrfeige.

Ana hatte ihm ihre Zukunft geopfert. Geblieben ist ihr nichts, das an ein eigenes Leben erinnert.

Nachdem Mika gegangen war, putzte sie wie wild die Wohnung, wusch Schränke aus, warf letzte Andenken weg.

Vielleicht hätte *sie* ausziehen sollen, vermutlich hätte sich das besser angefühlt. Mika war schließlich derjenige, der bereits vor ihrer Beziehung in diesem Appartement gewohnt hatte. Doch als er ihr anbot, in der Wohnung zu bleiben, weil er mit seiner neuen Freundin zur Familiengründung in ein Haus am Stadtrand ziehen würde, sagte sie zu. Wie hätte sie noch die Kraft aufbringen sollen, sich eine neue Bleibe zu suchen?

Erschöpft ließ sich Ana nach dem Ausmisten aufs Bett fallen und sank in einen schwarzen Schlaf. Und als sie am nächsten Morgen die Augen aufschlug, war ihre alte Welt zerschmolzen und die neue in einer farblosen Form erwacht.

Ana will vergessen. Doch es gelingt ihr nicht. Wie oft wünscht sie sich, dass man die Seele chemisch reinigen lassen könnte, um sie mit ausgeräumten Taschen frisch ausgebügelt zurückzubekommen.

Seit der Trennung ist sie mit sich allein, kann zugleich anfangen und enden. Doch bisher ist ihr weder das eine noch das andere gelungen. Sie steckt irgendwo dazwischen fest. In einem luftleeren Raum – ohne Hoffnung, ohne Zuversicht.

8

Leere

Menschen verändern sich. Oft ganz langsam, ohne dass man es mitbekommt. Und dann ist alles plötzlich anders.

Heute weiß Ana: Mika hatte Momente der Freundlichkeit, aber er war nicht freundlich. Er hatte Momente von Mitgefühl, aber er war nicht mitfühlend. Ein guter Moment mit ihm machte ihn nicht zu einem guten Menschen. Die Trennung war längst überfällig gewesen. Doch irgendetwas in ihr hatte sich, trotz aller Erkenntnis und Enttäuschung, nicht von ihm lösen können.

Mika wollte keine Kinder. Sie beugte sich seinem Wunsch und wusste all die Jahre nicht, wohin mit dieser Sehnsucht. Mit dieser unstillbaren Sehnsucht. Nun hat er ein Kind. Mit dieser Neuen.

Für Mika hatte sie ihre Träume aufgegeben. Für ihn. Heute weiß sie: Sie hätte es ihm nie recht machen können. Wo sie stand und was sie sagte, es war falsch.

Die Trennung hat ihr zumindest die Illusion eines gelungenen Lebens genommen. Während ihrer ganzen gemeinsamen Geschichte gab es keine gemeinsame Zukunft. Das begreift sie jetzt. Auch begreift sie, dass alles, was sie ihm je erzählte, worüber sie je mit ihm sprach, für ihn nur ein Hintergrundrauschen war. Ganz so, als habe er sie nie gehört. Mika kannte sie lange, doch wusste nichts über sie.

Ana lebt noch immer so wie in der Beziehung mit Mika: leise und unauffällig. Als sei sie unsichtbar. Als fehle ihr die Konsistenz, um von anderen wahrgenommen, gesehen, gehört zu werden. Es ist beinahe, als löse sie sich in der Anwesenheit anderer in nichts auf. Und in diesem Nichts fühlt sie sich allein. Auf grausame Weise.

Anfangs dachte sie über Suizid nach. Doch was, wenn ihr nicht nur das Leben misslänge, sondern selbst der Tod? Wenn sie für den Rest ihrer Tage zusammengeflickt und doch kaputt in irgendeiner Klinik auf ihr Ende warten musste?

Stattdessen entschied sie sich für Medikamente. Die sie nicht selten in solchen Dosen einnahm, bis sie ohne jegliches Gefühl war.

Wie schaffte man es nur vom Grund einer so tiefen Schlucht wieder herauf?

Diese Leere in uns, denkt Ana, die sich in vielen Menschen findet. Wir versuchen, sie zu füllen, doch wissen nicht, womit. Diese Leerstelle anfangs klein und unmerklich, wächst und höhlt uns aus, bis wir nur noch aus zerbrechlicher Schale bestehen.

Früher füllte die Religion diese Stelle in uns. Der Glaube war gleichzeitig der Sinn des Lebens. Aber heute? Nun, da er bei vielen von uns wegfällt, entsteht eine Leere, ein hohler Raum, der uns instabil macht.

Was tun?

Was ist der Ausweg aus einer ausweglosen Situation?

Wie Sinn finden in einer sinnfreien Welt?

9

Gedanken

Gedanken haben ein Eigenleben. Sie wuchern, wenn man sie füttert. Wenn sich eine verhängnisvolle Idee in unserem Kopf festsetzt – und scheint sie auch am Anfang winzig wie ein mikroskopisch kleines Tierchen –, wächst sie heran, wenn wir sie nähren. Sie wird größer und größer, bis sie alle anderen guten Gedanken um sich herum verschlingt. Bis der Parasit so groß ist, dass er allen Platz restlos ausfüllt und in unserem Kopf nichts anderes mehr pulsiert als diese riesige katastrophale Idee über uns, unser Leben, andere Menschen. Ein überhitztes Gehirn kann aus einem einzigen abstrusen Gedanken die absurdesten Szenarien formen. Bis wir uns selbst in die Falle laufen, uns im Labyrinth der eigenen Hirngespinste verfangen. Bis nicht ein Fetzen unserer ursprünglichen Persönlichkeit, unserer Willensstärke und Weitsicht übrig bleibt. Bis wir festsitzen in einem mentalen Tunnel, der uns nach und nach verrückt werden lässt.

10

Der erste Tag

Am Antrittstag seines Militärdienstes erhebt sich Lew von den glühenden Kohlen, auf denen er ein Jahr lang saß, und greift nach der ledernen Reisetasche, in die er die notwendigsten persönlichen Sachen gestopft hat: Zahnbürste, Rasierapparat, Unterwäsche, Tablet sowie Dinge aus seiner aktiven Fliegerzeit; Logbuch, Kompass, Pilotenbrille. Dann verlässt er seine Wohnung. Mit einem lauten Klacken fällt die Tür ins Schloss. Er dreht den Schlüssel zweimal, zieht ihn ab und legt ihn unter die Fußmatte. Damit er jederzeit zurückkommen kann, sagt er sich. Zu holen ist für Diebe ohnehin nichts in seinem leeren Junggesellenleben.

Erwartungsfroh springt er die Treppe hinunter und tritt auf die Straße hinaus. Er spürt bereits ein wenig von der Hochstimmung, die er nach seiner Ausbildung zum Kampfjetpiloten in sich trug, als er zu den Besten seiner Staffel gehörte.

In der Stille des unberührten Morgens ist nur der Nachhall seiner Schritte zu hören, die sich im Rhythmus seiner sich überschlagenden Gedanken beschleunigen. Wie das Ticken einer gewaltigen Uhr schallen die Sohlen seiner Schuhe auf dem Pflaster, während Lew sich unverschämt gut fühlt und an die aufregende Zeit denkt, die er nun endlich dem Kämpfen und Siegen widmen kann. Nie zuvor hat er sich so viel von etwas versprochen und so gierig darauf gewartet, dass sein wahres Leben endlich begann.

In den kommenden Jahren sollte er noch oft an den absurden Augenblick zurückdenken, als er sich auf dem Weg zum Militärstützpunkt sogar für eine Abkürzung entschied, um schneller im Krieg zu sein.

Mit der Pünktlichkeit der Ungeduld, folglich eine Stunde zu früh, steht Lew vor den Toren der Kaserne, bereit für seinen Dienstantritt als Kampfpilot.

»Kann ich Ihnen helfen?«, fragt der Sicherheitsbeamte an der Pforte.

»Ich melde mich zum Dienst.«

»Einzugsschreiben und Pass bitte.«

Lew zieht die Dokumente aus der Brusttasche seiner gefütterten Lederjacke und reicht sie dem Mann.

»Da kann es einer aber gar nicht erwarten«, sagt der Sicherheitsbeamte, während er das Einzugsschreiben auseinanderfaltet, es kurz überfliegt und dann in Lews Pass blättert. Schließlich gibt er ihm die Unterlagen zurück und öffnet das Tor.

Lew salutiert ordnungsgemäß, wenn auch noch ohne entsprechende Uniform, und schreitet nicht ohne Stolz auf das Gebäude am linken Rand des Geländes zu, in dem sich die Geschwaderführung befindet. Der vertraute Geruch von Kerosin in der Luft.

Als er gerade eintreten will, um sich vorzustellen, nimmt er Maschinengeräusche wahr. Lew dreht den Kopf und blickt voller Euphorie auf den einsehbaren Teil des hinter den Gebäuden gelegenen Flugplatzes. Kaum hundert Meter entfernt stehen die Kampfflugzeuge. Eine Viererformation startet gerade zu einem Einsatz. Die Maschinen rollen hintereinander zur Startbahn. Lew sieht die Piloten in den

Cockpits sitzen, gesichtslos unter ihren Helmen und Sauerstoffmasken. Sie fahren die Triebwerke hoch, und schon donnert der erste Kampfjet über die Bahn. Ein scharfes Dröhnen durchschneidet die Luft. Der Jet zieht die Nase nach oben, hebt dann in einer gewaltigen Eruption ab und stößt schwarzen Rauch in den Himmel. Nach und nach folgen die anderen drei. Die Scheiben der Gebäude zittern. Lew sieht ihnen nach, bis sie in der Ferne verschwinden und Stille hinterlassen. Dann legt er die Hand um die glatte, eiskalte Klinke der Eingangstür, drückt sie hinunter und tritt ins Gebäude. Ja, er ist einer, der mit brennender Begeisterung in den Krieg zieht.

Lew wird einer Staffel zugeteilt. Er kennt keinen einzigen Piloten von früher. Die meisten sind blutjunge Kerle, deren Kampfjetausbildung erst wenige Wochen zurückliegt. Sie begrüßen ihn zurückhaltend. Lew spürt das stille Misstrauen, mit dem sie den Neuling mustern.

Nach dem Auffrischungskurs im Simulator folgt in den kommenden Tagen jeweils dann, wenn die Kampfjets zwischen den Einsätzen bereitstehen, ein kurzes Trainingsprogramm diesseits der Front, um Lew nach der langen Pause wieder flugsicher zu machen und verschiedene Formationen und Taktiken einzuüben. Immer dann, wenn keine Flugzeuge verfügbar sind, hockt er in Schulungen zu Funk, Aufklärung und Codes. Er bringt die Übungsflüge, so schnell er kann, hinter sich, um seinen Namen endlich auf der Einsatzplanung zu sehen.

11

Der erste Einsatz

Der Tag des ersten Einsatzes ist gekommen. Im Besprechungsraum wirft der Projektor eine Karte an die Wand, und der Staffelkommandeur fährt mit einem Zeigestock die Flugroute des Einsatzes entlang. Er klopft auf die wichtigen Punkte und hält bei den Angriffszielen inne: Luftverteidigung einschließlich Munitionslager, Radaranlagen, Kommandoposten, Kommunikations-Relaisstationen, Standorte für Boden-Luft-Raketen und Flugabwehr-Artillerieeinheiten. Der Kommandeur weist auf jedes noch so kleine Detail hin: Geländetopografie, Fliegerabwehrstellungen, hohe Antennen und Funkmasten. Schließlich teilt er den Fliegern das Passwort für den Einsatz mit. Füße scharren über den Linoleumboden. Hier und da ein Räuspern oder Husten.

Die Kampfjets dieser Staffel sind Zweisitzer. Jedem Piloten wird ein Co-Pilot zugeteilt. Kein Co-Pilot im klassischen Sinne, vielmehr ein Waffensystemoffizier. Einer, der navigiert, das Radar bedient und das Ziel erfasst. Den Knopfdruck zum Abschuss der Raketen betätigt allein der Pilot.

Ein junger Bursche von zweiundzwanzig Jahren und hagerer Statur, der erst kürzlich seine Ausbildung beim Militär abgeschlossen hat, wird Lew zugewiesen: Stanislav. Er hat helles, nahezu weißes Haar von der Feinheit eines Pinsels. Die Augenbrauen verschwinden fast im bleichen Ton seiner Haut. Der junge Mann hat die Angewohnheit, seinen Blick nie länger als eine Zehntelsekunde auf etwas ruhen zu lassen, wie Billardkugeln schießen seine wasserblauen, beinahe durchsichtigen Augen umher.

Lew ist erleichtert, als sie schließlich zu den Kampfjets aufbrechen. Am Stellplatz angekommen, legt er seine Ausrüstung auf den linken Flügel und geht noch einmal um die Maschine herum. Er prüft sie auf Schäden, untersucht Flügel und Steuerflächen auf Risse und inspiziert die Triebwerke. Dann klettern Stanislav und er in die Kabine, zwängen sich in die Sitze und schnallen sich fest. Es folgt die Vorflugkontrolle mit Überprüfung von Fahrwerk-, Waffen-, Avionik- und Kraftstoffsystemen. Lew kennt die Checkliste beinahe auswendig.

Als alle Kontrollen abgeschlossen sind und sie sich Helm und Sauerstoffmaske übergezogen haben, ergreift Lew der lang ersehnte Rausch. Endlich das Anlassen der Triebwerke, das Lösen der Bremsen, das Rasen über die Startbahn und das befreite Gefühl, als die Maschine abhebt und die Welt mit zunehmender Höhe unter ihnen abfällt. Bahnen aus dichtem Weiß strömen aus den Triebwerken. Der Zeiger des Höhenmessers rückt weiter vor. Lew fühlt sich leicht, jung und unbesiegbar.

Nachdem sie ihre Flughöhe erreicht haben, fliegt die Staffel den Flusslauf entlang. Lew blickt nach unten auf gefrorene Flussmündungen, die in der schneebedeckten Landschaft verwischen.

Schließlich durchqueren sie die unsichtbare Grenze, dringen in feindliches Gebiet. Das anfängliche Wohlgefühl weicht und macht einer ungewohnten Anspannung Platz. Lews Nerven beginnen zu zucken. Schweißperlen treten auf seine Stirn. Immer wieder sieht er über die Schulter, versucht, den Überblick in allen Richtungen zu behalten. Rutscht unruhig auf dem Sitz herum. Mund und Kehle sind trocken. Die Luft brennt ihm im Hals.

Und dann kommt er über Funk: der Befehl zum Abschuss.

Der helle Leuchtpunkt in seinem Visier erfasst das Ziel. Lew betätigt den Abzug – er drückt den Knopf am Steuerknüppel und feuert seine erste Rakete ab.

12

Das Schlachtfeld

Wenige Tage später. Schon im Morgengrauen regnen sie vom Himmel: Trümmer. Es ist das erste Mal, dass Lew Raketeneinschläge, Granatenexplosionen, Drohnenbeschuss und Kanonenfeuer aus solcher Nähe miterlebt. Er, der einst nicht ohne Stolz bei der Luftwaffe gelandet ist und nun selbst einen der Kampfjets fliegt.

Für eine taktische Aufklärungsmission eingeteilt, tief über gegnerischem Boden fliegend, offenbart sich ihm aus einem Himmel heraus, der von Rauchschwaden durchzogen ist, die Zerstörung in all ihrer Grausamkeit. Schüsse brechen durch die Luft, prasseln auf Häuser, auf Autos, auf Flüchtende. Überall blitzen Mündungsfeuer, flammen grelle Lichter auf. Die Welt vor Lews Augen wird weggesprengt.

Zur gleichen Zeit am Boden – inmitten all der Flüchtenden – sieht ein Mädchen, die Hand der Mutter umklammernd, wie Scheiben in Scherben zersplittern. Wie Köpfe weggeschossen und Körper zerfetzt werden. Wie heißes, rohes Fleisch in der Kälte dampft. Es sieht ein verkohltes Paar Stiefel am Wegrand, das auch ihrem Vater gehören könnte, der als Soldat das Land verteidigt.

Das Mädchen bleibt in der Reifenspur stehen, die ein vorbeidonnernder Pick-up der feindlichen Truppen im

Trümmerstaub hinterlassen hat, und starrt auf die versengten Stiefel. Rotz läuft ihm übers Gesicht. Die Mutter zerrt an seinem Arm und zieht den versteiften kleinen Körper neben sich weiter.

Beharrlich feuern Lews Kameraden in nahezu fließenden Bewegungen aus Schützengräben oder Panzern heraus Munition durch die Luft und füllen ihre Magazine wieder auf. Sie, die einen Krieg eröffnen mussten, manche davon, ohne es zu wollen. Weil zu viel Macht in einer einzigen Person gebündelt ist.

Doch Lew ist dabei. Neben vielen überzeugten Landsmännern hat auch er sich diesem Krieg verschrieben. Auch er macht mit. Zerbombt aus der Luft die zuvor definierten Ziele. Und wenn es unglücklich läuft, trifft er sogar Krankenhäuser und Wohnquartiere. Raubt Menschen nicht nur das Leben, sondern auch die Möglichkeit, am Leben zu bleiben. Krebskranke ohne Therapie, Verletzte ohne Versorgung der Wunden.

13

Zeit des Zweifels

Zwei Wochen später – Lew kommt es bereits vor wie eine Ewigkeit – durchschneiden sie die Luft mit dem Kampfjet auf dem Weg zu einem neuen Ziel. Sie fliegen niedrig genug über die Erde hinweg, um unten am Boden die Autos von Zivilisten ausmachen zu können, die im Schritttempo in einem endlos erscheinenden Strom aus den umliegenden Städten kriechen. Vollgestopft mit Koffern und Erinnerungen und im winzigen luftleeren Raum ein wenig Hoffnung.

Lew und Stanislav wissen: Wohin sie auch wollen, diese Menschen, sie werden nicht ankommen. Sie sind nur einen Knopfdruck entfernt vom Tod.

Allmählich vermisst Lew die Behaglichkeit der Alltäglichkeit. Jetzt, da er begreift, wie kostbar und fragil sie ist. Er denkt an eine Zeit noch vor wenigen Wochen, die schon jetzt zum Leben eines anderen Menschen zu gehören scheint. Und versteht viel zu spät, dass er mit seiner freiwilligen Meldung zum Kriegsdienst erst sein Leben zerstört hat und nun das von anderen vernichtet.

Überall glüht der Himmel gelb auf, wenn seine Kameraden und er in den Kampfjets vorübergefegt sind. Gewaltige Wolken aus Qualm steigen von zusammenkrachenden Gebäuden auf. Ganze Häuserzeilen brechen wie Legosteinchen zusammen. Feuer züngeln mehrere Meter in die Höhe, fressen sich durch Hunderte von Jahren alte Häuser. Wirbeln Staub in die Luft, der als Asche wieder auf die Erde rieselt. Städte, einst mühsam errichtet, nun binnen weniger Sekunden mit all ihren Lebensgeschichten zerstört.

Und weiterhin laufen seine Landsleute hin, um bei der Fortdauer dieses Grauens mitzuhelfen. Woche für Woche Tausende, die aus allen Ecken und Enden des Landes an die Front gerufen werden oder sich, so wie einst er, freiwillig melden, um einer Idee zu dienen, die nichts als Tod und Zerstörung bringt. Lew fühlt sich erstmals, als zerbröckle selbst alles in ihm.

Nie hätte er geglaubt, dass Krieg eine solch einheitliche Bestialität ist – auf beiden Seiten. Und er beginnt am moralischen Kompass des Menschen zu zweifeln.

Stanislav ist kein Freiwilliger. Dreiundzwanzig Jahre jünger als Lew und doppelt so weise. Er macht sich Gedanken, dieser junge Kerl, der verschiedene Versuche unternommen hat, um der Mobilmachung zu entkommen. Und es schließlich doch nicht vermeiden konnte.

Von einem Einsatz zurück, nehmen sie Kurs auf den heimatlichen Militärflugplatz. Lew dreht fast unmittelbar über dem Stützpunkt ein, drosselt die Triebwerke, fährt die Räder aus und setzt die Maschine auf den ersten Metern der Piste zur Landung an. Das Bugrad noch in der Luft, sausen sie an den Gebäuden leicht aufrecht vorbei. Hinter sich wirbeln sie Staub auf. Lew parkt den Jet und schaltet die Triebwerke aus. Die beiden Männer öffnen die Cockpithauben, nehmen Helm und Sauerstoffmaske ab. Dann klettern sie auf ihre Sitze und beugen sich leicht vor, um die Fallschirmschnallen zu lösen. Schließlich schwingen sie ein Bein über die Kabinenseite, steigen auf die Tragfläche und springen von dort auf den asphaltierten Boden. Das

Knacksen des Metalls, als sich die Triebwerke abkühlen. Das leise Klicken des Motors.

Und dort, neben der Maschine stehend, stellt Stanislav – ein Philosophiestudent, wie Lew inzwischen herausgefunden hat – Fragen, die sich Lew nicht einmal in Gedanken gestellt hat: »Wie hält sich eine Regierung, die den Bürger dazu zwingt, auf seinen persönlichen Willen zu verzichten? Weil die Bevölkerung von nichts weiß? Kann es sein, dass die Bevölkerung nichts weiß? Ein Bewusstsein bei derartigen Gräueltaten hat die Bevölkerung immer. Ist nicht gerade dann, wenn alles, was zur Bevölkerung dringt, dasselbe ist, klar, dass damit das Wesentliche nicht gesagt wird? Wenn du mich fragst, ist die einhellige Meinung der Nation zu diesem Krieg allein das Verdienst der Presse, die genauso überwacht und reguliert wird wie wir alle.«

Lew hat sich solche Gedanken noch nie gemacht, doch er nickt. Es stimmt, was Stanislav sagt: Keine einzige Zeitung ihres Landes brachte die Gedanken und Wünsche der Bevölkerung zum Ausdruck. Lew lebte während des ersten Kriegsjahres inmitten all dieser Menschen und fand weder deren Meinung in den Zeilen der Zeitungen noch die Meinung der Zeitungen in sich selbst. Es stimmte, was seine Mutter ihm unermüdlich klarzumachen versuchte: Die Berichte im Fernsehen und in den Zeitungen sind nichts als Propaganda. Damit die Soldaten, die zu Tausenden jeden Tag an die Front geschickt werden, nicht auf die Idee kommen, infrage zu stellen, welchen Sinn es hat, monatelang verlaust und halb verhungert in den Schützengräben zu hocken, nur um dann vom Gegner aus der Ferne verstümmelt und zermalmt zu werden. Von Drohnen erspäht und getötet, von Schüssen oder Raketen zerfetzt. Damit der Rest der Bevölkerung – vor allem die Angehörigen der Soldaten – nicht aufbegehrt gegen den Staat.

Nichts als Lügen in der Berichterstattung. Damit das

Land nur sieht und liest, was es sehen und lesen soll und vielleicht auch nur sehen und lesen will: dass das Recht in diesem Krieg einzig auf ihrer Seite ist und das Unrecht auf der anderen. Dass niemand in ihrem Land die Schuld an diesem Krieg hat. Dass die Verbrecher, die Kriegstreiber, die anderen sind. Dass sie nur aus Notwehr zur Waffe greifen müssen, gegen diesen tückischen Feind, der das eigene Land bedroht. Und dass sie letztendlich siegen werden.

»Darum schweigen wir noch immer«, sagt Stanislav. »Weil die Regierung einen undurchdringlichen Panzer trägt. Und wir alle nackt sind.«

Er hat recht, dieser junge Bursche, denkt Lew. Das Destillat, das überall zu lesen ist, ist, dass der Krieg dem Gemeinwohl des Landes dient. Gemeinsames Wohl gibt es allerdings nur, wenn man nach den Gesetzen der Menschenrechte und des Guten handelt.

Wie hat Lew diese Tatsachen so lange ignorieren können?

Ihr Gespräch wird vom Staffelkommandeur unterbrochen, der, die Hände am Mund zu einem Tunnel geformt, von Weitem brüllt und die Mannschaft für die Einsatznachbesprechung zusammentreibt. Lew und Stanislav blicken auf und sehen vor ihrem geistigen Auge die ganze Ausweglosigkeit ihrer Lage, und, was am bittersten ist, ihre eigene Schuld. Ihr eigenes Zutun.

Lew saugt die eiskalte Winterluft ein und marschiert mit Stanislav los. Angewidert salutiert er vor dem Ranghöheren und presst seine Lippen zusammen. Er ist jetzt so angespannt, dass seine Wangenmuskeln zucken.

Und was wird er tun? Er weiß bereits jetzt: Er wird den nächsten Befehl zum Angriff widerstandslos ausführen.

Am Abend blickt Lew aus dem Fenster der Kaserne nach draußen. In der Ferne weitet sich der Himmel, leuchtet an allen Stellen auf. Als öffneten sich dort oben überall Türen für diejenigen, die durch diesen Krieg viel zu früh aus dem Leben gerissen werden.

14

Der erste Wandel

Jeden Tag scheitert Lew aufs Neue, wenn er gemeinsam mit Stanislav in den Kampfjet steigt und sich für das Zerstören bereit macht. Und jeden Abend ist er weiter von sich weg als zuvor. Er weiß, in der Welt da draußen ist er sein Gegenstück. Doch er macht weiter. Steuert einen der in einer Viererformation fliegenden Jets. Feuert per Knopfdruck Raketen ab. Ein Knopfdruck, um Hunderte von Menschen auszulöschen und damit Tausende von Leben zu zerstören. Jeden Tag durchschneidet das Dröhnen ihrer Düsenjäger die Luft über gegnerischen Städten und kündigt Auslöschung an.

In all den Wochen steigt er Dutzende Male mit der Maschine in den Himmel hinauf und steuert in Angriffsformationen auf das nächste Ziel zu. Er wartet, bis die Einsatzleitung aus der zentralen Kommandostelle über Funk die Koordinaten übermittelt und den Befehl zum Abschuss erteilt.

Lew rast im Tiefflug über das Land. Felder, Bäche, Häuser ziehen unter ihm vorbei. Zehn – neun – acht – sieben ... Feuer. Er drückt auf den Auslöser, die Raketen zischen davon, und er sieht bloß ihre Kondensstreifen, die sich vor ihm durch die Luft ziehen wie gestreckte weiße Wollfäden. Noch bevor die Flugabwehrkanonen feuern, steigt er wieder auf.

Bis eines Tages ein Ereignis etwas verändert.

Lew fliegt in der Formation an zweiter Stelle. Drückt nach dem Befehl zum Abschuss den Raketenauslöser, und eine Lawine an Sprengstoff geht auf das Ziel nieder. Die Detonationen sind so massiv, dass er sie in der Luft spürt. Die unteren Luftschichten füllen sich mit Schwärze, wie Wasser mit Tinte.

Er addiert im Kopf die Anzahl der abgefeuerten Raketen pro Flugzeug, pro Formation, berechnet die Tausende Kilogramm abgefeuerten Sprengstoffs. Malt sich das Ausmaß der Zerstörung aus.

Von oben aus der rußgeschwärzten Luft sieht er zwar die Grausamkeit, von der auch er Teil ist, doch er spürt sie nicht. Menschen sterben durch seine Hand, doch er sieht deren Gesichter nicht. Ein Mensch wird menschlich, wenn man ihm gegenübersteht, wenn die Nähe das Abstrakte nimmt.

Während Lew auf sechstausend Fuß seinen Gedanken nachgeht, tauchen nackte Glühbirnen in den Kellern der detonierten Häuser alles in wankende Schatten, bevor auch sie verlöschen. Die letzten Überlebenden blinzeln ins staubdurchregnete Dunkel hinauf und fühlen nichts mehr.

Plötzlich fangen die Funkgeräte seiner Fliegerstaffel ein fremdes Signal auf. In ihren Kopfhörern ein leiser Ton, der hin und her zu suchen scheint und sich dann mit einem Mal zu einem hohen Pfeifen auswächst. Ein Flugabwehrradar, das das Ziel erfasst. Sie sind das Ziel!

Sekunden später passiert es: Der die Formation anführende Kampfjet ihrer Staffel, der etwa dreißig Meter vor Lew und Stanislav fliegt, wird getroffen. Er überschlägt sich in der Luft, stürzt dann mit rasender Geschwindigkeit zu Boden und zerschellt mit aufzuckender Stichflamme an einem Wohnblock, der ebenso in Flammen aufgeht. Die

Stimmen im Funk überschlagen sich. Dann folgt der Befehl zum Rückzug. Kurz darauf – Lews Blick haftet noch an der abgestürzten Maschine – streift eine Rakete der Flugabwehr den linken Flügel seines Jets. Die Tragfläche touchiert, das Flugzeug verliert die Zentrierung und beginnt zu taumeln. Im letzten Moment gelingt es Lew, die Nase des Kampfjets nach oben zu ziehen. Wie die anderen unversehrten Maschinen seines Schwarms dreht er ab und steigt in den Himmel hinauf. Doch auf dem Weg zum Stützpunkt, nicht weit von der Grenze entfernt, gerät die Maschine noch über feindlichem Boden erneut ins Trudeln und stürzt direkt auf ein Trümmerfeld zu. Lew und Stanislav ziehen blitzartig den Auslösegriff für die Schleudersitze. Kleine Sprengladungen zertrümmern die Cockpithauben, das Schießpulver unter den Sitzen zündet, und die Schleudersitze schnellen in die Höhe. Der Drogue-Chute, ein Hilfsfallschirm, der mit dem Hauptfallschirm verbunden ist, stößt in die Luft und stabilisiert Geschwindigkeit und Rotation des Schleudersitzes. Nach einer kurzen Verzögerung zieht der Drogue den Hauptfallschirm aus einem Behälter. Als sich der Hauptfallschirm voll entfaltet hat, koppelt sich der Schleudersitz automatisch von den Männern ab, und sie schweben zu Boden.

Während Lew und Stanislav auf das Feld hinabsegeln, sehen sie, wie der Kampfjet etwas weiter entfernt am Boden zerschellt und nach der Explosion von den Flammen zerfressen wird.

Sie haben Glück – außer kleineren Schürfwunden kommen sie, nicht einmal zweihundert Meter voneinander entfernt, heil in der Nähe des Orts auf, den ihre Staffel noch vor wenigen Minuten in Schutt und Asche verwandelt hat.

Ein unangenehmer, beißender Geruch hängt in der Luft. Der Geruch von Zerstörung und Tod, der sich zuerst an die

Kleidung und dann an die Seele hängt. Es sind einige jener Minuten, die eine ganze Existenz verändern.

Überall um sie herum, vergraben unter Ruinen: zermalmte Körper, verkohlte, noch schwelende Leichen, Pfützen aus Blut, zerschmetterte Leiber. Ein Friedhof an Grausamkeit. Hier und da dampft das warme Fleisch von Gliedmaßen in der kalten Winterluft. Einige stöhnen, ehe sie elend krepieren.

So etwas Grauenhaftes hat Lew noch nie gesehen. Und erstmals sieht er die Gesichter, die zu den Menschen gehören, die er tötet. Zum ersten Mal blickt er hinein in weit aufgerissene erschrockene Augen eines Familienvaters, Ehemanns, Sohns, Bruders. Sieht sich selbst durch die Augen der von ihm Getöteten. Und zum ersten Mal begreift Lew, wie falsch das alles ist.

Ein Satz seiner Mutter schießt ihm durch den Kopf: »Sobald man das Leben spürt, hat alles ein anderes Gesicht, im Guten wie im Schlechten. Ohne Einzelheiten entsteht nie ein vollständiges Bild.«

Vor dem Kriegsdienst hat Lew stets versucht, alles Unangenehme zu verdrängen, es nicht an sich heranzulassen. Den scharfen Klingen der Gefühle war er ausgewichen, hat unbequeme Empfindungen stets unterdrückt. Doch jetzt schlagen sie ihm mit einer solchen Intensität entgegen, dass er ihnen nicht mehr entkommen kann.

Die Hitze der zahlreichen Explosionen brennt auf der Haut. Sie lässt einem trotz der winterlichen Kälte die Gedanken im Kopf schmelzen. Der eisige Wind treibt Lew Trümmerstaub in die Augen und den Gestank von Tod und Verwesung in die Nase.

Plötzlich krallt sich eine Hand in seine Wade, Lew schreit auf. Er dreht sich um und blickt hinab auf die Erde und einem Soldaten ins Gesicht, der halb zerrissen daliegt. Das Blut rinnt unter seinem Helm hervor, strömt über Augen und Wangen. Mit letzter Kraft öffnet der Mann seinen Mund um wenige Millimeter, seine Lippen bewegen sich unmerklich, und er haucht einen letzten erlöschenden Laut, den Lew nicht versteht. Lew beugt sich zu ihm hinunter, zum Feind, blickt diesem Mann in die Augen, die voller Angst und Schmerz sind. In Augen, in welchen er dem Tod ins Gesicht blickt. Dem Tod, der näher und näher kommt. Lew kniet sich zum Verletzten. Wie aus Reflex umfasst er das Handgelenk des Mannes, fühlt einen Puls, der rast und zugleich verlischt. Einen Puls, der ihm unter den Fingern wegfließt. Und einige Sekunden ist ihm, als sterbe er mit, mit diesem Menschen.

Wie kann es nur sein, dass dieser junge Mann einfach unter ihm weggleitet und es nichts mehr gibt, um sein Leben festzuhalten? Wie kann es nur sein, dass die Sprengstoffladung eines ihrer Kampfflugzeuge – vielleicht sogar Lews – diesen Mann getötet hat? Wie kann es nur sein, dass sie alle solche Verbrecher sind? Mörder. Und dann am nächsten Morgen aufstehen, Kaffee trinken, sich die Zähne putzen und erneut in ihre Uniform schlüpfen, um weiter zu töten. Wie kann es sein, dass sie noch leben können, wenn sie schuld am Tod Tausender sind? Wie kann es sein, dass eine einzelne Person, ein einziger Präsident, eine einzige Anordnung – Wörter hineingesprochen in ein Mikrofon – das Schicksal von Millionen von Menschen verändern kann?

Lew streichelt die Wange des Verletzten, flüstert ihm zu, dass es ihm leidtut und dass er gut ankommen soll auf der anderen Seite des Flusses. Er glaubt, ein unmerkliches Zucken um den Mund des Sterbenden, ein Lächeln, zu bemerken. Dann reißt sich die Seele des Fremden in einem letzten tiefen Atemzug vom Körper, und was bleibt, ist ein

Leichnam. Lew schließt dem Toten die Augen, kämpft mit den Tränen. Hier, mit fünfundvierzig Jahren, beginnt er alt zu werden.

Stanislav steht schweigend neben ihm, legt ihm eine Hand auf die Schulter, drückt sie sanft und sagt: »Komm.«

Ein Pick-up der eigenen Truppen rumpelt bereits heran, um sie aufzulesen und zurück über die Grenze zum Militärflughafen zu bringen. Lew steht wankend auf. Er muss seinen ganzen Willen aufwenden, um Fassung zu bewahren.

Es geht nichts über die Todesnähe, um das eigene Denken zu schärfen. Bilanz zu ziehen über das, was man tut, über das eigene Leben. Mit sich selbst abzurechnen.

Lews Überzeugungen geraten ins Wanken und damit auch sein Selbstbewusstsein. Er spürt, wie der Mensch, der er vor diesem Krieg war, verblasst. Mit einem Mal ist ihm bewusst, dass mit jedem Tag in diesem Krieg mehr von ihm entflohen ist, dass mit jedem weiteren Tag weniger von ihm aus diesem Krieg zurückkommen wird – sollte er jemals zurückkommen – und dass er machtlos ist, sein völliges Verschwinden zu verhindern.

15

Das Verhängnis

Die Bilder des Schreckens machen etwas mit Lew. Er spürt, wie die vergangenen Wochen im Krieg ihn innerlich in zwei Hälften spalten. In Kälte und Wärme, in Härte und Weichheit. Knirschend reiben die beiden Teile aneinander und werden ihn zermalmen, wenn er sich nicht bald für eine Seite entscheidet.

Er sitzt mit Stanislav und den anderen Piloten seiner Staffel zur Besprechung des nächsten Einsatzes in der Kaserne des Stützpunktes. Der Staffelkommandeur – ein gutmütiger, mittelgroßer, schlanker Mann mit dunklem Haar und grauen Schläfen – steht auf dem Podium des Einsatzbesprechungsraums und teilt den Kampfpiloten alle relevanten Informationen zu den geplanten Missionen mit. Er fährt gerade mit dem Zeigestock über die Landkarte und bestimmt die Route bis zum nächsten Angriffsziel, als der Geschwaderkommandeur unerwartet eintritt – ein kleiner massiger Mann mit teigigem, rötlich-verfettetem Gesicht und kurz geschorenem Kopf. Er steigt die drei Stufen aufs Podest hinauf, zieht sich einen Stuhl heran und setzt sich den Piloten gegenüber, so raumgreifend, dass es für andere Meinungen keinen Platz gibt. Der Staffelkommandeur legt den Zeigestock nieder und überlässt seinem Vorgesetzten das Wort. Der Höhergestellte blickt auf die Piloten hinab und verkündet das Eröffnen des Feuers in einer weiteren

Stadt. Während er spricht, rückt er die Orden auf der Brusttasche seiner Uniform zurecht und zupft sich mit Daumen und Zeigefinger nicht vorhandene Fusseln von der messerscharf gebügelten Hose. An diesem Geschwaderkommandeur ist alles ausgebügelt, bis auf die letzte Falte. Er ist einer, der die Heldenbiografie auf seiner Jacke stets spazieren führen muss. Mit zusammengekniffenen Augen und zu lauter Stimme diktiert er Taktik und Vorgehensweise. Ohne Rücksicht auf Zivilisten, versteht sich. Er will es einnehmen, dieses neue Gebiet, und zu den Kriegstrophäen in seinem Kopf stellen. Neben den üblichen Luftverteidigungszielen sollen nun auch Energieversorgungszentren, Verkehrsnetze und sogar ein Krankenhaus bombardiert werden.

»Aus allen Richtungen aufs Zentrum zustürmen«, sagt er, während er die Hand ausstreckt und seine fleischigen Finger spreizt. Als er sie ruckartig zu einer Faust schließt, keift er: »Und dann Abschuss.« Mit einem dreckigen Grinsen fügt er in eiskaltem Ton hinzu: »Der Vorteil des Überraschungsmoments.«

Einige Kampfpiloten klopfen ihm gedanklich auf die Schulter. Anderen kriecht Unruhe über die Gesichter, Entsetzen, wie man beim Anblick von etwas verspürt, das allzu falsch ist. Jenen also, die nicht auf der Seite des Krieges stehen, die jedoch wissen, dass sie beiseitegeschafft werden, sollten sie ihre Einwände äußern. Zu widersprechen traut sich keiner. Im Krieg nicht bemerkt zu werden, kann einen am Leben halten.

Der Geschwaderkommandeur taxiert Lew, und Lew sieht in dem hasserfüllten Gesicht seine schlimmsten Befürchtungen bestätigt.

»Andere könnten eine andere Meinung haben«, zischt der Geschwaderkommandeur, den Blick noch immer auf Lew geheftet. »Das könnten sie«, fährt er fort. »Der Unterschied zwischen diesen anderen und mir ist allerdings der, dass ich nach unserer netten kleinen Sitzung hier die Treppe aus diesem Gebäude nehme und diese anderen das Fenster.« Er atmet schneidend durch die Zähne ein und lässt seinen Blick über die Piloten schweifen. »Und wenn Sie versuchen sollten, als Spion zu arbeiten, wenn Sie versuchen sollten, mich zu hintergehen oder diesen Krieg zu sabotieren, dann werden Sie sich wünschen, mir nie begegnet zu sein. Ist das klar?«

Schweigen.

Nach einer kurzen, absichtlichen Pause – er liebt diese Effekte – brüllt er nochmals lauter: »Bin ich da verstanden worden?«

Kopfnicken.

»Wir holen uns zurück, was uns gehört. Wir packen den Feind an der Kehle. So wie ich Sie an der Kehle packe, sollten Sie meine Befehle nicht befolgen. Und sollte ich fallen, werde ich Sie mit mir hinunterreißen.«

Schichten von Schweigen über Schweigen.

»Ist das klar?«

Erneutes Kopfnicken.

Lew kann sich nun nichts anderes mehr einreden. Er begreift: Das ist Völkermord. Sein Blick schweift über die bestuhlten Reihen. Er sieht sie sich genau an, seine Kameraden. Ihre Ähnlichkeit untereinander ist bestürzend. Ganz so, als seien sie alle retuschiert. Als seien ihre Eigenheiten verwischt, die Besonderheiten in Gesichtszügen und Wesen korrigiert, ausradiert. Und alle zu Gleichförmigkeit berichtigt. Ist es also das, was der Krieg aus ihnen allen macht? Uniforme Wesen, die weder sich selbst noch den anderen begreifen? Ist es das, was seine Mutter damit gemeint hat, als sie sagte, dass jene, die zu lange dem Drill soldatischer Disziplin ausgesetzt sind, militärischen Befehlen unterliegen wie einem krankhaften Zwang? Dass eine Uniform im

Krieg nichts anderes ist als eine Zwangsjacke, die jene, die sie tragen, widerstandslos macht und selbst sinnlose oder gar grausamste Kommandos ausführen lässt? Dass eine Militäruniform eine willensauflösende Macht hat, die das selbstständige Denken und Handeln ausschaltet? Und dass jene, die in einer stecken, nicht mehr überlegen, sondern nur noch gehorchen? Die Uniform als Betäubung, als Willenslähmung?

Ja, so ist es. Diese Uniformen haben eine erschreckende Wirkung. Sie untergraben die Identität des Einzelnen, räumen gewissermaßen seinen Verstand aus, und wenn er leer ist, füllen die Befehlshaber die leeren Köpfe mit dem, was die Militärspitze vorgibt. Bis die Soldaten irgendwann nicht mehr merken, wie sehr dieses militärische Folgen und Gehorchen sie wegreißt von ihrer eigentlichen, individuellen Existenz.

Lew ist mit einem Mal klar: Wenn man mit der Strömung schwimmt, kann man auch vom zerrenden Wasser zerrissen werden.

Er kennt ihn, diesen waghalsigen Geschwaderkommandeur, diesen berüchtigten Schläger. Aus seiner Ausbildungszeit beim Militär vor fünfundzwanzig Jahren. Bereits damals verabscheute Lew diesen Mann, der schon immer Freude am Quälen und Zerstören hatte und dem die Welt im Schatten seines eigenen, mächtigen Körpers viel zu klein vorkommt. Während Lews Grundausbildung musste er ihn öfter sehen, als es seiner Sympathie für ihn entsprach. Eingebrannt hat es sich ihm, dieses tückische Lächeln, das seine Wutausbrüche ankündigte. Regelmäßig zitterten die Scheiben unter den Tobsuchtsanfällen dieses Mannes, der einer jener Typen ist, die man nur von einem Stuhl auf einen etwas besseren zu setzen braucht, und schon kommen sie sich vor wie Gott.

»Schauen Sie sich genau um in diesem Raum!«, schreit

der Geschwaderkommandeur und reißt Lew aus seinen Gedanken. »Morgen wird es hier vermutlich ein paar leere Stühle geben. An Ihrer Stelle würde ich aufpassen, dass nicht Sie das sind, die abgeschossen werden.« Er pfeift durch die Zähne. »Nun los, knallen Sie den Feind ab! Und beweisen Sie gefälligst den Mut, den Ihre Uniform verdient! Abtreten.«

Die Piloten erheben sich von den Stühlen und warten an ihren Plätzen, bis die beiden Vorgesetzten vom Podest heruntersteigen und zur Tür auf der anderen Seite des Raums zustreben. Als sie verschwunden sind, scharren Dutzende Füße über den Boden und drängen zum Ausgang.

Bevor er geht, sieht sich Lew noch einmal die Karten an den Wänden an, die verschiedenen Tabellen, die Tafeln mit den Skizzen des bisherigen Territorialgewinns, der eigenen und gegnerischen Truppen, und die nächsten Ziele.

Als er schließlich mit Stanislav über den Korridor stapft, um die Kaserne zu verlassen, pfeift der Geschwaderkommandeur sie zu sich zurück in das angrenzende Zimmer der Einsatzplanung und lässt sie salutieren. Die Augen zu Schlitzen verengt, blickt er Lew ins Gesicht und stößt in herablassendem Ton hervor: »Sieh mal an. Auch du in der großen Welt.« Dann wendet er sich Stanislav zu und sagt: »Erziehen Sie mir diesen Mann zum Krieger! Abtreten!«

Lew und Stanislav ziehen schweigend die Schultern stramm, legen zum wiederholten Mal die Finger an die Mützen und schlagen die Hacken zusammen.

Sie verlassen die Kaserne und treten hinaus in die klirrend kalte Luft.

Als sie auf dem Weg zu den Stellplätzen sind, sagt Stanislav: »Was genau will der von uns?«

»Katastrophen.«

»Ein weites Feld.«

»Grenzen wir es auf Grausamkeit ein.«

»Irgendwo muss die Pflicht doch aufhören.«

»Ja, irgendwo hört die Pflicht auf.«

Regenschnüre treffen ihr Gesicht wie Nadelstiche. Auf der Haut kristallisieren die Tropfen. Bald würde es schneien.

16

Schneegestöber

Bereits als sie die Kampfjets erreichen, treiben schneeschwere Wolken über ihnen. Ein eisiger Wind bläst schneidend über die Ebene. Ihre Wangen brennen, die Ränder ihrer Ohren schmerzen. Die Kälte kriecht durch die Sohlen ihrer Stiefel direkt in ihre Knochen. An Tagen wie diesen schwillt die ganze Tristesse des Lebens bis zur Unerträglichkeit, denkt Lew.

Minuten später, als er und Stanislav sich bereits im Cockpit installiert und durch die Checkliste gearbeitet haben, fällt der Schnee in großen weißen Flocken vom Himmel, die der Wind vor sich hertreibt. Anfangs wehen sie noch langsam auf das Militärgelände herab, dann schneller, und schon bald ist die Cockpitscheibe zugeschneit.

In einem solchen Schneegestöber, mit derart schlechter Sicht, können die Kampfjets nicht starten. Gut, denkt sich Lew, und er weiß, dass auch andere Kameraden empfinden wie er, wenn auch die Mehrheit noch immer auf der Seite des Krieges steht.

Der Einsatz wird abgebrochen.

Auch am nächsten Tag fällt der Schnee in weichen, dicken Flocken vom Himmel und macht einen Start der Maschinen und damit den nächsten Angriff unmöglich. Lew steht allein vor der Kaserne und blickt in die Ferne. Blinzelt ins

Schneegestöber. Zarte Flocken verfangen sich in seinen Wimpern und lösen sich auf. Es ist unwirklich still. Inzwischen ist das Land eingehüllt in eine weiße Decke, die alle Geräusche dämpft. Es gefällt ihm, dieses weiße Nichts, diese Auslöschung alles Grausamen. Und er wünscht, es könnte so bleiben.

Aus der Ferne betrachtet, erscheint rieselnder Schnee wie einheitliche grazile weiße Flocken, denkt Lew. Und es stimmt: Jede einzelne Schneeflocke besitzt sechs filigrane Kristallarme, die sich von einem zentralen Punkt aus erstrecken und in identischen Winkeln zueinanderstehen. Und doch. Und doch unterscheiden sie sich. Zwar entstehen aufgrund der molekularen Struktur von Wasser immer genau sechs Arme, das individuelle Muster einer Schneeflocke jedoch hängt von den Einflüssen ab, unter denen die Eiskristalle wachsen, erinnert sich Lew aus dem Schulunterricht. Keine zwei Schneeflocken sind gleich, da jede ihre einzigartige Reise durch die Atmosphäre macht und sich durch leicht unterschiedliche Bedingungen formt. Temperatur und Feuchtigkeit beeinflussen, wie sich die Eiskristalle bilden und miteinander zu einem spezifischen Muster verbinden. Dadurch entsteht eine unendliche Vielfalt an Formen, die man nur unter dem Mikroskop erkennt. Diese Einmaligkeit bewahrt sich eine Schneeflocke so lange, wie sie auf ihrer Reise durch die Atmosphäre einzeln vom Himmel fällt. Hängen sich mehrere Schneeflocken aneinander und verkleben, verlieren sie ihre Einzigartigkeit und fallen als Teil eines unspezifischen Klümpchen Schnees vom Himmel.

Wir Menschen sind wie Schneeflocken, denkt Lew. Es kommt vor, dass wir – obwohl wir uns voneinander unterscheiden – in der Gesamtheit nichts als eine einheitliche kalte Masse bilden. So ist es im Krieg. Wir isolieren uns nicht als Einzelne, die für sich selbst denken und ihre Besonderheiten bewahren, sondern verkleben zu einem Klumpen, der uns gleich macht und uns unser individuelles Wesen vergessen lässt. Nur wenige bringen den Mut auf, den eigenen Weg zu gehen.

Auch ich bin eine Schneeflocke, die sich an andere hängt und still zu Boden fällt, zur bloßen Masse wird, gesteht sich Lew ein.

Und wie die Existenz der Schneeflocke nur flüchtig ist, weil sie dahinschmilzt, sobald sie den Boden berührt und dann in den Wasserkreislauf zurückkehrt, oder als Schnee die Welt eine Weile zudeckt, um dann aufzutauen und zu ihrem Ursprung zurückzukehren, so sind es auch wir: flüchtig.

Warum nutzen wir dann nicht die kurze Zeit, in der wir hier sind?

Gedankenverloren steht Lew in der eisigen Kälte, bis es zu schneien aufhört. Blass steht die Sonne am Himmel. Ihr Licht dringt kaum durch die Schneewolken hindurch. Wie Tuschezeichnungen ragen hier und dort die Skelette der Bäume in der eisigen Landschaft auf.

17

Scheitern

Mit der Drehtür schraubt sich Januarkälte ins achtstöckige Gebäude. Der Portier gibt sich eine betont gelangweilte Haltung. Ana fährt mit dem goldgespiegelten Aufzug in den ersten Stock. Als sich die Tür des Fahrstuhls mit einem Klingelton öffnet, schiebt sich eine Dame mit geliftetem Gesicht, das bis zur Nase in einem Nerzmantel steckt, raumgreifend an ihr vorbei, noch ehe Ana aussteigen kann. Die Frau mustert Ana über den oberen Rand ihres extravaganten Brillengestells und hält sie mit ihrem kritischen Blick gefangen. Gerade als sich die Aufzugtür wieder schließen will, hält Ana ihre Hand vor den Sensor und springt heraus.

Schon vom marmorgetäfelten Korridor aus sieht Ana die Galeristin Marjam in kunterbunter, für diese Jahreszeit viel zu leichter Kleidung zwischen Gemälden und Fotografien umherwirbeln.

»Ah, Ana, meine Liebe, gut, dass du kommst«, ruft Marjam durch den großen Raum mit den meterhohen Decken, als sie Ana erblickt.

Ihre Stimme ist grell und laut und trotzt jeder Entfernung. Sie eilt auf Ana zu und haucht zwei flüchtige Küsse in die Luft neben Anas Wangen.

Marjam ist eine Frau in Anas Alter, der sich Ana seit jeher nähert wie einem Brennnesselstrauch.

»Na, wie siehst du denn wieder aus, Liebes?«, poltert Marjam drauflos und mustert Ana von oben bis unten. »Kein Wunder, dass dir das Leben davonläuft. Wenn du es erwischen willst, musst du dir ein wenig mehr Mühe mit deinem Äußeren geben. Mit dieser Aufmachung holst du es nie ein.«

Ana steht da in einem abgetragenen Wollmantel, der an den Ellbogen schon ganz fadenscheinig ist, und steckt in einer Jeans ohne besonderes Label. Schweigend zieht sie die Schultern hoch.

Marjam verzieht das Gesicht. »So kannst du dich ja gar nicht gut fühlen. Nun schau nicht so, Liebes. Ich sage dir das ganz roh: So wird das nichts mit dem Glück!«

Ja, es stimmte. Ana macht sich selten Gedanken über das, was sie trägt. Vielleicht einfach deshalb, weil sie kein Gefühl für sich hat und daher noch weniger für das, was ihr steht. Sie greift selbst dann daneben, wenn sie tagelang Zeitschriften nach der neuesten Mode durchforstet oder zahlreiche Seiten zur Typberatung. Das Gefühl für das für sie Richtige dringt einfach nicht zu ihr durch. Vielleicht, weil sie sich selbst für falsch hält.

Nicht nur in Sachen Kleidung oder Partnerschaft, auch beruflich hätte sie weiter sein können mit Anfang vierzig. Auch das weiß Ana. Neben ihrem seit Jahrzehnten erfolglosen Versuch, als Journalistin Fuß zu fassen – seit Abschluss ihres Bachelors of Arts schreibt sie nur hin und wieder kleinere Texte für unwichtige Blätter –, versucht sie seit Jahren, sich als Fotografin einen Namen zu machen. Wie gern hätte sie nach dem Studium bei einer renommierten Zeitung gearbeitet oder als Lektorin in einem Verlag, fand jedoch nach dem Volontariat nie eine feste Anstellung. So versuchte sie es nebenbei mit Kunst. Irgendetwas musste doch mal gelingen! Und jetzt lässt Ana kein Monatsende aus, um in der Galerie nachzufragen, ob sich eine ihrer Fotografien verkauft hat.

Doch bevor sie sich erkundigen kann, schneidet Marjam ihr das Wort ab: »Da ist noch etwas, Ana. Ich mache nicht viel Aufhebens, du weißt, ich halte mich nicht gern mit Unangenehmem auf. Ganz ohne Umschweife also ...«

Ana schluckt schwer.

»Aber nicht doch, meine Liebe«, sagt Marjam und streckt beide Handflächen weit von sich. »Kein Grund zum Verzweifeln, nur einer, um besser zu werden.«

Röte schießt Ana ins Gesicht und flackert auf ihren Wangen.

»Bringen wir es hinter uns«, sagt die Galeristin und befeuchtet sich die Lippen mit der Zunge. »Ich kann deine Fotografien nicht länger ausstellen. Sie verkaufen sich überhaupt nicht, und du siehst ja selbst ...«, sie macht mit ihrem Arm eine ausladende Geste durch den Raum, »... es gibt einfach keinen Platz für Künstler, die nicht laufen. An die letzte Ausstellung mag ich gar nicht denken!«

»Aber ...«, bricht es aus Ana heraus, als könne ein Einwand Marjams Entschluss beschwichtigen, obwohl sie selbst weiß, dass es so kommen musste. In der Kunst, das ist Ana inzwischen klar, waren es, wenn überhaupt, nur winzige Dinge, die sie vom Durchschnitt unterschied. Und Mittelmaß ist nie genug.

In Anas letzter Vernissage war der Applaus nach der Präsentation ihrer Fotografien schwach wie ferner Regen. Es war ein Beifall, der schneller vertröpfelte, als Ana sich hat sammeln können. Und ebenso schnell schoben sich die Besucher aus den Stuhlreihen und drängten zum verstopften Ausgang. Allein daran zu denken, weht Ana die Scham ins Gesicht. Dieses Fortströmen war nicht mal Langeweile, sondern Flucht. Flucht davor, selbst zur Norm zu schrumpfen, wenn man sich als Besucher mit derart dünner Kunst befasste.

»Aber du hast doch bereits einige meiner Aufnahmen

verkauft«, sagt Ana mit einem Flüstern, das lauter ist als ein Schrei.

Doch Marjam wischt Anas letzten Funken Hoffnung beiseite, als könne sie sich daran verbrennen: »Das waren kleine, unsolide Zufallserfolge. Nicht weniger, aber auch nicht mehr als das.« Die Galeristin hält einen Moment inne, dann sagt sie in das laute Schweigen hinein: »Ich habe deinen Fotografien schon weit mehr Zeit gegeben als allen anderen.«

Ana versucht, den Kloß im Hals herunterzuschlucken.

»Deinen Bildern fehlt die Seele«, sagt Marjam, wie um ihre Entscheidung zu rechtfertigen. »Man spürt dich nicht in deinen Werken. Man spürt gar nichts. Deine Aufnahmen sind stumm. Kunst vermittelt sich über das Herz, nicht über den Verstand. Wenn man den Künstler nicht in seinen Werken spürt, wenn er eine flache Dimension bleibt, berührt er nicht.«

Wie sollte man sie in ihren Werken spüren, wenn sie sich selbst nicht einmal kennt, denkt Ana.

Marjam zieht ein silbernes Zigarettenetui aus der Tasche ihres Kimonos, öffnet den Federverschluss und steckt sich eine Zigarette zwischen die Lippen, ohne sie anzuzünden. Sie liebt die Dramatik dieser Handlung, obwohl sie genau weiß, dass sie im Gebäude nicht rauchen darf.

Ana steigen Tränen in die Augen. Die Galeristin nimmt die Zigarette wieder aus dem Mund und klopft mit der Handfläche – den Filter zwischen Zeige- und Mittelfinger geklemmt – auf die Plexiglasplatte der Kasse.

Sie trägt viel zu große Ringe an ihren viel zu kleinen Fingern, denkt Ana. Überhaupt ist alles an Marjam zu groß. Zu laut. Selbst ihr Kimono atmet einen so strengen, aufdringlichen Duft aus, dass alles in Marjams Nähe danach riecht.

»Deine Aufnahmen sind ein bloßer Abklatsch von Motiven, die die Welt schon hundertmal gesehen hat. Es ist nichts Außergewöhnliches darin zu finden. Nichts Überragendes. Und es ist immer dasselbe. Wie willst du vorwärtskommen, Liebes, wenn du dich nicht im Geringsten bewegst?«

Anas Schweigen ist inzwischen so laut, dass selbst eine Frau wie Marjam bemerkt, dass Ana nur noch Millimeter vom Absturz trennen.

»Liebes«, versucht sie es noch einmal sanfter. »Das Geheimnis aller großen Künstler, ob in der Malerei, in der Fotografie oder im Schreiben, ist Konzentration. Das Fokussieren aller Sinne auf das Werk. Das Außerhalb-sich-selbst-sein, außerhalb der Welt. Alles Denken, alles Fühlen passiert im zu erschaffenden Objekt. Du musst es spüren, dein Werk. Es muss eins mit dir sein. Nur dann spürt der Betrachter die Wahrheit darin und wird etwas Wesentliches für sich in deinem Kunstwerk finden.«

Auch wenn Ana weiß, dass Marjam recht hat, sagt sie nichts.

Schließlich zieht die Galeristin eine Schublade auf und legt einen Zettel auf die Tischplatte. »Hier steht alles drauf, Ana. Das Datum, an dem deine Fotografien von uns verpackt und dir wieder nach Hause zugestellt werden, sowie die bisher angefallenen Kosten für dich und die Ausstellung, für die Lagerung und für die Lieferung zu deiner Wohnung.«

Marjam lässt das Blatt auf dem Plexiglas liegen, drückt es Ana nicht direkt in die Hand. Immer schafft sie eine Entfernung zwischen sich und unangenehmen Dingen. Ana greift nach dem Papier, faltet es, ohne einmal darauf zu schauen, und schiebt es sich in die Tasche ihrer Jeans. Sie schlägt die Lider nieder und nickt.

»Liebes«, sagt Marjam in einem viel zu saloppen Ton. Sie will mitfühlend wirken, ermutigend, das weiß Ana.

»Scheitern und Erfolg liegen näher beieinander, als wir denken. Auch du findest sicher irgendetwas, in dem du gut bist.« Sie streicht sich mit beiden Händen mehrmals aufwendig durch ihr von Chemikalien zu sprödem Stroh zerfressenen Haar und unterlässt es nicht, Ana durch mehrmalige Blicke auf die glitzernde Armbanduhr zu signalisieren, dass ihre Unterhaltung beendet ist.

Ana versucht, ihren Mund zu einem Lächeln anzuheben, aber es gelingt ihr nicht. »Bis dann«, ist alles, was sie über die Lippen bringt. Dann dreht sie sich um und geht mit den vielen unausgesprochenen Fragen, die ihr im Hals stecken geblieben sind, davon.

Noch bevor sie der Galerie entkommen kann, ruft Marjam ihr nach: »Leg dein Glück nicht in die Hände anderer, Ana. Diese kontrollierte Version von dir ist noch nicht die finale. Mach die Augen auf! Dein Leben ist nicht irgendwo in der Zukunft, sondern steht direkt vor dir.«

Kurz vor ihrem Eintreffen hat sich Ana alle Mühe gegeben, sich aufzurichten, damit Marjam ihr nicht direkt in die Seele blicken konnte. Doch jetzt, auf dem Weg zurück zum Aufzug, schrumpft sie mit jedem Schritt mehr in sich zusammen. Sie fühlt sich fragil wie nie zuvor und in jeglicher Hinsicht durchsichtig.

Die Aussagen, die zwischen Marjams Zeilen hingen – Du bist nicht gut genug. Du bist nicht gut. Du bist nicht genug –, kugeln in Anas Kopf herum wie Steine. Marjam hat das ausgesprochen, was Ana zwar schon längst fühlte, worüber sie aber lieber nicht nachdachte.

Ana spürt, wie die Entfernung zwischen ihrem Selbst und ihrem anderen, ihrem ersehnten Ich größer und größer wird.

Als ob sich der Kreis schlösse, ist sie wieder am Ausgangspunkt, steht genau an der Stelle wie vor fast zwanzig Jahren, als sie ihren Universitätsabschluss in Händen hielt und glaubte, nun in eine grandiose Zukunft zu schreiten.

Ana verspürt einen Riss in sich; ein weiteres Stück Leben trennt sie von den Träumen, die sie einst für sich hatte.

Wieder ist sie gescheitert.

Ich bin nirgendwo, wo ich sein sollte, und ich habe keine Ahnung, wohin ich soll, denkt sie und wünscht sich, jemand anders zu sein.

Warum lief bei ihr nur alles schief? Ausnahmslos scheinen die bisherigen Kapitel ihres Lebens beendet, vielleicht schloss sich sogar das ganze Buch.

Nichts als Enden ohne Anfang, denkt sie, als sie wieder unten im Foyer steht. Alle Farben, Konturen und Linien sind aus ihrem Leben verschwunden. Es kommt ihr so vor, als hätte es sich zu einer Bleistiftspitze verengt, mit der sie nur noch einen Punkt hinter alles Bisherige setzen kann.

Durch die Drehtür drängt sich das aufgeregte, ununterbrochene Autohupen der Stadt herein, das draußen vor dem Gebäude hektisch vorbeitreibt. Wie ein schattenhaftes Wesen huscht Ana aus dem Wolkenkratzer auf die schneenasse Straße. Auf dem Asphalt spiegeln sich gelbe und rote Lichter. Lärm und Geflirr von Menschen, die mit Regenschirmen an ihr vorbeitreiben, erscheinen ihr nah und gleichzeitig weit entfernt. Gedämpft. Unwirklich. Ana fühlt sich außerhalb von allem. Außerhalb dieser Welt. Da ist es wieder, dieses Gefühl, nicht in dieses heutige Leben zu passen. Nirgendwohin zu passen.

Was auch immer sie in die Hände nimmt, zerfällt zu Staub, bröselt davon. In Anas Augen ist das Leben eine bröckelige Angelegenheit. Nichts ist zu fassen, schon gar nichts ist zu halten. Alles zersplittert bei der kleinsten Berührung.

Als sie auf dem Weg nach Hause im Taxi sitzt, empfindet sie ihre Traurigkeit beinahe als Beruhigung, weil sie endlich in das Unglück gestürzt ist, das ihr ihre Mutter von jeher prophezeit hatte. Wie oft hat jene Ana vorausgesagt, sie würde einmal ohne Mann, Kinder und anständigen Beruf dastehen, oder besser: abstürzen – weil sie das Leben völlig falsch anpacke. Doch wie geht man das Leben richtig an? Wie lebt man? Ana weiß es nicht. Weder hat sie Erfahrung damit, noch hat sie die Jahrzehnte ihres Erwachsenenlebens genutzt, etwas darüber herauszufinden.

Außer Vorwürfe bot ihre Mutter auch keine Quelle der Weisheit. Im Gegenteil: Wie ein Bügeleisen fuhr ihre Kritik über Ana her und ließ sie stets geplättet zurück. Jedes Mal, wenn Ana mit ihr sprach, war sie sich ihrer selbst tagelang so unsicher, dass sie jedem glaubte, der sie infrage stellte. Aber sie weiß, dass es ein Ablaufdatum dafür gibt, die Eltern für alles verantwortlich zu machen. Sie ist zweiundvierzig Jahre alt und allein dafür zuständig, was sie aus ihrem Leben macht. Doch wo und wie soll sie beginnen?

Sie hat das Gefühl, von Leere zu Leere zu fallen. Oder ist es genau das, was sie für ein neues Leben braucht? Eine leere Seite, auf der sie weiterschreiben kann?

Sind die gescheiterte Beziehung mit Mika und die beruflichen Niederlagen bloß Zeichen, dass sie sich mit dem Falschen beschäftigt? Weil sie nicht weiß, was das Richtige für sie ist? Weil sie sich selbst nicht kennt?

Erst muss sie herausfinden, wer sie ist, was sie ausmacht, was sie will und was nicht. Nur dann kann sie ihren Platz finden.

Warum denkt sie erst jetzt darüber nach? Wie lange doch

das Begreifen dauert. Und noch länger, bis man aufsteht, um etwas zu ändern. Sie wird in Zukunft mehr auf alles achtgeben müssen. Besonders auf ihr eigenes Leben.

18

Schwarze Tage

Nachts liegt sie wach im Bett. Und ohne Schlaf nehmen auch die Tage den düsteren Anstrich der Nacht an. Morgens will Ana nicht aufstehen. Für wen und für was auch? Sie will im Bett liegen bleiben, wieder einschlafen, wegschlafen von allem.

Gäbe es doch jemanden, der sie aufheben und wieder auf die Füße stellen würde. Aber so jemanden gibt es nicht.

Ihre Kehle ist angefüllt mit Kummer, aber er steckt da fest, dieser Kummer, wie ein Pfropfen, der sich nicht herauslösen lässt und an dem auch kein Laut vorbeikommt.

Zweiundvierzig Jahre, und so sieht ihr Leben aus. Ana ist alt genug, um zu wissen, dass ihre Chancen schwinden. Sie schrumpft, ihr Leben schrumpft, alles schrumpft. Anas Aussichten auf Mann und Kinder, auf einen guten Job, sie alle werden von Jahr zu Jahr schlechter.

Ihr Leben erscheint ihr wie ein Uhrwerk, dessen Zahnräder sich zwar drehen, aber nicht recht ineinandergreifen. Als laufe es nur intermittierend und bleibe immer wieder irgendwo hängen. Und trotzdem spult sich die Zeit draußen vor ihrem Fenster ab, ohne dass sie mitkommt.

Wenn sie nun darüber nachdenkt, hat sie nie etwas gewagt. Hat ihr Leben nie selbst in die Hand genommen, sondern es andere führen lassen. Wenn diese anderen gingen, sie verließen, stand bei ihr alles still.

Die Schwere ihrer Gedanken lässt Ana auch an diesem Morgen wieder in einen Dämmerzustand hinabgleiten. Als sie Stunden später aus einem dünnen, undichten Schlaf aufschreckt, ist es schon Mittag. Im Traum war ihr Leben wie ein verlassener Schnellzug vorbeigerasselt. Waggon für Waggon nichts als Leere.

Sie schält sich aus ihrem Bett und schlurft ins Badezimmer. Dort bleibt sie vor dem Spiegel stehen und starrt in ihr von Angstschweiß glänzendes Gesicht. Sie schaut ihr Spiegelbild so lange an, bis sie sich nicht mehr erkennt. So wie ein Wort zu einem bloßen Geräusch ohne Bedeutung wird, wenn man es zu oft wiederholt. Sie starrt in die Kluft, die das Leben, das sie führt, von dem Leben trennt, das sie eigentlich führen will.

Kann man sich eine neue Identität zulegen? Abstand von sich selbst gewinnen, von der, die man ist? Doch wie macht man das? Fortgehen? Weit fort, dorthin, wo niemand einen kennt? Aber wie und wohin? Sich neu zu erfinden, ist in der Gegenwart von Menschen, die einen jahrzehntelang kennen, schwer. Man braucht einen neuen Ort, um sich den Stoff eines neuen Lebens überzuziehen.

Marjam hat recht. Ana ist und handelt kontrolliert. Ihr Selbst scheint in verschiedene Ichs unterteilt zu sein. Sie lebt jeweils das, von dem sie glaubt, es passe zu den Erwartungen ihres Gegenübers oder den Anforderungen einer Situation. Sie ist viele verschiedene Anas, doch keine richtige.

Das will sie nicht mehr. Sie will ganz und gar sie selbst sein. Wahrhaftig. Doch wer ist sie? Sie ist nicht mehr die alte Ana, aber auch noch nicht die neue. Sie steckt irgendwie zwischen ihrem vergangenen und ihrem zukünftigen Ich fest.

Auf keine ihrer Fragen hat sie eine Antwort. Das Einzige, was sie weiß, ist, dass sie nicht riskieren kann, länger in eine Richtung zu laufen, von der sie weiß, dass es die falsche ist.

19

Noch ein Ende

Das Klingeln ihres Mobiltelefons. Anas Schwester Daria. Ganz aufgebracht poltert sie los, die Mutter sei nicht zum verabredeten Besuch bei ihr aufgetaucht und ginge auch nach unzähligen Versuchen nicht ans Telefon.

Ana hatte nie das beste Verhältnis, zu keiner von beiden. Im Grunde hatten sie schon Jahre keinen Kontakt. Doch was soll sie machen, die Schwester wohnt Hunderte von Kilometern entfernt. So fährt sie hin. Zur Mutter. Zum Haus, in dem sie ihre Jugend verbracht hat und in dem sie schon lange nicht mehr gewesen ist.

Die Haustür ist verschlossen, auch auf ein Klingeln oder Pochen gegen die Tür meldet sich niemand. Den Ersatzschlüssel findet Ana noch immer am selben Ort wie früher. Unter dem Tontopf neben dem Eingang. Als gäbe es kein schlechteres Versteck. Aber ihre Mutter hing nicht an Materiellem. Eigentlich hing sie an nichts.

Ana steckt den Schlüssel ins Schloss, dreht ihn zweimal. Die Tür springt mit einem leisen Klicken auf. Der abgestandene Atem einer lange nicht gelüfteten Wohnung schlägt ihr ins Gesicht. Einen Moment bleibt sie im Windfang stehen. Bruchstücke von Erinnerungen fliegen ihr durch den Kopf. Ein Geschmack, ein Geruch, das Kolorit eines bestimmten Milieus. Und plötzlich sind Kindheit und Jugend wieder fühlbar nah. Viel zu nah.

Sie atmet tief durch, ruft dann nach ihrer Mutter. Niemand antwortet. Ana geht ins Esszimmer und versucht, eines der Fenster zu öffnen, was ihr nicht gelingt. Die Holzrahmen müssen sich schon längere Zeit verzogen haben, so verhakt sind sie mit der Fensterfassung.

Auf leisen Sohlen schreitet Ana durch die anderen Räume. Alles wie immer. Seit Anas letztem Besuch vor etwa zwei Jahren scheint sich im Haus der Mutter nichts verändert zu haben.

Im Wohnzimmer steigt Ana ein muffiges Staubaroma aus dem Teppich entgegen, was einen Würgereflex hervorruft. Die dunkle Täfelung an Wänden und Decke schnürt ihr zusätzlich die Luft ab. Ana hat das Gefühl, ersticken zu müssen.

Bereits während sie auf die Veranda zueilt, um die kühle Frische des Wintertages einzulassen, streicht ein Luftzug ihre Hand. Die Tür zum Garten ist einen Spaltbreit geöffnet. Sie geht darauf zu. Ein Hauch Leichengeruch weht herein und hängt verwelkt im Zimmer. Und dann sieht sie sie. Wie sie daliegt. Draußen. Im gefrorenen Gras. Winzige Eiskristalle in Haaren und Wimpern. Wie eine Schneekönigin. Die Gesichtszüge starr, die Haut wächsern und an manchen Stellen von der Kälte blau unterlaufen. Tot. Ihre Knochen zeichnen sich unter der Haut ab. Fast zu einem Skelett abgemagert. Wie ein Röntgenbild. Hatte sie schon lange so an Gewicht verloren, ihre Mutter? War sie krank gewesen? Hatte Daria das gewusst?

Alles in Ana schreit. Schockiert bückt sie sich zu ihrer Mutter hinunter. Hockt sich dicht neben sie. Legt Zeige- und Mittelfinger an die Carotis-Arterie – die große Hauptschlagader des Halses –, um ihren Puls zu messen, obwohl es da nichts mehr zu messen gibt, wie sie selbstverständlich weiß.

Ana starrt in die aufgerissenen Augen. Ein Blick, als habe

ihre Mutter den Tod gesehen, als er kam, um sie mitzunehmen. Mit den Fingern schließt sie ihr die Lider, streicht ihr über die eiskalte Wange. Wie viel Einsamkeit von dieser Toten ausgeht!

Ana erhebt sich und steht eine Weile einfach nur da, die Arme herabhängend, umschlossen vom Gemäuer einer Stille, die ihr in den Ohren surrt.

Sie weiß nicht, wie viel Zeit verstrichen ist, als sie sich wieder besinnt, das Mobiltelefon aus der Seitentasche ihres Mantels zieht und ihre Schwester anruft. Mit erstickter Stimme schildert sie Daria, was passiert ist. Ihre Finger zittern, als sie das Gespräch beendet und das Mobiltelefon zurück in ihre Tasche schiebt.

Weinen kann sie nicht. Sie fühlt die Tränen irgendwo tief in ihrem Inneren, aber sie scheinen keinen Weg nach draußen zu finden. Alles in ihr ist betäubt. In diesem Augenblick begreift Ana, dass die Medikamente, die sie gegen ihre Depression nimmt, zwar die Gefühle von Traurigkeit abschneiden, allerdings auch alle anderen. Sie spürt nichts mehr. Ganz so, als sei sie der normalen Bandbreite ihrer Gefühle beraubt. Hochs und Tiefs sind zueinandergerückt, es gibt keine Gefühlskurve mehr, nur noch einen geraden Strich, der sich wohl am besten mit Gleichgültigkeit beschreiben lässt. Alles erscheint Ana gedämpft. Die Antidepressiva legen, genau wie die vielen Gläser Wein am Abend, einen sanften Schleier über die Wirklichkeit, die ihr seit Mikas Weggang vor zwei Jahren zu intensiv und grell erscheint. Zu laut, zu schrill, zu üppig. Zu fordernd. Doch war diese Leere, diese Taubheit besser? Gab es nichts anderes, in dem sie Zuflucht finden konnte?

Ana geht zurück ins Haus. Etwas hat sich verändert. Plötzlich starrt die Traurigkeit der Mutter sie aus jedem Winkel an. Die Verlassenheit. Die Verwahrlosung. Es scheint, als sei Anas Mutter später gestorben, als sie selbst angenommen hatte, jedoch früher, als sie es sich gewünscht hat.

Im Wohnzimmer betrachtet Ana die Bilderrahmen, die aufgereiht auf dem Kaminsims stehen. Sie nimmt einen in die Hand, streicht über das Gesicht der Mutter, stellt ihn zurück. Auf den Fotos erkennt sie, wie das Leben ein um den anderen Gesichtszug der Mutter erfasst und mit dem Alter deren Beziehung untereinander verändert hat. Wie es die Augen weiter in die Höhlen gerückt, den Blick dunkler, die Wangen hohler gemacht hat. Wie es in die Stirn tiefe Furchen gegraben und die Haut wie Seidenpapier zerknittert hat. Und Ana bemerkt, dass das Gesicht ihrer Mutter in all den früheren Jahren eines gewesen war, in dem ihr späteres Leben bereits vorweggenommen war. Ein einsames. Ein trauriges.

Ana verfolgt das Altern dieser Frau, die ihr nur in der Kindheit eine Mutter gewesen war, die mit jedem Jahr mehr von Ana verlangt hat, sie immer kritischer verurteilte.

Seit dem Teenageralter hatte die Mutter tagtäglich Zukunftspläne für Ana geschmiedet, ohne zu verstehen, dass solche Pläne jede Art von Zukunft zunichtemachten. Die Ideen der anderen setzen die eigene Zukunft außer Kraft. Sie hindern uns daran, herauszufinden, wer wir eigentlich sind und was wir sein wollen. Das hat ihre Mutter nie begriffen – und Ana selbst erst viel zu spät. Eigentlich realisiert Ana das erst, seit sie sich mit sich selbst und ihrem andauernden Scheitern auseinandersetzt.

Wenn wir uns zu stark von anderen modellieren lassen, müssen wir uns erst wieder unter großem Schmerz zerbrechen, um aus den Scherben den Menschen zu formen, der wir wirklich sind. Und nur, wenn wir wissen, wer wir sind, können wir das für uns richtige Leben finden.

Ana schaut sich ein gerahmten Foto nach dem anderen an, nimmt es in die Hand, betrachtet es, stellt es wieder zurück. Ab und an wischt sie mit den Fingern die Staubschicht von Rahmen und Glas, die sich schon seit Langem darübergelegt haben muss.

Einen Vater hatte es nie wirklich gegeben. Er war schon früh aus dem Leben der Mädchen verschwunden. Ana hat nie die Erfahrung ihrer Freundinnen gemacht, dass sich die Familie um eine feste Mitte ordnete, um die Mutter oder den Vater, was dem Gefüge eine gewisse Stabilität verleiht. Selbst als ihre Eltern noch zusammenlebten, waren beide auf je eigene Weise abwesend gewesen.

Auch mit ihrer Schwester Daria hat sich Ana nie gut verstanden. Daria wusste nicht nur immer alles besser, sie konnte auch immer alles besser und pflegte damals wie heute, Binsen von sich zu geben, die wie hart erkämpfte Weisheiten klangen und alles zunichtemachten, was Ana sich für sich überlegte. Daria hat die Tür zwischen den Schwestern so oft zugeschlagen, dass Ana sie letztendlich verriegelte.

Warum sich ihre Eltern getrennt hatten, weiß Ana bis heute nicht. Nachdem die Mutter den Vater verlassen hat und mit Ana und Daria in ihr Heimatland zurückgekehrt ist, hat sie die Mädchen allein großgezogen. Was blieb ihr auch anderes übrig?

Zumindest ist aus Anas Schwester Daria das geworden, was ihre Mutter sich für ihre Tochter vorgestellt hat. Was Ana tat und versuchte, war nie gut genug. Doch warum sollte Ana so leben müssen, wie andere es dachten?

Was wir sein sollen, ist das eine. Was wir sind, ist das andere.

Aber was weiß Ana schon von den Gefühlen und Sorgen einer Alleinerziehenden. Ana hat keine Kinder. Ist nicht Mutter. Und schon gar keine Alleinerziehende. Was sie von ihrer Kindheit und Jugend in der Erinnerung gespeichert hat, ist nur ihre Wahrheit. Nicht die absolute. Vielleicht hat in der Strenge der Mutter auch nur die Angst einer Alleinerziehenden gelegen, zu versagen.

Während Ana auf den Arzt wartet, den sie angerufen hat, damit er den Tod der Mutter bescheinigt, und in den unzähligen Stunden danach, die es dauert, bis ihre Schwester und die Bestatter eintreffen, schleicht sie durch die schreiende Stille des Hauses, in dem sie ihre Jugend verbracht hat, und schaut sich um. In jedem Zimmer kriechen alte Erinnerungen aus ihrem Gedächtnis hervor. Erinnerungen, die sie lieber nicht haben will.

Sie stöbert in Schubladen, deren Holz von der Feuchtigkeit derart aufgequollen ist, dass sie sich weder richtig öffnen noch richtig schließen lassen. Und dann entdeckt sie es: ein Stückchen Stoff. Der Rest von dem Stoff, mit dem Anas Mutter ein Kleid für sie zum Schulanfang genäht hatte. Ein Stück Gewebe, das mit einem Mal die Bilder, Gerüche und Empfindungen ihrer Kindheit zurückbringt. Die Liebe und Wärme ihrer Mutter. Ihre Stimme. Ihr Lachen. Das Gefühl von Geborgenheit und die Gewissheit, dass ihr ihre Liebe immer sicher ist. Es war nicht alles schlecht gewesen.

Doch was hatte sie beide so voneinander abgeschnitten, dass sie sich zwei Jahre nicht gesehen haben?

Es war nach Mikas Trennung passiert. Als Ana sich in ihrer Verzweiflung von ihrer Mutter derart unverstanden fühlte, dass sie sich mehr und mehr zurückzog. Von einer Mutter, die zum Vergleich immer das Leben der perfekten älteren Tochter Daria anführte, ein Vergleich, bei dem Ana nur verlieren konnte.

Ihre Schwester Daria. Die ältere von beiden. Und schönere. Erfolgreich in ihrem Beruf als Anwältin mit zwei unverschämt gut geratenen Kindern. Selbstverständlich verheiratet mit einem ebenso erfolgreichen Mann, der unanständig viel Geld verdient. Für Daria war es immer schon leicht, überall die Nummer eins zu sein. In welchem Bereich auch immer, sie spürte einfach diejenige auf, die die Nummer eins war, und schuf Wege, um sie zu übertreffen. Ihre Schwester gewann überall, während Ana sich selbst beim Verlieren anstrengen musste. Darias ausnahmslose Vortrefflichkeit löst noch immer unaushaltbare Scham in Ana aus.

Ein Lob von ihrer Mutter zu erhalten für irgendetwas, was sie tat, war undenkbar. Im besten Fall durfte Ana mit Gleichgültigkeit rechnen. Und immer war da dieses Grundrauschen der Enttäuschung.

Immer dann, wenn andere ihr Darias Welt prägnant vor Augen führen, spürt Ana mit einem tief in sie stoßenden Stich, wie sehr ihr eigenes Leben ins Rutschen geraten ist. Wie sie jeden einzelnen Tag verschwendet zu haben scheint.

In Familien sind die Rollen oft festgeschrieben. Die Kinder, die erfolgreich sind, und die anderen, über die man lieber schweigt. Über Ana hatte die Mutter lieber geschwiegen.

20

Das Begräbnis

Die Schneeflocken im Licht der Scheinwerfer wirbeln durch die Luft wie die Gedanken durch ihren Kopf. Vergeblich kämpfen die Scheibenwischer gegen die Fülle von Schnee an. Ana parkt ihr Auto im Halteverbot. Der Parkplatz des Friedhofs ist bereits voll und sie, die Tochter der Toten, das schwarze Schaf der Familie, viel zu spät.

Sie steigt aus und verriegelt den Wagen. Dann betritt sie den Friedhof durch ein quietschendes, eisernes Tor und steuert auf die Kapelle zu. Ihr keuchender Atem verwandelt sich in weißen Nebel. Mit einem leisen »Entschuldigung, Entschuldigung« zu allen Seiten bahnt sie sich den Weg nach vorn und stellt sich mit gesenktem Kopf neben ihre Schwester, deren Mann und Kinder. Daria weist Ana mit tonloser Stimme zurecht. Die Ältere von beiden, die seit jeher voller Antworten steckte und die es nicht einmal unterließ, der Jüngeren, in deren Kopf nur Fragen hocken, Tage zuvor am Telefon vorzuwerfen, Anas desaströses Leben habe die Mutter schließlich umgebracht. Als Ana daraufhin sagte, dass es nichts mit ihr zu tun habe und die Mutter an Herzversagen gestorben sei, antwortete Daria nur: »Nicht wegen mir.«

Von allen Seiten fühlt Ana die Blicke auf sich brennen. Sie, die zweite Tochter, die Null der Familie, nichts erreicht, vom Mann verlassen, ohne Kinder und regelmäßiges Einkommen. Selbst auf einer Beerdigung schrecken manche Trauergäste nicht davor zurück, Urteile zu fällen und einem das Gefühl aufzudrängen, ein totaler Versager zu sein.

Keiner kann behaupten, sie hätte sich nicht um ihr Leben gekümmert. Vielleicht nicht genug. Aber Anas bisheriges Leben war eben keine Schachtel Pralinen. Bloß dass Vergangenheit einem so anhaftete, hat sie nicht geglaubt.

Hier, in dem Ort, in dem sie einst zu einer Frau herangewachsen ist, inmitten der Menschen aus ihrer Jugend, befindet sie sich wieder in der Welt, von der sie geformt wurde, und sie fühlt, wie sie unter alldem noch weiter zusammenschrumpft. Plötzlich ist alles wieder da, Erinnerungen, Urteile, Schuldzuweisungen, Verletzungen, Entschlüsse.

Ana dreht ihren Kopf zur Seite und schaut sie der Reihe nach an, ihre Verwandtschaft, die Nachbarn. Unfähig zu begreifen, was sie mit diesen Menschen verbindet. Wie anders sie doch sind. Wie fremd.

Im vorderen Spitz der Kapelle liegt ihre Mutter aufgebahrt im offenen Sarg. Nach einer kurzen, armseligen Trauerrede des Pfarrers und einer selbstverständlich geschliffenen von Daria treten Familienangehörige und Trauergäste nacheinander zur Toten, um sich zu verabschieden, bevor der Sarg für immer verschlossen und hinausgetragen wird, um auf dem Friedhof in einem Loch versenkt zu werden. Ana bleibt an ihrem Platz stehen, ganz so, als stecke sie im Boden fest.

Von hier aus kann sie das Gesicht der Leiche erahnen. Der Kopf ist etwas höher gebettet, und es hat den Anschein, als rage er aus dem Sarg. Ihre tote Mutter sieht wächsern aus, fern, verschwunden. Ana erträgt es nicht, ihren leeren Körper nochmals aus der Nähe zu sehen.

Als die Trauergäste nacheinander auf sie zukommen, um zu kondolieren, hört Ana ihre eigene Stimme wie aus weiter Ferne Wörter erwidern, die ihr angemessen erscheinen. Wie aus großer Distanz sieht sie, wie ihre Hand wieder und wieder geschüttelt wird.

Mit einem vom Tonband eingespielten *Amazing Grace* treten sie schließlich aus der Kapelle hinaus in die eisige Kälte.

Es hat aufgehört zu schneien, und über allem liegt eine dicke Schneedecke. Mit dem Sarg an der Spitze windet sich der Trauerzug wie eine schwarze Schlange durch das kalte Weiß. Sie bleiben stehen vor einem Loch im gefrorenen Boden. Vor einem schwarzen Loch, in das all das Weiß hineinfällt. Nochmals ein paar Worte des Pfarrers, dann wird der Sarg an zwei dicken Seilen hinabgelassen. Nacheinander nähern sich die Trauernden dem offenen Grab, stechen mit einer Schaufel in die von Schnee überzuckerte, aufgehäufte Erde, deren oberste Schicht inzwischen gefroren ist, und lassen ein paar Klümpchen auf den Sarg rieseln. Dumpf ist das Geräusch, als die Erde auf das Holz trifft.

Das Leben ist wie ein Film, denkt Ana, es flimmert eine Weile, bis sich nach und nach alles aufzulösen beginnt. Und was bleibt, ist: nichts.

Endlich brennen Tränen hinter ihren Lidern. Ana spürt sie im ganzen Körper, die Tränen. Und das zeigt ihr: Sie lebt noch, sie fühlt noch. Sie ist noch nicht tot. Auch wenn es ihr erscheint, als sei einzig ihr Körper anwesend. Nicht sie selbst.

Eine einzelne weiße Rose wirft sie hinab auf den Sarg, dann dreht sie sich um und stapft durch den Schnee davon.

Ana ist die Einzige, die nicht zum Trauerkaffee geht. Was sollte sie dort? Unter Leuten, die sie abschätzig ins Visier nehmen und ihre Urteile fällen. Wenn Ana eines gelernt hat, dann, dass man sich besser von Menschen fernhält, die einem nicht guttun. Sie sind wie ein Gift. Sie geben ihren Groll weiter wie eine Billardkugel einen empfangenen Stoß.

Als Daria sie beim Weggehen mit einem peitschenden Blick bestraft, weil Ana sich dem nachfolgenden Prozedere entzieht, ignoriert sie ihre Schwester. Ana ignoriert sowieso gerade alles, also ist das nicht schwer.

Mit jedem weiteren Jahr in ihrem Erwachsenenleben haben sich die Schwestern mehr und mehr voneinander entfernt. Ihre Beziehung ist brüchig geworden. Nichts verbindet sie mehr, nur noch eine alte Gewohnheit.

»Bekomm endlich dein Leben in den Griff!«, ruft Daria Ana hinterher »Du kannst dich nicht ewig so hängen lassen.«

Sich nicht hängen lassen. Wenn das so einfach wäre. Immer wenn Ana an den Punkt gelangt, mit allem neu beginnen zu wollen, endet wieder etwas, und erneut schiebt sich Erschöpfung, ja, Lebensmüdigkeit wie ein Nebel vor ihre Zukunft. Es will ihr nicht gelingen, sich aus dem Sumpf zu ziehen. Der Alltag, das Überleben kostet sie alle Kraft. Sie hat das Gefühl, sich in ihrer Kindheit bereits abgearbeitet zu haben an ihrer eigenen Geschichte. Vielleicht wird man nur mit einem geringfügigen seelischen Puffer geboren, der durch die unzähligen Reibungen mit der Wirklichkeit bereits abgenutzt ist. Wahrscheinlich kann sich das jemand, der alles erreicht, was er sich vornimmt, gar nicht vorstellen, denkt Ana.

Daria ist wieder einmal Opfer ihrer Enttäuschung. Warum eigentlich? Die Jahre haben aus Anas sich verlasslich wiederholendem Scheitern doch längst eine vernachlässigbare Tatsache des Lebens gemacht.

Ana fährt nach Hause und bleibt vor ihrer Wohnung im Auto sitzen. Immer wieder reibt sie sich die erkaltenden Glieder, während sich ihre Gedanken wie Schneeflocken anhäufen und die Welt um sie herum immer gedämpfter wird.

21

Danach

Wie hält man das Leben aus, wenn es einem mit solcher Intensität entgegenschlägt? Wie soll es weitergehen?

Ein Verlust folgt dem anderen. Und die immer größer werdende Leere in Ana wiegt schwerer und schwerer. Wie kann etwas, das nicht da ist, ein solches Gewicht haben? Ana hat das Gefühl, einen Sack voller Finsternis in sich zu tragen.

Der Saum ihres Lebens ist aufgetrennt. Alle Fäden, die sie einst mit irgendetwas verbanden, sind zerschnitten. Wie webt man sich wieder in den Stoff des Lebens ein?

Nichts hat mehr Bestand. Die Vergangenheit nicht und auch nicht die Gegenwart. Worauf soll sie eine Zukunft bauen? Was kann jetzt noch kommen? Was kommt nach so vielen Enden? Was kommt *danach*?

Mit dem Verlust aller Koordinaten ihres bisherigen Lebens – Mann, Arbeit, Mutter – fehlt die alltägliche Richtlinie der Kontinuität, der rote Faden, der ihr gewöhnlich zeigt, wo sie selbst in ihrer eigenen Geschichte steht. Nun fühlt sie sich, als habe sie die letzte Seite ihres Lebens bereits umgeblättert.

Ana weiß, sie muss versuchen, mit dem, was noch von ihrem Leben übrig ist, zurechtzukommen. Sie selbst ist alles, was sie hat.

Sie geht zum Fenster, öffnet es. Die kalte Abendluft weht herein. Als ein Luftzug ihr Ohr streift, ist ihr, als klinge die Stimme ihrer Großmutter in ihrem Kopf – die Stimme des einzigen Menschen, der Ana je gekannt hat, die Weite in ihr, ihre Tiefe –, und die ihr zuraunt: »Auch wenn du dich momentan in deiner Lebensgeschichte gefangen fühlst, das, was dich ausmacht, ist mehr als eine Reihe biografischer Daten. Dein Selbst findest du in dem, was du tust. Nicht in Titeln, die deine Schwester Daria sammelt. Das wahre Selbst kommt ohne Zertifikate aus.«

Mit ihrer Großmutter hatte sich Ana stets sicher gefühlt, gefestigt und stabil. In ihren Augen war Ana gut und richtig, wie sie war. In der Nähe ihrer Mutter oder Schwester hingegen empfand sich Ana immer als porös, brüchig, ganz so, als genüge ein Blick von ihnen und sie zerfalle in tausend Stücke.

Ana hört ihr zu, dieser Stimme aus der Ferne, und beginnt, noch ganz unmerklich, sich selbst auf eine neue Art zu verstehen.

Ein Gedanke schiebt sich in ihr Bewusstsein – wie ein Flüstern aus weiter Entfernung, wie ein Hauch: Wir alle müssen uns auf den Weg machen. Ganz gleich, wie lang er ist und wohin er uns führt.

Ehe sie das Fenster wieder schließt, blickt sie noch einmal hinauf in den Abendhimmel, in dem die Sterne funkeln wie winzige Versprechen.

22

Verschleppte Kinder

Auf Lews Stützpunkt kursieren Gerüchte über Folter in den Gefangenenlagern und Militärgefängnissen seines Landes. Auch von sexueller Gewalt, Vergewaltigungen, Misshandlungen, Aushungern bis zum Tod und Verbrennen bei lebendigem Leib wird berichtet.

Hinter vorgehaltener Hand erzählt man von vermeintlichen Gefangenenaustauschen, zu denen eigene Soldaten auf Anweisung Geiseln in ein grenznahes Dorf brächten, ohne dass die Gegenseite davon in Kenntnis gesetzt sei und somit nicht erscheine. Den Kriegsgefangenen flößt man damit ein, ihr Land lasse sie im Stich.

Lew hört, dass gegnerische Soldaten inzwischen stets eine Handgranate bei sich tragen. Damit sie sich selbst in die Luft sprengen und ihr Leben in Stücke reißen können, bevor sie in Kriegsgefangenschaft seines Landes gerieten. Alles sei besser, als von uns zu Tode gefoltert zu werden, erzählen Lews Kollegen – manche nicht ohne Stolz.

»Und wenn jemand der Folter auf die Schliche kommt?«, fragt einer.

»Dann zünden wir einfach einen Sprengsatz im Gefangenenlager«, antwortet ein anderer und lacht schmutzig. »Wer soll das denn überprüfen?«

Inzwischen überrascht Lew nichts mehr. Verstört lauscht er dem Geflüster unter den Duschen, dem Getuschel beim

Essen in der Kaserne, beim Kartenspiel am Abend. Die Befürworter dieses Krieges behaupten, diese Dinge kämen in jedem Krieg vor – auf beiden Seiten. Ein »Vorkommen« – was für ein gelindes Wort für ein solch brutales Geschehen.

Wenige Tage später zieht hinter den Zäunen des Militärflughafens ein Konvoi aus Lastwagen vorbei. Eine der Brücken, die sich über den nahe gelegenen Fluss spannen, zittert, als die Lkws darüberdonnern. Auf den ungedeckten Ladeflächen zusammengedrängt kauern Kinder. Kleine, große, Jungen, Mädchen. Einige von ihnen blicken aus leeren Augen wie Tote, andere wimmern, manche schreien – nach der Mutter, nach dem Vater.

Die Schreie dringen in Lew ein, durchfahren ihn der Länge nach, scheinen seinen Körper aufzubrechen, sodass ihm alle Kraft entweicht. Er presst die Hand auf seine Brust und starrt dem Konvoi nach.

»Du hast es nicht gewusst?«, fragt Stanislav später am Abend, als die beiden Männer in einem von zwölf Stockbetten liegen und bis spät in die Nacht hinein von oben nach unten flüstern.

Das Licht des Schlafsaals ist bereits gelöscht. Lew, der im unteren Bett liegt, zieht ein Streichholz aus der Schachtel und entzündet eine Kerze, mit deren Schein der Raum seine weite düstere Dimension verliert und behaglich um sie zusammenschnurrt. Als er das Streichholz ausbläst, atmet er den Schwefelgeruch ein und wünscht, er könnte auch das Licht einatmen und sein Inneres damit füllen, das dunkel und brach daliegt.

»Du wusstest es nicht?«, wiederholt Stanislav.

»Nein. Doch. Vielleicht. Vielleicht wollte ich es nicht wahrhaben«, sagt Lew. »Wo bringen sie sie hin?«

»Keine Ahnung. Zuallererst in ein Lager an irgendeinem geheimen Ort. Sie gaukeln den Kindern vor, es sei eine Art

Feriencamp, es sei ihre Rettung vor dem Krieg. Entsprechend gut ausgestattet sind diese sogenannten ›ersten‹ Camps. Dort beginnen unsere Leute dann mit der Gehirnwäsche. Lassen die Kinder jeden Morgen unsere Nationalhymne singen, impfen ihnen unsere Werte ein. Jene, die sich nicht in unser System einfügen, werden in ein anderes Lager gebracht. Die Camps werden von Mal zu Mal schlechter, unmenschlicher. Ziel unseres Staates ist es, die Seele der nicht integrierbaren Kinder zu brechen. Die jüngeren Kinder, jene, die sich leicht umformen lassen, geben sie in unserem Land zur Adoption frei.«

»Was passiert mit den älteren?«, fragt Lew.

»Wie schon gesagt, es hängt alles davon ab, ob und wie sie mitmachen. Einer hat mal seine beschissene Unterhose gehisst anstelle unserer Flagge und kam prompt in Einzelhaft. Den meisten älteren Kindern erzählt man, ihre Eltern seien tot, sie hätten niemanden mehr. Man verspricht ihnen in unserem Land eine goldene Zukunft.«

»Und was geschieht mit denen, die nicht aufhören zu rebellieren, jene, die in ihr Land zurückwollen, die sich nicht eingliedern lassen, die nicht glauben, was ihnen eingeredet wird?«

»Die einen erzählen, sie werden geschlagen, bis sie begriffen haben. Andere reden von sexueller Nötigung bis hin zur Vergewaltigung.«

Kinderverschleppung – um Druck auf den Gegner auszuüben, Gemeinschaften zu destabilisieren, um den Widerstand der gegnerischen Zivilbevölkerung zu schwächen, um die Kinder zu eigenen Soldaten zu machen.

Lew fasst es nicht. Es ist zu groß, um es begreifen zu können. Mit einem Geräusch, als bräche ein trockener Ast, splittert ein Stück von seinem Herz ab.

Nein, denkt er, einem solchen Krieg ist er nie beigetreten, einem solchen Land gehört er nicht an.

Und doch. Und doch ist er hier. Und doch kämpft er. Für dieses Land.

Lew bläst die Kerze aus. Jetzt ist alles dunkel. Nur eine Ahnung von Rauch, dort, wo vorher Licht war.

23

Die Zeitungen

Im Mülleimer des Aufenthaltsraums findet Lew eines Abends zerlesene, zerknüllte Zeitungen der vergangenen Tage. Bisher hat er es vermieden, Handy oder Tablet für Nachrichten zu nutzen. Was ihm täglich in seiner Realität begegnet, ist ihm genug. Doch nun drängen sie sich ihm auf, die fett gedruckten Kriegsberichte. Er zupft die Blätter aus dem Abfallkorb, streicht die Seiten glatt, und schon schreien ihn die Kriegslügen an. Nichts als Phrasen von weiterem Landgewinn, von den geringen Verlusten der eigenen Truppen und dem beträchtlichen der Gegner. Von den Gräueltaten des Feindes an den eigenen Soldaten, hingegen vom menschenwürdigen Umgang des eigenen Landes mit den Gefangenen. Und überall wird skrupellos die Notwendigkeit dieses Krieges behauptet und der Sieg versprochen. Lew ist grauenhaft wach. Ihm zieht sich der Magen zusammen bei dieser Propaganda. Fernsehen, Internet und Zeitungen sind für die Bürger seines Landes die Wirklichkeit. Sie zwingen sich ihnen auf, bläuen ihnen ein, was sie zu denken haben. Lassen keinen Raum für Zweifel.

Inzwischen weiß Lew, dass selbst dann, wenn sein Land den Sieg erringen würde, der Triumph die Opfer nie rechtfertigen kann.

Wann setzt es sich endlich durch, das Misstrauen gegen die offiziellen Verlautbarungen? Gegen die Versprechungen des Präsidenten? Gegen den Krieg und seine Notwendigkeit? Wann sind es genug Opfer?

Lew zerknüllt die Lügen und wirft sie zurück in den Papierkorb. Schneidend zieht er die Luft durch die Zähne ein. Er muss hier raus. Raus aus diesem Gebäude, weg von diesem Wahnsinn.

Die Gummisohlen seiner Stiefel quietschen auf dem Linoleumboden des Korridors. Am Ende des Gangs reißt er die metallene Eingangstür auf und stolpert nach draußen. Als ihn die Winterluft umweht, spannt sich die Haut seines Gesichts. Betäubt seine Gedanken für einen Augenblick.

Das Militärgelände liegt im eisig weißen Licht der Scheinwerfer. In weiter Ferne ein Dutzend knochig kahler Bäume. Die gleißenden Halogenstrahler blenden nicht alle Sterne aus. Einige hängen am Himmel wie Überreste von Hoffnung.

24

Freier Fall

Vor dreihundert Jahren beschäftigte sich der Wissenschaftler Galileo Galilei mit der Natur fallender Körper. Als Fallrinne verwendete er eine schiefe Ebene, mit der er die Fallgesetze auf einer verlangsamten Zeitskala studieren konnte. Die Beschleunigung bestimmte er über seinen Puls. Er fand heraus, dass fallende Körper Geschwindigkeit gewinnen, während sie fallen. Je tiefer ein Körper also fällt, desto schneller bewegt er sich. Andersherum formuliert: Die Beschleunigung durch die Erdanziehungskraft multipliziert mit der Dauer des Falls in Sekunden ist gleich die Geschwindigkeit des fallenden Körpers.

Lew dachte früher oft über Galileos Entdeckung nach. Heute fragt er sich, ob dies auch im übertragenen Sinne gilt, ob wir auch charakterlich schneller fallen, je tiefer der Abgrund ist, vor dem wir uns befinden.

Werden wir schneller grausam, je grausamer die Situation ist, in der wir stecken?

25

Solidarität

Seit dreizehn Monaten sieht Ana die Bilder des Krieges. In Zeitungen, im Fernsehen und im Internet. Eine Landschaft, die keine Landschaft mehr ist. Orte, die keine Orte mehr sind. Feuer, die sich in den Himmel hineinfressen. Verwüstung und Zerstörung überall.

Dieser Angriff, dieses Unfassbare sprengt nicht nur Städte und Menschen in Stücke, sondern auch den Mythos des Friedens. Eine Wahrheit, die keine sein sollte.

Seit Kriegsbeginn ist fast jedes Gespräch auf dem verstörten Kontinent von den Mutmaßungen über Wahrscheinlichkeit oder Unwahrscheinlichkeit eines dritten Weltkriegs beherrscht. Sind wir in eine neue Epoche der Weltenteilung gestolpert? Warum ist dieser Krieg möglich? Weil die Illusion vom Frieden das Gleichgewicht des Schreckens aufgehoben hatte? Wie das klingt: Gleichgewicht des Schreckens. Und, wie schrecklich, dass es ein solches Gleichgewicht braucht. Wenn du keinen Krieg willst, musst du bereit für einen Krieg sein. Wenn jede Seite in der Lage ist, die andere zu vernichten, wird keine den Abzug betätigen.

Ana bekommt den Krieg nur aus der Entfernung mit. Einst hat sie einen Pass aus dem Land besessen, das diesen Krieg begonnen hat. Ihre Schwester Daria und sie sind dort geboren worden und haben dort die ersten Jahre ihrer Kindheit und Jugend verbracht. Erst nach der Scheidung der Eltern zogen sie mit der Mutter zurück ins mütterliche Geburtsland. Ihr Vater jedoch stammt aus jenem Land und lebt noch immer dort. Dafür schämt sich Ana jetzt.

Sie hat nur noch verschwommene Erinnerungen an ihn. Das Einzige, was ihr vermutlich immer im Gedächtnis bleiben wird, ist, dass ihr Vater ein Mensch war, der immer »dagegen« war. Ganz gleich, wogegen.

Hoffentlich ist er nun auch gegen diesen Krieg, denkt Ana. Seit ihrem dreizehnten Lebensjahr hat sie ihn nie wieder gesehen. Und auch nie das Bedürfnis verspürt, daran etwas zu ändern. Sie verschweigt ihre Herkunft und dass sie eine familiäre Beziehung in dieses Land des Terrors hat.

Die Welt der Menschen ist unglaublich kompliziert. Mehr als acht Milliarden, und jeder einzelne glaubt, er sei überaus wichtig. Jeder stellt hohe Ansprüche ans Leben und hält sich, genau wie alle anderen, für etwas Besonderes, für das Zentrum der Welt.

Von oben gesehen, weit entfernt, aus dem Universum betrachtet, ist die Erde nur ein winziges Pünktchen. Wir Menschen nur ganz kleine Stäubchen. Unwichtig und mikroskopisch klein unsere Belange. So gesehen könnten wir alle ertrinken an unserer Bedeutungslosigkeit.

Wie kann sich einer dann so wichtig nehmen, gnadenlos seine Macht ausweiten und dieses Pünktchen Welt in Stücke reißen? Ana empfindet Abscheu vor dem Mann, der uns zu diesem Punkt in der Geschichte geführt hat. Sein hitziges Wesen scheint die Drähte seines Hirns geschmolzen und ihn in den Wahnsinn getrieben zu haben. Wie ein tollwütiges Tier, doch gefährlicher. Er gefällt sich, dieser Präsident, nun, irgendwer muss ihn ja mögen.

Ana begegnet seinem Gesicht täglich: im Fernsehen, in

den Zeitungen, auf den Bildschirmen, die uns an jedem noch so absurden Ort anschreien. Und sieht in den Augen dieses Mannes den flammenden Widerschein dessen, was er in der Welt anrichtet. Wenn er spricht, speit er Schwarzpulver in die Welt hinaus. Sein Wesen gleicht einem Brandbeschleuniger. In seinen Adern kreist Gift.

War das, was wir glaubten, aus der Vergangenheit gelernt zu haben, so fadenscheinig, dass es ein einzelner Mensch zerreißen konnte? Zerbrach die Welt so leicht?

Mit seiner militärischen Invasion ist die Erde in verschiedene Welten zerfallen: In die Welt der Soldaten beider Seiten, die für ihr Land kämpfen. In die von Müttern, Ehefrauen und Kindern, die tagtäglich in ihren Sorgen ertrinken und nachts schlaflos in ihren Betten liegen. In die der Verwundeten und Verstümmelten, die entweder in Gefangenschaft hocken oder nach Hause transportiert werden. In die derer, die zu Hause geblieben sind und sich schon beinahe schuldig fühlen, unverletzt und unverstümmelt zu sein. In die Welt der durch diesen Krieg Traumatisierten, Getöteten oder Trauernden. In die Welt derer, die sorglos weiterleben: Menschen, in deren Existenz dieser Krieg nicht einen Zentimeter tief hineinreicht, die es kaltlässt, was in ausreichender Entfernung von ihnen passiert. Was geht sie das an, was außerhalb ihres Heims oder Landes geschieht, was verändert das schon in ihrem Leben? Und in die Welt derer, die mitfühlen, mitleiden, aber nichts tun können. Doch auch jene stumpfen mit dem Fortschreiten der Zeit ab, je länger der Krieg andauert.

Ist es nicht menschlich, dass sich das eigene Leben wieder dazwischenschiebt, mit den eigenen Sorgen und Nöten, dass man den Krieg mit Nebensächlichem verdrängt, weil er uns Angst macht und gerade noch fern genug ist? Dass man die Schlagzeilen und Bilder irgendwann nicht mehr hören und sehen kann? Weil der Alltag für die meisten selbst zu einem täglichen Kampf geworden ist, der uns erschöpft und ermüdet?

Ana geht es so. Anfangs war sie schockiert über das, was nur eintausendsechshundert Kilometer entfernt von ihr passierte. Als das eine oder andere Blatt sie für einen Text zum Krieg anfragte, hängte sie sich rein. Schrieb darüber, was er mit uns machte, mit den Menschen, die aus der Ferne zuschauten. Und sie wollte noch mehr tun. Sie wollte sich einbringen, irgendwie unterstützen, helfen. Sie sammelte Kleider, Decken, Medikamente. Schnürte ein Paket, zwei, drei, und fuhr die Sachen mit dem Auto zur Sammelstelle für die Kriegsopfer. Entsetzt darüber, dass ein solcher Krieg auf unserem Kontinent in unserem Jahrhundert noch möglich ist – ein physischer Krieg mit echten Menschen, nicht bloß eine digitale Cyberattacke. War voller Schmerz für diese Unschuldigen, die wie aus dem Nichts heraus angegriffen worden sind. Täglich informierte sie sich über die aktuelle Situation im Kriegsgebiet und überlegte, wo sie etwas bewirken konnte. Der Blick ins Außen gerichtet, ins Leben anderer Menschen hinein, lenkte sie ein bisschen von sich selbst ab. Es tat ihr gut, sich einer Sache zu verschreiben, deren Realität größer und auch entsetzlicher war als ihre eigene. Es rückte die Dinge wieder ins rechte Verhältnis zueinander. Machte ihr bewusst, wie gut es ihr im Vergleich zu den Menschen im Kriegsgebiet ging. Doch schon nach wenigen Monaten schob sich der Alltag mit ihren eigenen Problemen wieder zwischen die grausamen Bilder und sie. Und der Krieg mit seinen Opfern und Gräueltaten rückte weiter und weiter in die Ferne.

Gehörte nicht auch das zum Menschsein? Weil die Welt sonst stillstünde und keiner mehr an das Gute glauben würde oder hoffen dürfte? War der Alltag nicht für die meisten immer wieder selbst eine solche Zumutung, dass jeder in diesem Leben mehrere Kämpfe überwinden musste? Nicht selten den mit sich selbst?

Nicht nur bei Ana, auch bei anderen schlich sich allmählich die Solidaritätsmüdigkeit ein. Wo zu Beginn des Krieges eine Zeitung lauter geschrien hat als die andere, hörte man nun nur noch wenige.

In leiseren Tönen wird berichtet. Andere Ereignisse schieben sich darüber. Man selbst wird wieder blinder und tauber und vielleicht sogar etwas gefühlloser für den Schrecken dieser Zeit.

Der Frühling weht heran, noch zögernd, doch in der Stadt, in der Ana lebt, scheinen die Menschen sorglos wie nie. Sie alle sind hungrig nach Leben, nach Leichtigkeit, nach ein wenig Unbeschwertheit. Am Bahnhof begegnen Ana Helfer vom Roten Kreuz, die für einige Zeit aus dem Kriegsgebiet zurückkehren. In der Nase noch den Geruch der Zerstörung, kaufen sie Blumensträuße und Schokolade für ihre Familien. Ana sieht Frauen in hübschen Kleidern, Hand in Hand mit ihren Liebsten. Jugendliche in Aufbruchstimmung, Familien in Tatendrang. Auf den Straßen blank polierte Autos, in denen tadellos rasierte, wohlgekleidete Männer und elegante Frauen sitzen.

Am Straßenrand türmen sich in überfüllten Abfallcontainern aufgeplatzte Müllsäcke, die eher an Wohlstand als an Unrat denken lassen. Läden, die alles anbieten, was man nicht braucht, aber jeder unbedingt haben muss. Und Ana denkt: All dies nur wenige Zugstunden von der Front entfernt.

Aber hat man ein Recht, Menschen für ihre Freude anzuklagen? Ist es nicht das Natürlichste, dass man sich nun erst recht ins Leben stürzt? Dass man vielleicht gerade aus dem Bewusstsein heraus, dass unsere heile, friedvolle Welt plötzlich so bedroht ist, alles, was noch heil ist, genießen will? Gerade mit dem Wissen über die Fragilität des Lebens und des Friedens und darüber, wie leicht und schnell alles zu zerstören ist? Gibt es nicht immer eine Ecke in der Welt, in der Menschen ihre schlimmsten Katastrophen erleben? Hungersnöte, Krankheiten, Folter, Missbrauch, Unterdrückung, Kämpfe, Vertreibung … die Liste ist endlos. Bedeutet ein solcher Krieg nicht auch, dass das Goldene Zeitalter der Sicherheit vorbei ist? Dass man das, was man hat, schätzen und ausschöpfen soll, solange es noch besteht?

Auf keine der Fragen hat Ana eine Antwort. Nur eines weiß sie mit Sicherheit: Wie schlecht es ihr auch gerade mit ihren eigenen Sorgen gehen mochte, sie ist in keiner Position, darüber zu jammern.

26

Zeit des Erwachens

Eines Morgens wacht Lew in seinem Stockbett auf, und sein ganzes Leben fühlt sich an wie ein einziger großer Fehler. Er blickt durchs Fenster hinaus in das ewige Grau des Himmels.

Lew hört, wie sich einige Piloten seiner Staffel zu einem Einsatz bereit machen. Betten knarren, Schuhe scharren über den Boden, hier und da ein Flüstern, und dann verlassen sie, einer nach dem anderen, den Schlafsaal. Lew ist für den zweiten und vierten Einsatz des Tages eingeteilt. Vor ihm liegen Stunden, endlos wie Gebirgsketten.

Was ist er nur für ein Mensch? Er ist ein Mann, der es nicht schafft, dem Bild, das er von sich selbst anstrebt, gerecht zu werden.

Wieder dieses Ticken in den Schläfen.

Lew sieht die Welt jetzt mit anderen Augen als noch in den Monaten zuvor. Es hat sich etwas verändert: Er hört die schrecklichen Dinge nicht nur, sondern er sieht sie. Mit eigenen Augen. Und begreift: Nur was man selbst wahrnimmt, kann einen wahrhaft erschüttern.

Dem vielfachen Tod zuschauen, aber niemanden sterben sehen, das war das eine. Die grauenhaften Bilder aber, die ihm jetzt im Kopf herumspuken, sind etwas anderes. Sie treffen eine Stelle seines Herzens, die nahe am Gewissen liegt. Er ist jetzt einer, der sich unwohl fühlt beim Siegen.

Viel zu lange hat Lew in seinem eng gezogenen Lebenskreis mehr oder minder achtlos dahingelebt. Vor dem Krieg bestürzte ihn nie etwas tatsächlich. Eine Unbekümmertheit, die ihn jahrelang gedankenlos machte.

Als er freiwillig in den Krieg zog, war er in den ersten Wochen im reinsten Sinne des Wortes Soldat. Der Befehle empfing und sie ausführte. Er war einer, der im Grunde vom Leben gar nicht mehr wollte, als korrekt und sauber seinen Dienst zu absolvieren, ohne in irgendeiner Weise aufzufallen – außer vielleicht durch Siege.

Eigentlich wollte Lew ja nur fliegen. Endlich wieder fliegen. Doch jetzt ist er hellwach und nicht mehr überzeugt von dem Menschen, der er war, und auch nicht mehr vom Krieg, von dem er ein Teil ist.

Und dieses Hadern mit sich und der Welt bringt ihn Tag für Tag, Stück um Stück der Person näher, die er in dieser Welt gern wäre.

27

Das falsche Leben

Eintausendsechshundert Kilometer weiter südwestlich blickt Ana in denselben Himmel. Doch dort, wo bei Lew Trümmer wie erschossene Vögel vom Himmel fallen, ziehen bei Ana erste Schwärme von Rauchschwalben aus dem Süden kommend über das Firmament und erfüllen die ganze Luft mit ihrem Flattern. Schnüre aus Federn, die über Ana hinweggleiten. Es werden mehr, immer mehr, bis ihre Schwingen den ganzen Himmel ausfüllen und kein Fleckchen Blau mehr zu sehen ist.

Und doch geht es Ana an diesem Tag wie Lew. Sie wacht an diesem Morgen auf, und ihr ganzes Leben fühlt sich an wie ein einziger großer Fehler.

Warum war alles nur so schiefgelaufen? Wann hatte sie die erste falsche Entscheidung getroffen, die falsche Abzweigung genommen, ihrem Leben eine dermaßen falsche Richtung gegeben? Was hatte sie verkehrt gemacht? Ana versucht, die Verästelungen der Geschehnisse bis zu jenem Moment zurückzuverfolgen, in dem ihr Leben noch in Ordnung war. Doch es gelingt ihr nicht.

Sie hat an die Liebe geglaubt. Oder nein, sie hat auf die Liebe gehofft. Nun kleben Jahre von Enttäuschungen und Verletzungen auf ihrer Brust. Schnüren sie ein. Schaffen eine solche Enge, dass ihr die Luft in der Kehle stecken bleibt.

Sie hat sich an die unregelmäßige, hin und wieder in ihr Leben flatternde Arbeit für die Klatschpresse geklammert, obwohl sie die meist flachen, oberflächlichen Texte anekelten und ihrem ganzen Wesen widersprachen.

Sie hat versucht, mit ihren Fotografien einen Platz in der Welt zu finden. Doch auch damit war sie bodenlos gescheitert.

Sie war nicht sie selbst. Das war die Ursache aller Probleme.

Oft hat sie sich in alternative Leben geträumt. Hat das getan, was junge Menschen tun. Mit dem Unterschied, dass diese Imaginationen einen antreiben, den für sich richtigen Weg zu finden, wenn man jung ist. In ihrem Alter jedoch führen sie einem nur das eigene Scheitern vor Augen. Die Sackgasse, aus der man nicht mehr entkommt. Und außerdem: Mit so vielen fremden Leben in ihrem Kopf ist es kein Wunder, dass das Falsche herauskam.

Wenn Ana die einzelnen Stationen auf der Landkarte ihres Lebens verbindet, entsteht eine Figur, die keinen Eindruck macht. Die nichts ist und nichts hinterlässt.

Nein, denkt sie, rein gar nichts ist, wie es sein sollte.

Und sie fragt sich, ob es sie noch gibt: die Möglichkeit auf ein ganz anderes Leben. Für eine Frau von zweiundvierzig Jahren. Ob sie noch die werden kann, die sie eigentlich ist.

28

Der Hauch einer Veränderung

Lew träumt nur noch in Schwarz-Weiß, nichts in seinem Leben hat noch Farben. Immer häufiger schreckt er aus dem Schlaf auf, liegt dann lange wach, bis er sich irgendwann entschließt, in aller Frühe aufzustehen. Das Schnarchen der Piloten zersägt die Luft in hauchdünne Scheiben. Die Stockbetten knarzen unter ihrem Gewicht, wenn sie sich von einer Seite auf die andere drehen. Und obwohl es kalendarisch längst Frühling ist, sind die Nächte noch eiskalt. Lews Atem steigt in weißen Wölkchen zur Decke hinauf.

Als er sich aufrichtet, ächzen die Matratzenfedern unter seiner Last. Er blickt zum Fenster. Die stahlgefassten Scheiben sind mit Eisblumen überwuchert. Er steigt aus dem Bett, streckt den Arm aus, kratzt sie mit den Fingerkuppen herunter und späht durch ein kleines Loch hinaus. Der Morgen liegt schwarz und still da.

Lew zieht sich Fliegeroverall und Stiefel an und stapft aus der Kaserne hinaus in die Kälte. Über ihm ein rauchgefülltes Firmament, das sich nur mühsam aus der Dunkelheit zu schälen beginnt. Ein Tuch aus Rußnebel liegt über dem gesamten Militärgelände.

In weiter Ferne kann Lew Rauchfahnen ausmachen, die zum Himmel aufsteigen und unter sich das begraben, was in den Nachtangriffen zerbombt worden ist.

Alles in Schutt und Asche. Tausende von Leben. Eine über Jahrhunderte aufgebaute Stadt in nur einer Nacht völlig zerstört.

Lew zündet sich die erste Zigarette des Tages an, die einem, der noch nicht ganz wach ist, fast die Lunge verbrennt. Der Hustenanfall bleibt nicht aus. Seine Kehle ist rau. Sein Mund trocken. Gedanken flammen in seinem Kopf auf. Auch er hat getötet. Hunderte.

Stimmt das? Ist Krieg die reinste Äußerung der menschlichen Seele? Steckt etwas von dieser Grausamkeit in jedem von uns? Das kann nicht sein. Im Grunde sind die meisten keine schlechten Menschen. Der Krieg macht uns nur schlecht darin, ein Mensch unter anderen Menschen zu sein.

Eines steht fest: Selbst wenn sein Land diesen Krieg gewinnt, ist es gescheitert. Auch Siege kann man verlieren.

Lew muss etwas tun. Urheber all seines Elends ist er selbst. Er erinnert sich daran, wie seine Mutter in seiner Kindheit manchmal aus einem Büchlein zitierte: »Es gibt nur zwei Tage, an denen du dein Leben nicht beeinflussen kannst. Der eine ist gestern, der andere morgen.« Dann fügte sie hinzu: »Du kannst zwei Wege in deinem Leben einschlagen: deinen oder den, den andere für dich wählen. Jede Wahl, die du triffst, hat Konsequenzen. Manchmal stolperst du, manchmal fällst du, manchmal fühlst du dich verloren, manchmal kommst du dir selbst abhanden. Doch egal, wie verirrt du dich fühlst – wenn du deinen Pfad eingeschlagen hast und dir selbst treu bleibst, wird dein Weg immer zu dir zurückfinden.«

Zwei Stunden später der nächste große Einsatz. Als Lew im Umkleideraum seine Ausrüstung anlegt, scheint sie ihm außergewöhnlich schwer. Aufgeregtes Stimmengewirr im ganzen Raum. Lew knallt die Tür seines Spinds zu, klemmt sich Fliegerjacke und Helm unter den Arm und schlurft nach draußen. Seine Sohlen schleifen über den Boden. Stanislav steht bereits vor der Kaserne und wartet auf ihn. Auch er ist mit jedem weiteren Tag in diesem Krieg früher auf den Beinen. Gemeinsam machen sie sich auf den Weg zum Kampfjet. Der Himmel still wie ein Meer aus Glas.

Als sie den Stellplatz der Maschine erreichen, geht Lew um das Flugzeug herum und inspiziert es. Dann klettern sie in die Kabine, zwängen sich ins enge Cockpit, schnallen sich an und führen die Kontrollen aus. Lew ist voller Unruhe. Blind fährt er mit den Fingern über Schalter und Hebel. Schließlich startet er die Triebwerke, und sie steigen wenig später mit den anderen Jets der Staffel in den Himmel hinauf. Das Land treibt unter ihnen dahin. Die Flüsse sind frei von Eis. Wie glänzende silberne Adern zieht sich ihr Wasser durch die Felder.

In der üblichen Formation fliegend, zieht er die Nase des Kampfjets steil nach oben und steuert das neue Zielgebiet an. Wenig später befinden sie sich direkt darüber.

Doch dieser Angriff trägt den Hauch einer Veränderung in sich. Als über Funk der Befehl zum Abschuss kommt und Lew mit seinem Zeigefinger die glatte Oberfläche des Raketenauslösers streift, sieht er plötzlich die letzten noch nicht evakuierten Zivilisten vor seinem inneren Auge. Frauen mit Kindern. Alte. Kranke. Wie sie sich im Dunkel mit ihren Fingern an brüchigen Wänden in die Keller ihrer Häuser entlangtasten, während ein halbes Dutzend Kampfjets auf sie zurast. Wie jene, die keinen Keller haben, zur falschen Zeit ihre Häuser verlassen, um sich irgendwohin zu retten. Wie sie mit jeder Sekunde der herannahenden Flugzeuge eine Sekunde verlieren. Wie sich die Erde Sekunde um Sekunde weiterdreht. Während Wände und Böden beben, Gläser in Schränken aneinanderschlagen und zerspringen. Und er nichts dagegen tut.

Die Stimme des Einsatzleiters aus der Kommandozentrale, die durch die Kopfhörer in seine Ohren dringt und den Befehl zum Abschuss wiederholt, wird zu einem Hintergrundrauschen, über das sich Schreie von Zivilisten schieben.

Wir alle können jeden Tag aufs Neue entscheiden, welche Art Mensch wir sein wollen, sagt er sich. Und er entscheidet.

Er drückt den Raketenauslöser nicht.

Im Funkgerät knistert und knackt es. Erneut die Anweisung an Lew, zu feuern und dann abzudrehen.

Das Blut pumpt durch seine Adern. Sein Herz hämmert. Schweiß rinnt ihm an den Schläfen entlang. In seinen Ohren klicken die Ventile der Sauerstoffmaske, die sich mit jedem Atemzug öffnen und schließen. Das Silikon ist glitschig und rutscht auf seiner Gesichtshaut. Sein ganzer Körper spannt sich.

Er feuert nicht.

Stanislav sagt nichts – nur ein stummes Kopfnicken im kleinen Rückspiegel, der oberhalb der Cockpithaube angebracht ist.

Lew schaltet das Funkgerät aus, dreht ein, verlässt die Formation und fliegt zum Militärstützpunkt zurück. Als er die Maschine nach der Landung abstellt, spürt er, wie er sich von alldem löst, wie er nicht länger Teil des Plans ist.

»Ich halte das nicht mehr aus«, sagt er zu Stanislav, nachdem sie aus dem Jet geklettert sind. Er ist schweißgebadet. Die Fliegeruniform scheuert auf seiner Haut wie Schmirgelpapier. »Zerstören. Auslöschen. Ich habe das Gefühl, mein Leben führt nirgendwohin, es zieht nur fort an einen Sammelplatz der verlorenen Zeit.«

29
Umschwung

Ana spürt sie, die Veränderung in der Luft. Frühlingshaft warm war es in den vergangenen Tagen, doch jetzt ziehen Wolken auf, schwarz wie Ruß. Ein Schwarm Stare bricht aus einem Baum und wirbelt wellenförmig in der Luft herum. Aus der Ferne sieht es aus, als zöge Rauch über den Himmel. Erst in der Nähe schillern ihre Gefieder, wenn sich das Abendlicht am hauchdünnen Keratinfilm bricht, der die Federn überspannt. Metallisch glänzen ihre Flügel, leuchten in den Strahlen der untergehenden Sonne. Als die Stare über Ana hinwegfliegen, stellt sie sich vor, sie könne das auf den Flügeln schimmernde Licht in die Hand nehmen.

Ana beschirmt die Augen mit der Hand und blickt in den dunkelnden Himmel hinauf. Einer der Vögel fliegt herab und landet direkt vor ihr auf der Erde. Einer, den es in diesem Breitengrad eigentlich gar nicht geben dürfte. Ein Rotschulter-Glanzstar. Das Gefieder changiert in leuchtend grünlich-violetten Tönen, jede Lichtbrechung ruft ein anderes Blau hervor. Flügel wie glänzende Folien. Federn, die ihre Farben ganz ohne Pigmente hervorbringen, allein durch das aus verschiedenen Winkeln einstrahlende Licht. Ana bückt sich zum Star hinunter, streckt ihre Hand nach ihm aus. Der Vogel neigt den Kopf, dann flattert er davon.

Sich aufschwingen und davonfliegen. Wie er. Sich von

den Lüften umschließen und treiben lassen. Leicht sein. Ja, denkt Ana, das wäre gut.

Könnte sie je wieder leicht sein? Mit Jahrzehnten vergangenen Lebens im Gepäck? Mit geplatzten Träumen und verpassten Möglichkeiten? Ein letzter Blick hinauf in den Himmel, dann geht sie ins Haus.

Nun sitzt sie da, Stirn und Handflächen gegen die Fensterscheibe gepresst, und sieht nach draußen. Als suche sie jemanden. Die Wolken jagen über den Himmel und schieben sich noch vor das letzte Stück Blau. Vor die letzte Lücke Zuversicht. Der Wind reißt Blätter und Blüten von Bäumen und Sträuchern. Gräser beugen sich unter ihm. Erste Regentropfen fallen und zerplatzen auf dem Glas. Die Scheiben vibrieren, als der Wind dagegen bläst. Der Regen wird stärker, treibt über die Straße und schräg durchs Licht der Laternen, die inzwischen aufgeflammt sind. Immer heftiger schüttet es vom Himmel herab. Bis Ana hinter einem Regenschleier verschwindet.

Ab und an das laute Grollen eines Donners, dann das Zucken eines Blitzes, der kurze Zeit später irgendwo einschlägt. Genauso fühlt sie sich. Wie ein vom Blitz getroffener Baum, der innen ausgebrannt ist, während er äußerlich noch unversehrt wirkt. Der jedoch keinem weiteren Unwetter mehr standhalten kann, ohne zu brechen.

30

Der Rauswurf

Die Nachricht, dass Lew trotz wiederholten Befehls nicht gefeuert hat, verbreitet sich auf dem gesamten Stützpunkt wie ein schwarzer Tintenfleck auf weißem Tuch. Während der Einsatznachbesprechung wird in den Stuhlreihen geflüstert. Der Staffelkommandeur, der sich als fairer, verständnisvoller Mann erwiesen hat und stets hinter seinen Leuten steht, zieht es vor, am Ende mit Lew allein zu sprechen. Die übrigen Kampfpiloten verlassen den Raum. Stanislav hört, wie sie Lew beim Herausgehen mit Worten zerreißen. Einer wie der darf nicht ungeschoren davonkommen. Nicht einer wie der.

Unter vier Augen zeigt sich der Staffelkommandeur mitfühlend. »Das kann jedem mal passieren. Jeder verliert mal die Nerven.« Er klopft Lew auf die Schulter.

Als die Piloten später in ihren Stockbetten liegen und lesen oder Karten spielen, hören sie schwere, massive Schritte auf dem Korridor, die unverkennbar Zorn verraten. Sie wissen es sofort: Der Geschwaderkommandeur rückt an, und ein eiskalter Wind bläst ihm voraus. Die Piloten springen auf, und als der massige, kahl geschorene Mann mit den messerscharfen Bügelfalten in den Schlafsaal hineinstürzt, schlagen sie die Hacken zusammen und legen die Fingerspitzen an den Kopf.

Der Geschwaderkommandeur – flankiert von zwei Adjutanten – bahnt sich seinen Weg an den Bettgestellen vorbei. Seinem militärischen Dienstblick entgeht nichts. Er ertappt jeden: die Mütze, die einen Fingerbreit zu tief sitzt, ein Staubkorn auf blank polierten Stiefeln. Und sobald er nur die winzigste Ordnungswidrigkeit erspäht, bricht ein Gewitter über den Sünder nieder. Doch diesmal ist es mehr als das. Das ahnt jeder.

Der Boden erschüttert unter seinem Schritt, die Luft vibriert. Und dann bleibt er direkt vor Lew stehen. Mit einer bloßen Handbewegung wischt er den Frieden aus dem Saal. Er baut sich vor Lew auf. Kurzbeinig, kurzhalsig, kurzstirnig und daher besonders machthungrig. Schlagartig ist es still. Nur sein schneidender Atem ist zu hören. Mit Feindseligkeit bis in die Fingerspitzen steht er da und schnalzt mit der Zunge. Er sieht Lew an, starr, ohne zu zucken. Dicke blaue Adern klettern an seinen Schläfen hinauf.

Alles in Lew spannt sich. Er will nicht zeigen, dass er schon zertreten ist.

Der Geschwaderkommandeur bohrt den Zeigefinger in Lews Brust: »Mir ist noch keiner untergekommen, der einen Einsatz abbricht und nach der Landung sein Flugzeug als technisch in Ordnung meldet. Was war da los?«

Lew schweigt.

»Dann sage ich dir, was es ist. Jeder hier weiß es.« Er macht eine kurze Pause und fährt mit dem Daumen über die Kante des Eisenbettgestells, als wolle er ihre Schärfe prüfen. Dann zischt er Lew ins Gesicht: »Du hast es einfach nicht mehr drauf. Deine guten Jahre liegen hinter dir. Du hast Schiss!«

Der Hass zwischen den beiden Männern ist jetzt nackt.

»Das war Befehlsverweigerung!«, schreit der Geschwaderkommandeur schließlich und überschüttet Lew mit ei nem Haufen gesprochener Jauche. »Ab sofort fliegst du Cargo. Direkt unten im Gemetzel, das ist eine ganz andere Nummer als oben im Kampfjet. Da lernst du schon noch, auf welcher Seite du stehst.«

Lew hört nur halb zu. Die Worte gleiten über ihn hinweg. Im Grunde ist er froh, nicht mehr töten zu müssen. Konnte es wirklich am Boden noch schlimmer sein als in der Luft? Sanitätszelte zu beliefern, statt Raketenauslöser zu betätigen, erscheint ihm richtiger.

»Schmeißt ihn raus!«, befiehlt der Geschwaderkommandeur den Adjutanten. »Einen Hosenscheißer wie den können wir nicht brauchen.« Und bevor er mit seinen schwarz gewichsten Stiefeln, die viel zu groß für seine kleine Gestalt erscheinen, aus dem Schlafsaal stürmt, lässt er seinen Blick noch einmal durch den Raum schweifen und brüllt: »Hier dulde ich nur echte Männer! Männer mit Strickleitern von Nerven und eisernen Fäusten!« Er spuckt Lew vor die Füße, stapft hinaus und lässt die Tür hinter sich zukrachen. Noch Minuten klebt sein dreckiges Lachen an den Wänden.

Alle Piloten der Staffel – außer Stanislav – pfeifen Lew aus. Einer von ihnen schreitet auf Lew zu und stellt sich so dicht vor ihn, dass Lew den Mundgeruch des Kameraden geradezu schmeckt. Der Genosse packt das aufgenähte Staffelabzeichen an Lews Uniform, reißt mit einem kräftigen Ruck daran, und als die Fäden nachgeben, steckt er es sich in die Brusttasche. Dann zerrt er Lews Namensschild vom Stoff, lässt es auf den Boden fallen, setzt die Sohle seines Stiefels darauf und schabt mehrmals im Halbkreis übers Linoleum, ganz so, als lösche er die Glut einer Zigarette.

Dieser Hass, der plötzlich wie ein Fels auf Lew zurollt und ihn zu Staub zermalmt.

Einen wie ihn können sie nicht brauchen. Nicht einen wie ihn. Der nicht feuert, wenn er zu feuern hat. Und nicht einmal einen Grund dafür vorschiebt. Einen, der versagt. Einen, der schweigt. Ein Militärpilot beschämend und schändlich für die Ehre der ganzen Luftwaffe.

Lew kann das Zähnefletschen der beiden Adjutanten hören, so dicht stehen sie hinter ihm, während er seine wenigen Habseligkeiten zusammenrafft und in seinen Beutel stopft. Dann führen sie ihn aus der Kaserne und verschwinden wieder im Inneren. Stanislav folgt Lew.

Eine halbe Stunde später stehen sie in der Dämmerung still nebeneinander: Lew, den Beutel mit seinen Sachen über die Schulter geworfen, und sein Gefährte Stanislav.

So tot wie heute war ihr Schweigen noch nie.

In der Ferne lässt sich die Gestalt des kleinen Geschwaderkommandeurs am Glimmen seines Zigarrenstummels ausmachen.

»Die Uniform ist seine Haut«, sagt Stanislav schließlich verachtend in Richtung des Vorgesetzten. »Wenn man sie ihm herunterreißt, ist er nichts mehr. Nur noch ein Stück Dreck mehr in dieser Welt.«

»Zieh einem großmäuligen Chirurgen einen Patientenkittel an, und er wird kleinlaut. Es ist überall dasselbe«, sagt Lew.

»Er ist der Schwache, nicht du.«

»Mag sein«, sagt Lew, »aber leider wird das Schlimme auf dieser Welt nicht nur durch das Böse, sondern vor allem durch Schwäche verschuldet.«

Stanislav nickt.

»Komm, Kumpel«, sagt Lew und packt Stanislav am Nacken. »Mach nicht so ein Gesicht. Du siehst grauenhaft aus!«

»Ich bin nicht in der Stimmung für Komplimente«, sagt Stanislav, und die beiden fallen sich um den Hals.

Eine Weile halten sie einander.

Dann löst sich Lew von seinem Freund. »Wir sehen uns«, sagt er und fasst sich mit Zeige- und Mittelfinger an die Schläfe.

»Wir sehen uns«, sagt Stanislav.

»Pass auf dich auf.«

»Du auch.« Stanislav tippt sich zum Abschied an die Mütze.

Lew steigt in den Militärjeep, der inzwischen vorgefahren ist, um ihn zur Lufttransporteinheit zu bringen, und ihm ist, als höre er in der Stille den schweren, traurigen Atem der Menschheit. Ein letztes Mal winkt Lew seinem Freund zu, dann rauscht der Wagen ab.

Stanislav blickt dem Jeep nach, als er den Hang hinunterdonnert, eine feine Staubfahne in der Luft aufwirbelnd, dann um eine Kurve biegt und auf der Straße parallel zur Landebahn davonbraust, bis dessen Lichter schließlich in der Ferne verschwinden. Eine Weile hängt der Staubschleier noch in der Luft. Erst als sich der Dunst wieder auf die Straße senkt, dreht sich Stanislav um und stapft zurück zur Kaserne.

31

Es ist Zeit

Die Dämmerung kriecht durch die Lamellen der Jalousie, und Morgenhelle strömt gegen Anas geschlossene Lider. Noch immer hat sie Angst vorm Aufwachen. Vor diesem Stoß, der sie innerhalb von Sekunden in die Unannehmlichkeiten ihres Lebens schleudert. Doch eigentlich ist beides unerträglich für sie. Wachsein wie Schlafen. Denn ihr Leben läuft ihr bis in ihre Träume nach. Und dort erscheint es meist noch aussichtsloser als bei Tag. Es sind Träume, die sie aushöhlen und noch den letzten Tropfen Lebensmut verschlucken.

Ana reibt sich die Augen und wirbelt mit den Händen in der Luft herum, versucht die Spinnweben der Nacht aus ihrem Kopf zu fegen. Sie schlägt das Duvet zurück, steigt aus dem Bett und öffnet das Fenster. Lauscht dem Relikt an Dunkelheit, das noch auf Gärten und Häusern liegt. Es hat aufgehört zu regnen. Nur hier und dort tropft noch Wasser aus einer Regenrinne. Ana blickt ins Geheimnis des leeren Himmels hinauf.

Die Uhr auf ihrem Nachttisch tickt zu laut. Ana hört die Zeit davonrinnen. Sie ist überall, die Zeit. In ihren müden Knochen, in den Schmerzen ihrer Gelenke. Ana geht ins Bad, blickt in den Spiegel. Auch im Spiegel schreit sie, die Zeit. Im Spiegel am allerlautesten. Unverkennbar sieht sie dort die Jahre, das Angestrengte, das Verwelkende.

Ist das bereits alles gewesen? War das nun ihr Leben? Zweiundvierzig Jahre alt, kinderlos, allein, vom Mann wegen einer Jüngeren verlassen. Die Mutter verstorben. Keine Arbeit, keine Hoffnung, keinen Sinn.

Dieses Gefühl überkommt sie wieder. Dieses Gefühl eines endlosen Fallens.

Wieder setzt Regen ein. Ana blickt durch das Küchenfenster. Unten auf dem Gehweg wimmeln schwarze Regenschirme vorbei. Sie macht sich einen Kaffee und setzt sich an den Tisch. Eng umschlingt sie die heiße Tasse und blickt dem Dampf nach, der in weiten Kreisen zur Decke zieht und sich schließlich auflöst.

Flüchtig blättert sie in einigen Selbsthilfebüchern, die verstreut auf dem Tisch liegen. Doch eigentlich schafft es keine Seite in ihr Bewusstsein.

Langsam wird es draußen etwas freundlicher. Hier und da findet die Sonne ein Loch in der Wolkendecke und schickt vereinzelt Strahlen auf den nassen Asphalt.

Obwohl Ana erst am Nachmittag einen Arzttermin in der Stadt hat, hält sie es nicht länger in der Enge der Wohnung aus. Hier, wo alles auf ihre Lage hinweist. Wo Schichten um Schichten von Erinnerungen kleben.

Sie springt vom Stuhl auf, eilt in den Korridor, zupft den Trenchcoat vom Haken, schlüpft hinein, schnürt den Gürtel in der Taille fest, streift sich Turnschuhe über und verlässt das Haus. Sie läuft und läuft. Eilt durch die Hektik des Morgens, vorbei an Geschäften und Hochhäusern, bis sie plötzlich innehält und sich in der Straße umschaut, in die ihre Flucht sie geworfen hat. Kurz muss sie überlegen, wo sie ist. Sie geht ein Stück weiter, bis sie sich wieder orientieren kann. Der Stadtpark liegt still vor ihr. Keine Menschen, kein Trubel. Nur hier und dort ein Obdachloser, der mit seinem ganzen Hab und Gut eingemummt in zerfetzten Decken auf einer Bank sitzt. Auf einer anderen liegt einer und schläft. Ihm ist die Plane runtergerutscht. Der Mann bibbert im Schlaf. Ana geht auf ihn zu, bückt sich, hebt die Kunststoffplane auf, schüttelt die Regentropfen ab und breitet sie über dem Obdachlosen aus.

Die meisten Menschen fallen irgendwann in ihrem Leben. Wenn sich Ana nun umblickt und Fremde anschaut, fragt sie sich nicht mehr, ob, sondern wie diese Menschen in ihrem bisherigen Leben verletzt worden sind und wie gut oder schlecht sie wohl darüber hinwegkamen.

Sie durchquert den Park bis zum Fluss hinunter. Allmählich lichtet sich der Himmel, und überall scheinen die erblühenden Bäume von innen heraus zu leuchten, dort, wo ein Sonnenstrahl sie trifft. Trost kommt aus dieser Schönheit. Ganz so, als wolle die Natur Anas einstürzende Welt beschwichtigen.

Seit das Schicksal sie in die Knie zwingt, hat sie reichlich Zeit, über die Motive nachzudenken, die sie zu dem Leben bewogen haben, das sie führt. Nach einem bitteren, qualvollen Gespräch mit sich selbst stellt sie endgültig fest, dass sie einfach nicht von der Stelle kommt. Dass sie sich, bis auf wenige Umstände, ihre Lage zum größten Teil selbst zuzuschreiben hat. Dass sie eine Reihe falscher Entscheidungen getroffen hat, die sie dorthin gebracht haben, wo sie jetzt ist: mit der falschen beruflichen Ausbildung, den falschen Prioritäten, in der falschen Stadt, aber immerhin getrennt vom falschen Mann. Sie gesteht sich ein, dass sie in allem, was sie tut, nur mittelmäßig ist. Und die Aussicht, für den Rest ihres Lebens in Mittelmäßigkeit stecken zu bleiben, erschreckt sie so sehr, dass sie einen Punkt setzen will. Einen Punkt hinter ihr bisheriges Leben. Es muss Schluss sein mit dem orientierungslosen Dahintreiben. Schluss mit Jammern.

Sie weiß, sie ist gescheitert. Auf allen erdenklichen Ebenen. Und es gibt nur einen Weg heraus: Sie muss das Falsche aufgeben, um sich auf die Suche nach dem Richtigen machen zu können. Sie muss die Fäden durchschneiden, die Verbindungen zum falschen Leben durchtrennen, damit ein neues möglich wird. Sie muss das echte, das wahre Leben am letzten greifbaren Zipfel erwischen, bevor es ihr entwischt.

Ana braucht dringend ein Leben, das beständiger und lebendiger ist als die bisherigen Improvisationen ihrer Existenz.

32

Der Fragebogen

Am Nachmittag sitzt Ana im Wartezimmer der Endokrinologin. Auf ihren Knien ein Fragebogen in ein Klemmbrett eingespannt. Eigentlich will Ana nur wissen, wo sie hormonell steht, das heißt, wie weit sie von der Menopause entfernt ist und ob sie noch eigene Kinder haben könnte – sollte ihr doch noch der passende Mann für dieses Vorhaben begegnen. Vier Fragen springen ihr ins Auge:

Wie ist Ihr chronologisches Alter?
Wie alt fühlen Sie sich?
Was glauben Sie, woran werden Sie sterben?
In welchem Alter, glauben Sie, werden Sie sterben?

Fragen, die Ana aufhorchen lassen. Fragen, die in ihr etwas anderes anrühren als jene nach einem möglichen eigenen Kind. Fragen, über die sie zuerst nachdenken sollte, bevor sie sich ihrer Sehnsucht nach einer Familie hingibt.

Eine Viertelstunde später steht die Endokrinologin vor ihr. Obwohl Ana den Mund der Ärztin nicht sehen kann, da sie eine Maske trägt, sieht sie das warme Lächeln in und um die Augen der herzlich wirkenden Frau. Ihr schulterlanges blondes Haar ist von ersten silbernen Fäden durchzogen, die der Struktur des Haares etwas Sperriges geben. Sie ist mittelgroß und schlank und strahlt etwas Beruhigendes aus. Unter ihrem weißen Kittel trägt sie eine zartblaue Satinbluse. Gemeinsam gehen sie ins Sprechzimmer.

»Setzen Sie sich doch bitte«, sagt die Endokrinologin und weist mit der Hand auf einen Stuhl auf der anderen Seite ihres Schreibtisches.

Der Tisch ist aus Plexiglas, nicht so ein Monstrum, wie man es oft in Anwaltskanzleien findet, in denen einem allein ein Möbelstück das Gefühl gibt, man sei meilenweit vom eigenen Erfolg entfernt.

»Blutröhrchen füllen wir später«, sagt die Ärztin. »Erst möchte ich Sie und Ihr Anliegen ein wenig kennenlernen.«

Ana nickt.

»Nun«, fragt die Endokrinologin mit sanfter Stimme, »was führt Sie zu mir?«

Ana räuspert sich. »Ich bin depressiv«, sagt sie mit belegter Stimme. »Schon seit einigen Monaten.« Sie hält kurz inne. »Ich frage mich, ob das vielleicht mit den Hormonen zusammenhängen könnte. Und ich wünsche mir ein Kind«, sprudelt es immer rascher aus ihr heraus. »Verstehen Sie mich nicht falsch, ich habe keinen Partner im Moment, aber ich möchte einfach wissen, ob ich noch Mutter werden könnte, sollte mir der Richtige zeitnah über den Weg laufen.«

»Das sind viele Themen«, sagt die Ärztin, schraubt ihren Füllfederhalter wieder zu, den sie schon zum Mitschreiben zwischen ihre Finger geklemmt hatte, und legt ihn beiseite. Sie stützt ihre Unterarme auf die Tischplatte. »Lassen Sie uns bei der Wurzel von allem beginnen. Wie geht es Ihnen mit Ihrem gegenwärtigen Leben? Haben Sie das Gefühl, wirklich Ihr eigenes Leben zu führen? Das Leben, das Sie führen möchten?«

»Ich bin nicht einmal sicher, ob ich weiß, was genau das heißt.«

»Beginnen wir anders. Was läuft gut zurzeit?«

»Nun, um ehrlich zu sein, läuft gerade gar nichts gut. Ich meine, nichts funktioniert über längere Zeit. Weder beruflich noch privat. Ein minimaler Aufstieg zieht nur kurze Zeit später den maximalen Abstieg nach sich. Je stärker der Auftrieb, desto tiefer der Fall. Am Ende bin ich weiter unten, als ich vorher war. Momentan habe ich das Gefühl, in einem Krater zu hocken. Anfang vierzig. Kein Job. Kein Mann. Kein Kind. Das fasst es wohl am kürzesten zusammen.«

»Was für ein Leben würden Sie denn gern führen?«

»Ein sinnvolles. Doch ich weiß nicht mal, was ich damit meine.«

Die Endokrinologin, die tagtäglich mit verzweifelten Frauen zu tun hat, nimmt sich Zeit. Fast eine Stunde unterhalten sie sich miteinander, und als Ana das Sprechzimmer verlässt, um sich im Labor Blut abnehmen zu lassen, geht sie mit der festen Absicht, den Lauf ihres Lebens zu ändern, den Wind an Fragen für eine Wende zu nutzen.

Die Ärztin hat ihr liebevoll den Spiegel vorgehalten und es Ana ermöglicht, sich mit ihren Augen zu sehen.

Als Ana nach Hause geht, klingen die Worte der Endokrinologin in ihrem Kopf nach: »Das hier ist Ihr einziges Leben. Sie sind zweiundvierzig Jahre alt. Im besten Alter. Ihnen stehen noch andere Möglichkeiten offen als diejenigen, die Sie bisher betrachtet haben. Doch zuerst müssen Sie lernen, sich selbst eine Freundin zu sein.«

Eine warme Brise bläst ihr ins Gesicht und durchs Haar und trägt die Düfte des Frühlings mit sich. Ana nimmt einen tiefen Atemzug und beschließt in diesem Moment, einer Zukunft Raum zu geben, in der Platz für ihre Träume ist.

33

Die Schüssel Unglück

Wenige Tage später treffen Anas Blutwerte vom Labor ein. Die Endokrinologin wirft einen Blick darauf und reibt sich mit den Fingern die Schläfe. Die Ergebnisse sind schlechter als gehofft. Ana ist bereits in der Frühmenopause. Mit einem eigenen Kind wird es schwierig, wenn nicht sogar unmöglich.

Eine Schüssel voll Unglück serviert man am besten löffelweise, das weiß sie. Aber ehrlich muss man sein. Sie hebt den Hörer vom Telefon und wählt Anas Nummer. Als sie sich meldet, erklärt ihr die Ärztin alles ganz genau, lässt jedoch immer ein wenig Raum für Hoffnung. Heute kann man vieles machen. Und wie sehr ein Mensch einer Statistik entspricht, lässt sich letztendlich nie exakt sagen. Man weiß nie, wo genau sich jemand auf der Kurve der Normalverteilung findet. Wissenschaftler führen Studien durch, um die Welt in begreifbare Einheiten einzuteilen und zu handhaben. Damit erhalten sie zwar objektive, reproduzierbare Daten, aber auch die zeigen uns nur einen Teil des Bildes. Immer gibt es andere Aspekte, die sich nicht erfassen lassen: Zufall, Schicksal und Glück.

Die Ärztin erwähnt die Chance für den statistisch unwahrscheinlichen, aber dennoch möglichen Fall einer Schwangerschaft. Sie hat gelernt, dass es unverantwortlich ist, präzise Aussagen zu machen, wenn man es nicht hundertprozentig weiß. Und man weiß es nie hundertprozentig. Sie lässt bei ihren Erläuterungen weder Raum für unrealistische Erwartungen noch für erschütternde Verzweiflung. »Über alles Weitere denken wir später nach, wenn Sie Ihren Weg und den richtigen Partner gefunden haben«, sagt sie und denkt dabei: immer löffelweise.

Ana begreift, dass man ohnehin kein neues Leben in sich heranwachsen lassen kann, während sich das eigene gerade zersetzt. Weil seelische Wunden die Persönlichkeit genauso auflösen können wie körperliche Schmerzen.

34

Lufttransporteinheit

Der unbefestigte Weg staubt an Lew vorbei. Der Soldat, der den Jeep fährt, drückt den Fuß immer tiefer aufs Gaspedal, ganz so, als wolle er den Wagen zum Abheben bringen. Mit immer höherer Geschwindigkeit rast die Straße in den Jeep hinein. »Ob er uns beide umbringen will?«, denkt Lew. Er hätte nichts dagegen einzuwenden. Außer vielleicht seine Mutter, die daran zerbräche. Das Glücklichste wäre ein Rauswurf aus dem Militär, doch so einfach machten sie es einem wie ihm nicht. Einem, der nicht angemessen für sein Land kämpft.

Mit geschlossenen Augen denkt er an den Tag zurück, an dem ihm Stanislav als Waffensystemoffizier zugeteilt wurde und an all die gemeinsamen Einsätze. Die Wochen ziehen in einer Folge unzusammenhängender Bilder durch seine Gedanken, bis der Jeep in der Schwärze der Nacht schließlich die Lufttransporteinheit erreicht.

Von der Luftwaffe degradiert, als Cargo-Pilot mit Blutkonserven, Verbandmaterial und Munition an die Front geschickt, ist er jetzt näher am Geschehen. Blickt dem Krieg direkt ins grauenhafte Gesicht.

Lew landet auf temporären, mobilen Vorwärtsbetriebsbasen, die in unmittelbarer Nähe der Frontlinie errichtet werden und aufgrund der schnellen Auf- und Abbaumöglichkeiten stetig mit ihr wandern. Zum einen bieten die Basen Unterkunft, Verpflegung und medizinische Versorgung für die Bodentruppen. Zum anderen fungieren sie als Logistik- und Nachschubzentren, die Material und Treibstoff lagern, um das Notwendigste schnell an die an der Front kämpfenden Truppen verteilen zu können.

Lew kann den Cargo-Transporter ohne spezifische Schulung pilotieren. Er kennt diesen Flugzeugtyp gut, und die grundlegenden Instrumente sind ihm ohnehin vertraut. Er fliegt jetzt allein und ist beinahe froh darüber, hoch oben in der Luft für sich sein zu können.

Vor jedem Flug prüft Lew den olivfarbenen matt schimmernden Hochdecker – dessen Flügel oberhalb des langen, schlanken Rumpfs angebracht sind – auf Beschädigungen und inspiziert die Turboprop-Triebwerke, die sich in den aerodynamisch geformten Gondeln befinden, welche an den Flügeln befestigt sind. Dann klettert er in das Cockpit, das bei mehr Raum weniger Schaltknöpfe als das eines Kampfjets besitzt, und lässt sich in den recht komfortablen Sitz sinken. Lew vermisst sie nicht, die Steuerungssysteme für Waffen, Radar und elektronische Kriegsführung. Die Schaltfläche des Cargo-Fliegers wirkt beinahe friedlich auf ihn.

Nachdem er alle Kontrollen ausgeführt hat, startet er die Maschine und hebt ab. Er schaltet auf Autopilot. Jeden Tag aufs Neue ist er überrascht, wie gemächlich der Cargo-Transporter auf Steuerbefehle reagiert. Wie ruhig und langsam er schwebt im Vergleich zu einem Kampfjet.

Lew besieht sich die erschöpfte Landschaft, die unter ihm hinweggleitet, ganz so, als sende die Erde eine einsame Botschaft, dass auch sie genug hat von diesem Krieg.

Bald nähert er sich der Grenze und den Trümmerfeldern.

Er deaktiviert den Autopiloten, übernimmt die manuelle Kontrolle und drosselt die Triebwerke. Schließlich beginnt er mit dem Landeanflug. Die Basis ist mit der Frontlinie bereits einige Kilometer gewandert und liegt nun inmitten all der Zerstörung.

Routiniert steuert Lew die Maschine, fährt die Flaps aus, die den Luftwiderstand erhöhen und das Flugzeug abbremsen. Er korrigiert den Kurs, um den Flieger perfekt auf die kurze, mobile Landebahn der Betriebsbasis auszurichten. Als die Räder die Stahlplatten am Boden berühren, aktiviert er Bremsen und Schubumkehr. Das Cargo-Flugzeug kommt zum Stehen.

Lew öffnet die Tür des Cockpits, lässt die Metallleiter hinunter und klettert aus dem Flieger. Schon eilen von allen Seiten Soldaten herbei, um den Bauch des Flugzeugs zu entladen. Währenddessen vertritt sich Lew die Beine, stapft über zerbombtes Land.

Der säuerliche Geruch von Schweiß und ungewaschenen Körpern liegt in der Luft. Lew sieht, wie Verwundete in die Sanitätszelte eingeliefert werden, bloß noch mit Resten ihres Körpers. Er hört, wie aus den Zelten Husten und Stöhnen der Verletzten hallen. Einige bereits vom Tod verschluckt. Viele auf dem Weg dorthin.

Dreitausend Meter über ihm das Zischen der Kampfjets – gesteuert von seinen einstigen Kollegen der Fliegerstaffel. Wie Adler stürzen sie vom Himmel. Er spürt den Sinkflug, das Zittern in der Luft. Riecht den Rauch und den Trümmerstaub. Hört in seiner Vorstellung die Panik in den Stimmen der Zivilisten. Hört, wie ihre Hilfeschreie von den Detonationen verschluckt werden. Sieht in seinem Kopf, wie in den bombardierten Häusern der Staub von den Decken rieselt, bis das Gemäuer in sich zusammenbricht und Hunderte von Menschen unter sich begräbt.

Immer wieder zucken Lichtblitze am fernen Horizont

auf. Rauchfahnen steigen von Mündungsfeuern empor und hängen als tiefschwarze Wolken über dem Land. Minutenlang bekommt Lew aus nächster Nähe mit, wie sein Land eine weitere Stadt des Feindes bombardiert. Unmöglich kann da irgendwer oder irgendwas überlebt haben.

Als Lew sich einem der Sanitätszelte nähert, dringt ihm ein Geräusch ins Ohr, vielmehr die Summe von Geräuschen, wie das metallische Zirpen von Insekten. Je näher er kommt, desto dröhnender und pulsierender die Laute. Sie werden zu einem Jaulen, zu einem Brüllen, ganz so, als würden Dutzende von Tieren zu Tode gequält. Es dringt in ihn ein, dieses Heulen, bis in seine Knochen.

Lew geht ihm nach, diesem Geräusch, geht ihm entgegen. Bis er hinter dem Zelt etwas sieht, was er nie mehr vergessen wird: Aufeinandergestapelt ein Hügel von Menschen. Tote und noch lebende, schwer verletzte gegnerische Soldaten. Ausgemergelte, halb verhungerte Männer. Manchmal sind es nur die Gliedmaßen, manchmal ein Schädel, dessen Gehirn weggeschossen wurde. Und manchmal leben sie noch, die von Geschossen und Raketen zerfetzten Männer. Weggeworfen. Beiseitegeschafft wie Müll. Sie stöhnen, röcheln nach Luft in diesem nach Blut, Exkrementen und verkohltem Fleisch stinkenden Haufen Mensch. Lew dreht sich weg und übergibt sich. Als er sich wieder aufrichtet, sieht er, wie ein Arzt und ein Sanitäter einen weiteren Schwerverletzten an Füßen und Armbeugen packen und mit einem Schwung zu dem Haufen werfen.

Lew stürzt auf den Arzt zu, würgt entsetzt und stotternd hervor: »Aber ... er lebt noch. Die ... die leben noch ... Einige von denen sind noch am Leben. S... Sie ... Sie müssen was tun. Sie müssen denen helfen.« Lews Gesicht glänzt von Schweiß.

Der Arzt blickt ihn kalt an, seine Pupillen werden zu harten Glaskugeln: »Das sind alles Feinde. Ich rette nur Menschen. Hätte ich Tiere retten wollen, wäre ich Tierarzt geworden!«

Lew packt den Arzt am Kragen und will ihm gerade mit der freien, zur Faust geballten, rechten Hand ins Gesicht schlagen, als eine andere, kräftigere Hand sich um sein Handgelenk schließt.

Ein Sanitäter steht da, schüttelt den Kopf und sieht Lew durchdringend an. »Er ist nicht der Feind.«

Ohne seinen Griff zu lockern, zieht er Lew einen Schritt zur Seite und gibt seine Hand frei. Lew senkt seinen Arm, dreht seinen Kopf in Sekundenschnelle um und spuckt dem Arzt ins Gesicht. Bevor der Arzt begreift und auf ihn losgehen kann, fasst der Sanitäter Lew am Ellbogen, doch er reißt sich los und stapft davon.

Wie sehr ein Krieg uns Menschen abgleiten lässt, schießt es Lew durch den Kopf. Diese innere Verhärtung, diese seelische Erstarrung. Er schüttelt den Kopf, als könne er diese Realität von sich werfen, sich von diesem Unwirklichen, diesem Alb befreien. Doch es hilft nichts. Alles bleibt, wie es ist, und er ist mittendrin. In diesem Grauen des Krieges, mit Menschen, von denen einige zu Monstern werden.

Was er hier sieht, übertrifft seine schlimmsten Befürchtungen. Alles hat er erwartet, nur das nicht. Was für ein grauenhafter Abschnitt unserer Geschichte! Und er hatte freiwillig Teil davon sein wollen. Was hatte er sich nur dabei gedacht? Was, hatte er geglaubt, sei Krieg?

Die letzten Monate waren auslaugend, zehrend und mitunter kaum durchzustehen. Es waren die intensivsten und Augen öffnendsten in seinem bisherigen Leben. Tiefen hat er erlebt, von denen er gar nie geglaubt hätte, dass es sie gäbe.

Erst im Krieg begreift Lew, dass es draußen, außerhalb

seiner Welt, außerhalb seines engen Lebens, noch eine andere Welt gibt, und ihm wird bewusst, dass er bisher sehr viel Glück hatte – vermutlich mehr, als er verdient.

Instinktiv legt er sich die Hand aufs Herz und hält einen Moment lang inne. Kurz entschlossen kehrt er um und lässt sich neben dem Schwerverletzten, den Arzt und Sanitäter zum Sterben zurückgelassen haben, auf die Knie fallen. Lew beugt sich über den Mann, hält sein Ohr an den Mund des gegnerischen Soldaten und prüft, ob er noch atmet. Als er an der blutverklebten Schläfe nach seinem Puls tastet, schlägt der Verletzte plötzlich die Augen auf und stöhnt. Lew zieht seine Pilotenjacke aus, faltete sie, hebt den Kopf des Soldaten an und schiebt sie ihm darunter. Er streicht dem Verletzten das Haar aus der Stirn und fragt: »Kannst du besser atmen, wenn ich deinen Kopf stütze?«

Der Verletzte röchelt: »Anders kann ich überhaupt nicht ... atmen.« Er versucht zu lächeln.

Tränen schimmern in Lews Augen. Ihm ist, als ob dieser Mann sein Innerstes nach außen krempelt. Der Moment bekommt etwas Wundervolles, etwas schmerzhaft Glückliches.

Mit seinem Zeigefinger bedeutet der Sterbende Lew, sich noch tiefer über ihn zu beugen. Lew folgt dem Wunsch, nähert sich seinem Gesicht so nah, dass die Lippen des Verletzten fast seine Ohren berühren, und hört sich seine geflüsterte Bitte an. Lew zieht einen Kugelschreiber und ein Taschenmesser aus einer seiner aufgenähten Hosentaschen und schneidet ein Rechteck aus der Uniform des gegnerischen Soldaten. Auf das Stück Stoff schreibt er die letzten Worte des Sterbenden. Dann dreht er den Gewebsfetzen um und notiert die Adresse von Frau und Kindern auf der Rückseite. Lew verspricht dem Mann, seiner Familie dieses Stückchen Stoff – diese letzte Botschaft – zukommen zu lassen. Erlöst schließt der Verletzte die Lider.

Als sein Atem flacher und stockender wird, fasst Lew nach dem Arm des jungen Mannes. Er könnte sein Sohn sein. Seine langen, schlanken Finger liegen ruhig in Lews Hand, als sein Atem leiser und leiser wird. Warmes Abendlicht fällt auf die beiden herab und wirft einen ineinander verschmolzenen Schatten. Und dann plötzlich schlägt der Sterbende nochmals die Augen auf, hebt die Mundwinkel zu einem Lächeln, ringt ein letztes Mal nach Luft und atmet mit einem langen Hauch sein Leben aus.

Ein heftiges Schütteln erfasst Lew. Sein Körper bebt, Tränen rinnen ihm übers Gesicht. Vergebens hämmert er auf die Brust des Soldaten, der sich nicht mehr rührt.

Ein Sanitäter, viel älter als der zuvor, der die Szene beobachtet hat, geht auf Lew zu, legt ihm die Hand auf die Schulter und sagt: »Für den kannst du nichts mehr tun. Und auch nicht für alle anderen hier. Das Gehirn quillt den meisten schon aus der Nase.«

Die Worte dringen nicht mehr zu Lew durch, selbst seine eigenen Gedanken kommen nicht mehr bei ihm an. Ganz sachte hebt er mit einer Hand den Kopf des Verstorbenen an, um mit der anderen die Pilotenjacke wieder an sich zu nehmen. Mit zitternden Fingern lässt er den Schädel des Toten vorsichtig auf die staubige Erde zurücksinken. Dann steht er auf, wischt sich mit den Handrücken die Tränen aus den Augen, faltet das Stück Stoff und schiebt es sich in die Hosentasche. Abwesend entfernt er sich von der Basis und tappt in der angrenzenden, zerbombten Geisterstadt des geschlagenen Feindes umher.

Schwarze Rauchfahnen wehen lautlos über den Ruinen. Hier und dort sprießen die ersten Frühlingsblumen zwischen den Trümmern hervor. Die Gleichgültigkeit der Natur wirkt beinahe frech auf ihn. Mit welcher Ignoranz und Stärke sie uns Menschen doch verneinen kann.

Hier und dort entdeckt Lew Männer und Frauen, die vor

den angreifenden Truppen – den Soldaten seines Landes – nicht geflohen sind. Ihm fällt ein alter Mann ins Auge, der reglos vor den Ruinen eines Gebäudes steht, das zu glühenden Kohlen und schwarzer Asche zerfällt. Ein Granatenfeuer hat sein Haus verschlungen. Seine Frau liegt darunter. Sein ganzes Leben liegt darunter. Und der Alte steht da, starr, erloschen und begreift es nicht. Lew weiß, dass im Innern dieses Mannes die Granaten noch immer zischen und alles restlos zersplittern. Plötzlich schlägt sich der Alte die Hände vors Gesicht und stößt einen lauten gequälten Schrei aus. Schließlich bricht er zusammen und zerschmilzt in der Hitze seiner Lebenstrümmer wie eine Wachsfigur. Seine Atemzüge so flach, dass sich nur noch der äußerste Saum des Lebens rührt.

Lew dreht sich weg. Doch wohin auch immer er seinen Blick wendet, starrt er in die Augen der Grausamkeit. Keine zehn Meter von ihm entfernt kauert eine Frau in den Trümmern und schaukelt in ihren Armen die verkohlte Leiche eines etwa 14-jährigen Kindes. Ihr Mann kniet hinter ihr und hält sie fest. Beide schreien wie Tiere um das tote Kind, das bis zur Unkenntlichkeit verbrannt ist. Soldaten drängen sich um das Paar: »Sie müssen hier weg, hören Sie? Sie müssen verschwinden, bevor der nächste Angriff erfolgt!« Es sind Soldaten aus Lews Reihen. Ihre Armee hat dieses Kind auf dem Gewissen. Aber auch sie sind kriegsmüde. Auch sie können keine Mutter, keinen Vater der Gegenseite in den Tod rennen lassen, deren Leid so greifbar ist. Die Frau bebt, ist wie mit den Trümmern verschmolzen, sie will ihr Kind nicht ablegen und erst recht nicht ohne es gehen. Dann nimmt ihr der Ehemann das Kind aus den Armen, küsst es unter Tränen auf die Stirn, legt es zwischen den Trümmern ab, umschlingt seine Frau fest mit den Armen und führt sie davon.

»Was für eine Scheiße«, sagt ein Kamerad zu Lew, deutet

mit dem Kinn auf das Ehepaar, das über die Trümmer davonstolpert.

Lew sagt: »Die müssen ihr totes Kind zurücklassen.«

»Nein«, sagt der Kamerad. »Das war nicht ihr Kind. Wir haben ihnen einfach eins der bis zur Unkenntlichkeit verbrannten Kinder gezeigt und ihnen gesagt, es sei ihr Sohn. Damit sie aufhören zu suchen. Damit sie abschließen, endlich davonrennen und nicht auch noch verrecken.«

»Und wenn ihr Sohn noch lebt?«

Der Soldat breitet die Arme über den Schutthaufen aus. »Hier lebt keiner mehr! Der Junge ist vermutlich irgendwo unter uns begraben.«

Lew ist fassungslos. Durfte man Eltern so belügen? Oder musste man sie so belügen? Am liebsten würde er den beiden nacheilen. Doch um was zu sagen? Was ist richtig? Was falsch? Nein, er schafft es nicht, ihnen die Wahrheit zu sagen. An diesem Tag schafft er gar nichts mehr. Nur zurück zur Basis und zu seinem Flugzeug, das inzwischen entladen sein sollte. Nur schnell zurück zur Lufttransporteinheit und am besten gar nicht mehr denken. Was hier passiert ist, ist zu viel für einen Tag, zu viel für ein ganzes Leben.

Ein ausgebombter Fleck Erde, der an seinen Fersen wie Feuer glüht. Alles verbrennt zu Asche, und schließlich verbrennt noch die Asche.

Nichts, was Lew gern tun würde, ist von ihm erwünscht. Alles, was von ihm erwünscht ist, will er nicht tun. Zum ersten Mal spürt er, dass er als Soldat ein verkaufter Mensch ist, ein Sklave.

35
Kohlenstoff

Eine Welt voller Scherben. Ein Himmel voller Qualm. Die Äcker voller Granaten. Keine Helligkeit dringt mehr durch die Luft. Leer zerbröckelt jeder Tag zwischen Lews Fingern. Und die Sterne schütten nur noch ein diffuses Licht über die zitternde Erde.

Nur sechs von gesamt hundertachtzehn chemischen Elementen im Periodensystem gehören zu den Bausteinen, aus denen sich Lebewesen bilden: Wasserstoff, Kohlenstoff, Stickstoff, Sauerstoff, Phosphor und Schwefel. Das wichtigste Element hiervon – und auch das wandlungsfähigste – ist Kohlenstoff. Es ist grundlegend für das Leben auf der Erde und bildet die Basis für organische Verbindungen. Der menschliche Körper besteht zwar zu etwa sechzig Prozent aus Wasser, doch beim eigentlichen organischen Material, bei den Zellen, den Proteinen, der DNA, spielen Kohlenstoffverbindungen die Hauptrolle. Sie bilden sozusagen das Gerüst, das alles zusammenhält.

Wenn Leben verbrennt, werden die organischen Verbindungen, die die Elemente Wasserstoff, Kohlenstoff, Stickstoff, Sauerstoff, Phosphor und Schwefel enthalten, zersetzt. Einzig zurück bleibt das Kohlenstoffelement in Form von Asche, während sich die übrigen Elemente als Gase ablösen und davontreiben.

36

Verglimmende Sterne

Lew begegnet dem Tod nun häufiger. Manchmal sieht er, wie er sich nähert, manchmal, wie er herbeieilt, manchmal steht er direkt neben ihm. Und manchmal verschwindet er wieder.

Wer heftet wohl all die Totenscheine ab? Wie viele Lebensgeschichten passen wohl in einen Ordner?

Nach diesem Krieg wird es kaum noch Väter geben.

Unweit vom Trümmerhaufen eines zerbombten Krankenhauses der gegnerischen Seite landet Lew sein Cargo-Flugzeug auf einer temporären, mobilen Vorwärtsbetriebsbasis. Der Wind treibt leuchtend grüne Blätter vor einem schiefergrauen Himmel her. Frühlingsstürme. Die Sanitätszelte stehen bereits – doch nur für Verletzte aus den eigenen Reihen. Der Feind wird nicht versorgt. Versteht sich. Sie zerstören ihr Land, dann lassen sie die Menschen sterben. Denn sie haben die falsche Nationalität.

Als Lew den Soldaten beim Entladen von Blutkonserven, Infusionen, Verbandmaterial und Operationsgeschirr zusieht, bemerkt er einen Arzt, der eine schwer verletzte schwangere Frau untergehakt hat und in eines der Sanitätszelte schleppt. Es ist eine Frau von der anderen Seite. Und er ein Arzt, für den moralische Verantwortung noch kein Fremdwort geworden ist. Lew eilt ihm zu Hilfe. Die Frau keucht, ringt nach Luft. Immer wieder ein gepresster Schrei. Die Männer heben sie auf eine Trage. Die Fruchtblase ist bereits geplatzt, die Wehen kommen in Stößen. Die Frau ist verwundet, ihr Mann vermutlich tot. Nur das Kind in ihr scheint noch am Leben zu sein.

Der Arzt begreift, dass die Mutter sterben wird, und auch das Baby, sollte er es nicht schnell genug aus ihrem Bauch schneiden. Er setzt das Skalpell an – ohne Narkosemittel, denn davon gibt es nicht genug, und das wenige sparen sie auf für die eigenen Männer. Eine Krankenschwester kommt herbeigeeilt, um ihm zu assistieren. Die Haut am Unterbauch öffnet sich wie ein Reißverschluss, während die Schwangere vor Schmerzen schreit. Lew muss ihren Brustkorb immer wieder sanft auf die Trage drücken, wenn ihr Oberkörper krampfend nach oben schnellt. Der junge Arzt schiebt die Hände in den Bauch und zieht ein lilafarbenes Baby heraus. Es regt sich kaum. Die Augen sind fest geschlossen, wie bei einem kleinen Vogel, der zu früh aus dem Nest gefallen ist. Nur ein einziger Laut, ein leises Röcheln gibt es von sich, dann fällt der Kopf zur Seite, und der Vogel fliegt davon. Kaum eine Minute später ist auch die Mutter tot.

»Noch ein Stern, der verglimmt«, flüstert die Krankenschwester. Sie vergräbt ihr Gesicht in den Händen, schluchzt und dreht sich weg.

Lew ist starr vor Schock, während der Arzt das Baby wieder in den Bauch der Mutter schiebt und die klaffende Wunde mit großen Stichen vernäht. Er wirft Lew einen vielsagenden Blick zu. Die Augen beider Männer schwimmen in Tränen.

»Warum tust du das?«, fragt Lew.

»Ich gebe gern alles so zurück, wie ich es vorgefunden habe. Also nähe ich sie wieder zu. So bleiben die beiden wenigstens vereint.«

Lew schnäuzt sich in die Armbeuge seiner Uniformjacke. Die erste Geburt, der er hospitierte, war ein Tod.

»Was passiert hier nur mit uns?«, fragt er in die Stille hinein. »Der Tag erglänzt nicht einmal für den Bruchteil einer Minute. Sofort ist da wieder diese tiefschwarze Nacht. Und was bedeuten diese Leben? Die nur für Sekunden atmen – ein kurzes Aufflammen – und dann wieder verglühen? Ein Zündholz glimmt auf, brennt aber nicht.« Seine Wangen sind feucht.

»Ich weiß nicht, ob ich diesem Kind das Leben gewünscht hätte, das hier vorzufinden ist«, sagt der Arzt.

»Was hat das alles für einen Sinn?«, fragt Lew.

Der Arzt schaut ihn mit rot geäderten Augen an und zuckt mit den Schultern.

37

Sternenstaub

Sternenstaub, auch als kosmischer Staub bezeichnet, sind winzige Partikel im Universum, die bei der Explosion von Sternen entstehen. Sie setzen sich aus verschiedenen chemischen Elementen zusammen wie Wasserstoff, Sauerstoff, Kohlenstoff, Stickstoff. Elemente, aus denen auch der menschliche Körper besteht.

Sternenstaub vermag sich im interstellaren Raum zu dichten Wolken zusammenzuballen, aus denen sich Planeten und neue Sterne bilden können.

Alles Leben auf der Erde ist auf Elemente zurückzuführen, die in den Tiefen und Weiten des Universums durch das Leuchten und Ausbrennen von Sternen entstanden sind. Im Grunde sind wir alle Sternenstaub.

Wenn menschliches Leben erlischt, bleiben die Elemente bestehen. Nichts stirbt. Es geht nur in einen anderen Zustand über.

Alles ist miteinander verbunden. Kein Anfang und kein Ende. Nur Licht, das Licht berührt.

38

Vergessene Träume

Blätter flüstern am Himmel. Nur eine leichte Neigung der Tage entscheidet über Erfolg oder Scheitern.

Eine Kette von Ereignissen und die Summe ihrer Entscheidungen hat Ana hierhergeführt. Hierher, wo sie jetzt steht.

Ihr Leben ist zu Vergangenheit geronnen. Die Zukunft eine Leerstelle; keine Leiter zu ihren Lebenszielen, sondern flach wie eine sich immerzu wiederholende Gegenwart.

Was sie tut, stimmt schon lange nicht mehr mit ihren Gefühlen überein. Sie darf nicht weitermachen mit einem Leben, das niemandem etwas bringt – am wenigsten ihr selbst.

Ja, es ist ihr viel Schlimmes zugestoßen. Viel zu viele Abstürze und Schicksalsschläge. Doch die passieren anderen auch. Es bringt nichts, sich mit der Frage zu quälen: »Warum ich?« Wenn die einzig gültige Antwort darauf lautet: »Warum ich nicht?« Es kann ungemütlich werden, wenn man ständig nach dem Warum fragt.

Auch bringt es nichts, sich zu fragen, ob die von uns erträumte Zukunft realistisch, optimistisch oder illusorisch ist, wenn die Antwort dafür von Zufall, Glück oder Schicksal abhängt.

Einzig eines bringt etwas: Etwas zu ändern. Das muss Ana jetzt.

Wer oder was will sie sein? Wie viele Leben sind in einem einzigen möglich? Kann man sich neu erfinden? Wovor hat sie am meisten Angst?

Aus der Konfrontation mit sich erblüht etwas. Ganz unmerklich wird sich Ana ihrer selbst bewusster. Was zuvor eine verworrene Mischung aus verdrängten Gedanken und erstickten Gefühlen war, wird greifbarer, das Durcheinander bekommt allmählich eine Textur, die Frau in ihr mehr Substanz.

Ewigkeiten ist es her, seit sie das letzte Mal in eine Boutique gegangen ist. Ihre Erfahrungen mit Mode sind bescheiden und liegen weit zurück in ihrer Jugend. Schüchtern steht sie nun vor einem Laden mit Kleidern in der Auslage. Ein letzter Blick zum Himmel, dann stößt sie die goldumrahmte Glastür auf.

Geräuschlose Frauen in Männeranzügen mit Namensschild stehen in jeder Ecke und besehen sich angestrengt, trist und ein wenig resigniert ihre auffällig lackierten Fingernägel oder prüfen im Spiegel die schwindende Elastizität ihrer Haut. Jene, die bei Anas Eintreten kurz aufblicken, schauen durch Ana hindurch. Als sei sie kein Mensch. Oder zumindest keiner, der in eine solche Boutique passt.

Sie nimmt allen Mut zusammen und steigt die Wendeltreppe hinauf ins Obergeschoss. Auch hier bleibt Ana unbemerkt. Die Verkäuferinnen sind entweder mit sich selbst beschäftigt oder kümmern sich um Kundinnen, bei denen sich Freundlichkeit zu lohnen scheint.

Ana sieht sich einige Kleider in zarten Farben an. Leise, unbedingt leise müssen sie sein, die Farben. Wenn schon ein Kleid, dann ein leises Kleid. Nur nicht zu sehr auffallen. Gewöhnlich trägt Ana Mausgrau – die Farbe ihres Gefühls. Gewöhnlich Jeans und Pullover. Alles, nur nichts, was den Augen entgegenspringt. Doch heute wagt sie einen Versuch. Mit einer kleinen Auswahl verschwindet sie in der

Anprobe. Sie schält eine Schicht verwaschene graue Baumwolle nach der anderen von sich herunter wie von einer Zwiebel und besieht dann die zusammengeknüllten Baumwollhüllen auf dem Hocker. Sie sehen abgelebt und traurig aus. Eigentlich liegt sie da, in diesem kleinen Haufen: die ausgelaugte Version ihrer selbst.

Ana nimmt eins der Kleider vom Bügel und zieht es an. Es ist aus Rohseide, in einem irisierenden weichen Blaugrün – beinahe wie das Gefieder des Stars, der direkt vor ihren Füßen gelandet ist. Wenn Ana sich bewegt, wandeln sich die Farben, und je nach Lichteinfall wirkt das Kleid mal heller, mal dunkler mit einer Ahnung von violett.

Ana betrachtet sich. Das Zusammentreffen mit sich im Spiegel überrascht sie. Etwas geschieht mit ihr, als sie sich sieht in diesem lebendigen Stoff. Eine ungeahnte Wirkung, ja, eine Kraft strömt aus dem gut geschnittenen Kleid, das sich weich um Anas Körper schmiegt. Sie fühlt sich plötzlich stärker, nicht mehr so, als stecke ihr Ich in einem mürben, gebrechlichen Gehäuse. Vor ihren Augen löst sich das Bild der tristen Ana auf und lässt ein neues entstehen. Lässt eine Möglichkeit entstehen. Die Möglichkeit, eine andere zu sein. Die Möglichkeit einer anderen Ana. Sie befühlt das zarte Gewebe zwischen den Fingern, durch das ein Hauch von Gold schimmert. Streichelt es. Fährt über die Spitze des Saums.

Sie überlegt nicht lange. Ana probiert noch die anderen Kleider an, rechnet kurz im Kopf zusammen und kauft dann alle. Außerdem ersteht sie ein Paar schlichte weiße Turnschuhe, ein Paar edle Slipper und mehrere Paar Seidenstrümpfe.

Als sie nach nur einer Stunde die Boutique verlässt, hat sie nicht nur ein kleines Vermögen ausgegeben, auch etwas anderes, etwas viel Wesentlicheres ist mit ihr passiert: Sie schleicht nicht mehr – sie geht.

Eleganz ist nicht, was man trägt, sondern wie man sich fühlt. Manchmal muss man sich äußerlich verändern, um sich innerlich verändern zu können.

39

Alles, was bleibt

Wieder sind Tage vergangen, und Lew steuert mit seinem Cargo-Flugzeug eine weitere Vorwärtsbetriebsbasis an.

Panzer rumpeln die Straßen entlang und zermalmen liegen gebliebene Besitztümer, die Flüchtende fallen gelassen haben: Koffer, Portemonnaies, Bilderrahmen mit Erinnerungen, Bücher.

Kanonen feuern in nächster Nähe, Häuser werden weggesprengt. Überall das Knattern von Gewehrsalven. Menschen kämpfen, werden verletzt, sterben, werden fortgespült. Die Stadt mit ihren noch wenigen intakten Häusern ist etwas Vorübergehendes, nichts von Dauer. Gar nichts ist mehr von Dauer.

Wie betäubt besieht sich Lew diese Landschaft aus Ruß und Asche. Da liegen sie in verbrannter Haut: zerschmetterte Leben. Keine Ausweispapiere, keine Namen, kein Hinweis darauf, wer sie waren. Bloße Rätsel.

Während Blutkonserven, Verbandmaterial, Jod und frisches Operationsbesteck aus dem Bauch seines Flugzeugs entladen werden, streift Lew über das Gelände. Dabei kommt er an einem Durchgangslager für Kriegsgefangene vorbei, ein eingezäunter Fleck Erde mit einem einfachen Unterstand und einem Stück Wiese drum herum. Auf dem

Viereck Gras hocken die Gefangenen eng beieinander. Sie werden von etwa einem Dutzend Soldaten bewacht. Soldaten wie Gefangene wirken gleichsam müde und verwahrlost. Die Gesichter von Bärten überwachsen. Einzig die Uniform unterscheidet die Männer in ihrer Erscheinung, kennzeichnet, für welche Seite sie einst kämpften. Es ist ein eindrückliches Bild. Weder gewaltsam noch Furcht einflößend. Keiner der Gefangenen zeigt in irgendeiner Weise eine Regung zu fliehen, und auch keiner der Wachmänner richtet eine Waffe auf sie. Im Gegenteil. Die Männer gehen beinahe kameradschaftlich miteinander um. Einer der Wachmänner zieht aus seiner Hosentasche ein verknittertes, abgegriffenes Foto seiner Familie und reicht es einem Gefangenen durch den Stacheldrahtzaun hindurch. Der sieht es sich an, fragt mit den Fingern, wie alt die Kinder seien – zwei oder drei, fünf oder sechs? Er lächelt, reicht es weiter, und das Foto macht die Runde unter den Kriegsgefangenen, die anerkennend nicken. Ein anderer Wachmann verteilt Zigaretten, selbst eine Flasche Wodka wird durch eine Lücke im Zaun zu den Geiseln hinübergeschoben und dort von Hand zu Hand gereicht. Kriegsmüdigkeit auf beiden Seiten. Vielleicht auch ein Erwachen. Warum sollen Menschen grausam miteinander umgehen, nur weil sie zufällig zwei verschiedenen Nationen angehören? Warum bei einer Absurdität mitmachen, nur weil sich ein Präsident absurd benimmt? Warum einen unterstützen, der noch immer nicht genügend Opfer hat für seine nationale Eitelkeit? Warum weiterhin quälen und töten für einen Sinn, der im Grunde ein Wahnsinn ist?

Lew ist gleichsam verblüfft wie gerührt von dieser Szene. Und ihm wird klar, dass nicht nur er, sondern viele andere diesen Krieg als eine Katastrophe erfahren, für die keiner der Männer etwas kann. Dass sie eine Art geteiltes Schicksal haben, das sie vereint. Er empfindet dieses Bild als tröstlich. Zeigt es doch, dass es ihn selbst im Krieg noch bei einigen gibt, den guten Kern im Menschen, der uns alle miteinander verbindet.

40

Loslassen

Die Gedanken wirbeln in ihrem Kopf herum wie lose Blätter im Wind. Ana streicht über die feinen Maserungen in der Tischplatte, über den Stoß Papier, den sie vor sich hingelegt hat. Es ist Zeit für den nächsten Schritt.

Sie nimmt ein paar Bögen vom Stapel und zerreißt sie in zweiundvierzig Papierschnipsel. Dann rollt sie jeden zu einer Kugel, nimmt ein Päckchen Streichhölzer und rückt die leere Obstschale zurecht.

Sie muss ihrer Bedeutungslosigkeit ein Ende setzen. Und so knöpft sie sich ihre Vergangenheit vor, für die sie keine Verwendung mehr hat, befreit sich mit zweiundvierzig Papierkügelchen, die sie einzeln anzündet, von jedem Jahr ihres alten Ichs und schaut erleichtert zu, wie die Flammen jedes einzelne zerfressen.

Lange sitzt sie still da und folgt mit ihrem Blick den hauchdünnen Rauchfäden, die zur Decke hinaufziehen und jedes Jahr ihres bisherigen Lebens in nichts auflösen.

Mit der sich zu bloßem Rauch verflüchtigten Vergangenheit spürt Ana, dass sie bereit ist, die mannigfaltigen Stränge ihrer gegenwärtigen Lebenskrise in die Hand zu nehmen.

Sie öffnet das Fenster, streut die Asche ihrer Illusionen in den Wind und hat das Gefühl, eine Leichtigkeit in der Luft zu spüren, die ihr über die Haut streicht. Sie schließt das Fenster wieder, setzt sich und blickt hinaus.

Und dann, plötzlich, löst sich ihr Schatten von ihr. Er geht ins Zimmer nebenan, der Schatten, verschwindet eine Weile, kehrt wenig später mit ihrem Koffer zurück, legt ihn auf den Holzboden und öffnet ihn. Dann verschmilzt ihr Schatten wieder mit ihr. Sitzt mit ihr am Tisch und rührt sich nicht. Ein kurzes Zögern, dann steht Ana auf und beginnt zu packen.

Es ist mehr möglich, als sich uns mit bloßem Auge offenbart, sagt sie zu sich.

41

Lichtpunkte

Als Ana die Tür ins Schloss zieht, hinterlässt sie die Wohnung aufgeräumt. Sämtliche Spuren ihrer Anwesenheit sind beseitigt. Sie staunt selbst darüber, wie wenig sie besitzt. All die ihr wichtigen Sachen passen in einen Koffer. Das Kündigungsschreiben hat sie noch am Vorabend per Einschreiben an den Besitzer des Appartements abgeschickt. Vermutlich würde sie die Miete für die leer stehende Wohnung noch für drei weitere Monate zahlen müssen, aber darauf kommt es jetzt nicht mehr an.

Es fühlt sich gut an, frei und leicht, an nichts mehr gebunden zu sein und alles hinter sich zu lassen.

Wir sind nicht in unser Selbst eingesperrt. Wir können aus ihm heraustreten, sagt sie sich.

Für einen kurzen Moment kann sie ihr neues Leben ganz deutlich vor sich sehen. Und so verlässt sie ihre bisherige Geschichte, spaziert einfach aus den Seiten heraus, noch nicht ahnend, dass sie sich, ohne sich dessen bewusst zu sein, auf den Weg gemacht hat.

Als sie auf das Trottoir vor ihrem Haus tritt, wirft die frühe Morgensonne ihre schrägen Strahlen genau vor Ana auf den Weg. Ihr ist, als gingen die Strahlen ihr voraus, als wiesen sie ihr die Richtung. Und sie folgt den Lichtflecken auf dem Asphalt.

Ein starker Frühlingswind löst einzelne kleine Blätter von den Zweigen, die beim Herabwehen im Glanz der Sonne wie Sternenstaub funkeln. Leuchtend treiben sie über den Gehweg, huschen vorweg und scheinen Ana einzuladen, ihnen nachzugehen.

Ana lauscht dem Rascheln der Bäume, folgt dem vorauswehenden Grün und begreift: Ganz nah bei ihrer Welt gibt es eine andere Welt. Mit anderen Menschen, anderen Regeln, anderen Träumen und Hoffnungen. Ein Blick zur Seite, ein einziger Schritt genügt, um aus ihrer Welt herauszutreten und sich einer neuen zu stellen.

42

Zug des Lebens

Ein kristallklarer Morgen. Der Himmel ist vom nächtlichen Regen bis auf das letzte Wölkchen ausgewaschen. Die Konturen der Landschaft sind wie Scherenschnitte. Selbst Bäume, Häuser und Wiesen in der Ferne erscheinen so klar, als hielte man sie in der Hand.

Ana ist bereit. Sie weiß zwar noch nicht, wofür, aber vielleicht ist es genau das, was »bereit sein« meint. Sie hat sich auf den Weg gemacht.

Fest umfasst hält sie den Griff ihres Koffers am Bahnsteig. Menschen links und rechts ziehen an ihr vorbei. Streben zu Zügen und Ausgängen wie Insekten.

Alle sind sie auf dem Weg irgendwohin. Jeder sucht seinen Bestimmungsort. Und über allen schwebt die Hoffnung, anzukommen.

In den Lärm des Treibens gehüllt, geht sie den Perron entlang. Sieht die gläserne Reflexion ihres Gesichts in den Scheiben der Waggons. Und dann plötzlich legt sich das Gesicht des Fremden von damals darüber und verschmilzt mit ihrem Spiegelbild. Sie dreht sich um, doch da ist niemand. Nur das Bukett einer Ahnung weht ihr entgegen.

Seit sie entschieden hat zu gehen, fühlt sie sich gelöst. Ein einziges Wort beinhaltet alles, was sie empfindet und warum sie später immer wieder an diesen Augenblick zurückdenken sollte: Jetzt!

Endlich beginnt sie aus eigenem Entschluss ihr Leben.

Obwohl Ana erst am Anfang ihrer Reise steht und sie ihre Probleme im Gepäck mit sich trägt, ist sie seltsam frei von ihrer Vergangenheit. Auf sie wartet eine Zukunft, die mehr verspricht als eine sich endlos wiederholende Gegenwart.

Solange sie sich nicht fortbewegt hatte, übte ihre Vergangenheit eine Macht auf sie aus, stark wie die Schwerkraft. Viele ihrer Erfahrungen wuchsen sich zu einem Hemmnis aus, ließen sie in ihrem Dasein erstarren. Sie war um wesentliche Entscheidungen herumgeschlittert und hatte viele Chancen vertan. Statt sich um ihr Leben zu kümmern, hat Ana immer nur gewartet, dass es sich wie ein Vorhang teilte, damit sie hindurchschlüpfen konnte, um ihre Bestimmung zu finden.

Hier auf dem Bahnsteig begreift sie in aller Klarheit, dass das Leben einem nur dann die Hand reicht, wenn man sich selbst auf den Weg zu ihm macht.

Von einem Glücksgefühl umhüllt, besteigt Ana einen Wagen, schlendert durchs Abteil und lässt sich auf einem Platz am Fenster nieder. Wenig später der Pfiff des Schaffners, und schon rollt der Zug los. Aus der Vergangenheit in die Zukunft.

Vor dem Fenster gleitet das Land vorbei, hinter Anas Augenlidern das Leben.

Stunden später schieben sich regenschwere Wolken vor den Himmel. Mehr, immer mehr, bis eine basaltgraue Schicht den Blick nach oben begrenzt. Regenschnüre fallen auf die Erde herab, zeichnen diagonale Spuren zierlicher Wasserarme auf den Scheiben der Waggons. Der Regen wird stärker, stürzt aus dem Grau herab. Und für einen kurzen Augenblick verschwindet die Welt im Dunkel.

Doch schon bald klart der Himmel wieder auf. Nebelschleier ziehen sich durch Baumwipfel, die an den Fenstern vorbeigleiten. Hier und da liegen Stämme gerodeter Bäume wie Mikadostäbe.

Und dann irgendwann verläuft die Trasse durch sattgrüne Felder. Noch treiben letzte Nebelflecke darüber, bis auch sie sich auflösen.

Der Zug schraubt sich einen Berg hinauf, passiert Viadukte und fährt am Hang eines Weinbergs vorbei. Austreibende Knospen. Feucht glänzende Blätter. Bachläufe, die in der Kühle dampfen. In der Ferne ein See, der daliegt wie eine Scheibe Glas. Und Licht, das aus dem Himmel fließt, golden und dickflüssig wie Honig.

43

Über den Wolken

Es ist fast Mittag, als Anas Zug in den Zielbahnhof einfährt. Sie steigt aus, eilt auf den verstopften Bahnhofausgang zu, kämpft sich durch Menschentrauben und springt schließlich in ein Taxi, das sie zum Flughafen bringen soll.

Als sie aufgrund einer Verspätung endlich im Flieger sitzt, dämmert es bereits. Das Flugzeug steigt in den Himmel. Ana blickt aus dem Fenster, als es gerade über einem breiten, in der Dunkelheit grau anmutenden Fluss eindreht, der ihr endlos lang erscheint. Lautlos erstreckt er sich auf beiden Seiten zu den unsichtbaren Ufern. Auf dem Wasser, das wie Öl glänzt, gleitet ein kleines Schiff. Am Bug teilt sich das Gewässer. Geschmolzenes Mondlicht schillert entlang der Schneide. Die Sterne schütten diffuses Licht über den Kahn.

Ana spürt, wie die Unruhe der letzten Jahre in ihr weicht und neuer Mut in ihr keimt. Die Reise schärft ihren Blick. Die Distanz von der Heimat verändert das innere Maß. Probleme und Sorgen, die zu Hause gewaltig erschienen, schrumpfen auf ein erträgliches Gewicht.

Man benötigt nicht notwendigerweise mehr vom Guten, sondern weniger vom Schlechten, denkt sie. Manchmal reicht es aus, sich von allem Verkehrten und Giftigen im eigenen Leben zu befreien, um ein Gutes daraus zu machen.

Ohne jemanden, der ihr ständig sagt oder zeigt, wie falsch sie ist, fühlt sie sich allmählich viel richtiger.

Es muss einen Weg zu ihren Träumen geben, und sie schuldet es sich selbst, nach ihm zu suchen.

44

Ankommen

Während des Sinkflugs drückt Ana das Gesicht ans Fenster und nimmt ihr Ziel in Augenschein. Es ist dunkel, und so heben sich nur Schemen voneinander ab. Sie glaubt, Pinienwälder auszumachen und dahinter die See, die im Mondlicht schimmert. An einigen Stellen scheint sich der Kiefernwald hinab bis ans Meeresufer zu ziehen. An anderen Stellen erkennt sie die im Licht des Mondes mystisch anmutende Dünenlandschaft zwischen Bäumen und Wasser. Als die Maschine kurz vor der Landung in eine enge Kurve schwenkt, blickt Ana hinab auf die endlosen, glitzernden Weiten des Meeres. Angesichts der Unermesslichkeit der Erde, des Universums, fühlt sie die Bedeutungslosigkeit unserer Existenz. Ana überlegt, ob das meiste vom Leben bereits hinter ihr liegt. Die Zeit verrinnt, und man merkt es nicht.

Obwohl das Ziel ihrer Reise nicht mehr weit entfernt ist, übernachtet sie in einem Hotel am Flughafen. Ana möchte bei Tag ankommen, nicht in der Nacht.

Erschöpft liegt sie im Bett. Sie schließt die Augen. Bevor sie in den Schlaf hinabgleitet, fragt sie sich, ob noch genug Sehnsucht in ihr ist, an der sie sich wieder aufrichten kann. Sie hat ihr altes Leben – das, was noch davon übrig war – verlassen. Hat sie genug Kraft für ein neues?

Eine leichte Brise weht ihr ins Gesicht, als sie am nächsten Morgen das Hotel verlässt, um die letzte Etappe ihrer Reise anzutreten. Sie zieht ihren Rollkoffer über den unebenen Fußweg zur Autovermietung. Ein sanfter Regen fällt vom Himmel, und sobald er auf die Erde trifft, steigt der Geruch von warmem Asphalt auf.

Als sie den Leihwagen über die Straßen navigiert, beginnt sich alles in ihr zu erinnern. Hier, ganz in der Nähe, nur noch wenige Kilometer entfernt, ist er gewesen, der erste gemeinsame Urlaub mit Mika, in dem sie den Fremden getroffen hatte, der sie berührt hat wie davor und danach keiner mehr.

Es dauert nicht lange, und Ana erreicht sie schließlich, die Halbinsel, den Ort der damaligen Begegnung. Ein Stück Land, das das ruhige, stille Wasser der Buchten mit ihren Gezeiten von Ebbe und Flut auf der Ostseite von der rauen Schönheit des Meeres auf der Westseite trennt. Zwei Küstenlinien, so verschieden wie zwei Welten. Während die Ufer des Watts von Austernbänken, kleinen Häfen und Holzhütten gesäumt sind, offenbart sich auf der gegenüberliegenden Seite der Halbinsel die Kraft des Ozeans: Lange Strände aus weißem Sand gehen in mystisch anmutende Dünenketten über, die an dichte Pinienwälder grenzen; nach Harz duftende Haine, in welchen die Nadeln der Bäume das Licht in tausend Schattierungen von Grün brechen. Zwischen diesen beiden Welten, im Zentrum der Halbinsel, verbinden schmale Straßen die Dörfer und Naturschutzgebiete miteinander.

Bevor Ana das von ihr für einige Wochen angemietete Strandhaus im Westen der Halbinsel ansteuert, fährt sie die Straße an der Ostseite hinauf bis zum Kap.

Sie erinnert sich, wie das Watt bei Ebbe ein Labyrinth

aus Schilfwiesen, Sandbänken und Wasserarmen freigibt: Marschwiesen, ein feuchtes Reich, das mit dem Zyklus der Gezeiten atmet. Weite, offene Flächen, die von Wasserläufen durchzogen sind, ganz so wie Adern, die das Land nähren. Jetzt, bei Flut, nimmt Ana die endlos scheinende Weite des Marschlands in sich auf.

Vom Kap aus, entlang der Westküste, erstreckt sich ein etwa vier Kilometer langes Kliff mit bis zu dreißig Metern hohen Sandsteinschichten. Im Licht der tief stehenden Sonne scheint die Steilküste von innen heraus zu glühen. Damals – vor zehn Jahren – saß Ana Abend für Abend auf einer der Bänke hinter den Steilklippen und sog die Stimmung in sich ein, die die Luft mit sich trägt, dort, wo Land abrupt auf Meer trifft.

Ana spürt, wie sie in sie eindringen, die Gegensätze dieses Erdenflecks. Das Gleichgewicht und der Kontrast.

Vom Kap aus nimmt sie den Weg über das Inselinnere. Flächen von Farnen spannen sich an beiden Seiten der Straßen entlang – wie ein unendlicher weiter Teppich aus leuchtendem Grün. Ana lässt das Fenster halb hinunter und atmet tief ein. Harz, Piniennadeln, Gräser, Salz. Ein Ort für die Sinne.

Nur wenige Stunden, und ihre Vergangenheit zerrinnt, der Nebel in ihr lichtet sich, die Luft scheint voller Möglichkeiten. Die Schwere verliert ihr Gewicht, wird leicht wie der Atem. Dies hier ist ein Ort, der ihr erlaubt, daran zu glauben, dass es einen nächsten Schritt gibt.

Ana ist hoffnungsvoll. Sie ist angekommen. Angekommen in einer neuen Welt. In einer, in der man im Duft des Windes baden kann. In einem Duft, der mit Licht gefüllt ist.

Inzwischen ist es Nachmittag. Während Ana das Fleckchen Erde bestaunt, steigt in ihr eine Gewissheit auf. Es ist das Gefühl, dass es in einem Leben mehrere Leben gibt. Dass hier an diesem geheimnisvoll anmutenden Ort Entdeckungen möglich sind. Dass selbst eine verlassene, kinderlose Frau in den Vierzigern das Rätsel ihres Lebens lösen kann. Und dass sie herausfinden kann, was und wer sie sein will und wofür sie hier ist, in dieser Welt.

45

Das Haus in den Dünen

Ein Sommer an der Küste. Wasser, Sand, ein unendlicher Himmel. Buttriges Licht, weich und nostalgisch wie auf einer ausgebleichten Postkarte. Das saftige Grün von Gräsern, die sanft geschwungenen Hügel der Dünen. Bäume, durch die ab und an das glitzernde Meer hindurchscheint. Mittendrin die schmale Straße, die schnurgerade durch die Landschaft verläuft.

Wegweiser zum Strandhaus gibt es keine, nur Hinweisschilder, die vor Wildschweinen oder Rehen warnen. Ein Pfad, der in einen winzigen Ort mündet. Also weiter. Immer geradeaus, so hat sie es auf der Karte gelesen. Der erste Weg in ihrem Leben, der einfach geradeaus zum Ziel führt.

Ana kurbelt die Scheibe nun ganz herunter. Spürt den Wind. Riecht das Meer.

Nach den letzten Kilometern zweigen sich viele schmale Wege von der Straße ab, die nur mit Mühe zwei Autos aus verschiedenen Richtungen einander passieren lassen. Aber das scheint ohnehin kaum vorzukommen. Ana fährt durch die Dünenlandschaft, die jetzt, im Nachmittagslicht, etwas Magisches verströmt. Hier braucht man sich mit nichts Unwesentlichem aufzuhalten, hier scheint alles wahrhaftig.

Die Asphaltstraße geht schließlich in feinen Sand über,

und dann ist sie angekommen, an einem kleinen, abgelegenen Haus, das auf dem Kamm eines sacht ansteigenden Dünenhügels steht.

Die mit Holz verkleidete, wettergegerbte Fassade hat über die Jahre hinweg eine silbergraue Patina angenommen. Eine, die in der Sonne schimmert und bei bedecktem Himmel nahtlos mit den Wolken verschmilzt. Eine Veranda umspannt das Haus und öffnet sich auf der meerabgewandten Seite zur Wildnis der Dünen hin und zu einer Holztreppe, die zum Stellplatz hinunterführt.

Ana steigt aus dem Auto und geht wie in Zeitlupe auf ihr neues Zuhause zu, auf dieses seltsame neue Leben, das hier auf sie wartet. Die salzige, sonderbar moosige, dichte, feuchte Luft umfängt sie. Wie eine freundliche Umarmung hüllt die vom Boden aufsteigende Wärme sie ein. Der Himmel liegt in einem warmen Glühen über ihr.

Sie steigt die Holztreppe zur Veranda hinauf und sieht sich um. Wo sie auch hinblickt: Sand. Hier und da wie von Gotteshand in diesen mystischen Landstrich geworfen kleine Strandhäuser. In der Ferne scheint das Meer direkt in den Horizont überzugehen.

Vor ihrer Abreise hat sie sich nicht viele Gedanken über ihr Ziel gemacht. Vielmehr entsprang der Wunsch, hierherzukommen, einer tieferen Sehnsucht, die sie nicht recht benennen konnte. Nun, hier angekommen, fühlt es sich richtig an.

Lange steht Ana auf der Veranda hinter dem Strandhaus und blickt hinaus aufs Meer. Schließlich besinnt sie sich, geht ums Haus herum, steigt die Treppe zum Auto hinunter und öffnet den Kofferraum. Das Gepäck, das sie mit auf ihre Reise genommen hat, ist so nichtig wie ihre Erwartungen bei der Abreise. Sie hebt es aus dem Wagen, schließt den Kofferraum und hievt es die Holztreppe hinauf bis zur Eingangstür. Dort lässt sie es auf die Holzbretter der Veranda fallen, gräbt aus der Erde eines auf der Fensterbank stehenden Blumentopfs einen Schlüssel und steckt ihn ins Schloss. Dreht ihn einmal, zweimal. Mit einem Klick springt die weiß gestrichene Tür auf. Ana tritt ein, durchschweift das Haus. Der Holzboden knarrt leise unter ihren Schritten.

Bodentiefe Sprossenfenster öffnen das Wohnzimmer zum Meer hin, holen die Weite herein und lassen die Grenzen zwischen Innen und Außen verschwimmen.

Sie atmet den Duft von Holz. Auch ein milder Geruch von Wachs hängt in der Luft. Das Haus verströmt den geheimnisvollen Hauch einer Vielzahl von Lebensgeschichten. Durch die Fenster fällt honigfarbenes Licht ein und malt Quadrate voller Wärme auf den Dielenboden.

Ana sieht sich um. Außer in der gut bestückten Küche – selbst der Kühlschrank ist mit frischem Essen gefüllt – sind Schränke und Schubladen leer. Die Zimmer angenehm frei von allen persönlichen Dingen. Im Schlafzimmer sind glatte, reine weiße Laken übers Bett gespannt, von denen Frische aufsteigt.

Etwas Merkwürdiges geht von diesem Strandhaus aus: Es ist das Gefühl, angekommen zu sein.

46

Neubeginn

Nach Monaten, ja Jahren, hat Ana endlich wieder gut geschlafen. Die Sonne fällt in diagonalen Strahlen ins Zimmer. Die Welt blinzelt ihr durchs Fenster zu.

Ana öffnet die bodentiefen, meerzugewandten Sprossenfenster des Wohnzimmers, tritt auf die Veranda hinaus und betrachtet mit einer dampfenden Tasse Kaffee in der Hand die Landschaft, die im Morgenlicht in ihrer ganzen Schönheit sichtbar wird. In der Luft schmeckt sie noch den Tau der Nacht, den Atem der Erde, und ein Duft von feuchtem Schilf umweht ihre Nase. Unwillkürlich dehnt sich das Gefühl der Leichtigkeit in ihr aus. Ihre Augen scheinen heller, ihre Sinne lebendiger zu werden.

Sie blickt in die Ferne und findet sich in einem unfassbaren Staunen wieder: Bis zum dunstverhangenen Horizont ziehen sich die sanften Hügelketten aus hellem Sand. Nur hier und dort sind ein paar Häuser verstreut. Eine Landschaft wie ein Geheimnis.

Sie kann es an der salzigen Luft schmecken: das Meer. Ruhig liegt es da. Das Wasser wie Glas. Und eine ungeheure Stille. Sie stellt ihre Tasse im Haus ab, verschließt die Fenster und spaziert zum Ufer hinunter. Kühl umspülen seichte Wellen ihre Füße, hier und da blitzen kleine silberne Fische auf. Umgeben von der gläsernen Stille des Wassers entspannen sich all ihre Muskeln. Ihre Lunge wird frei und weit. Endlich kann sie wieder atmen, ohne dass sich die Luft an einem Kloß in ihrem Hals vorbeischieben muss. Es ist das Gefühl, richtig zu sein. Und auf dem richtigen Weg. Noch kein neues Leben. Aber eine Hoffnung darauf.

Ein leichter Wind, der einen Hauch von Frische und Helle vom Meer herüberträgt, umschmeichelt ihr Gesicht. Trotz der noch kühlen Morgenluft durchflutet Wärme ihren Körper. Früher ist ihr immer kalt gewesen. Immerzu hat sie gefroren. Sie ist an der Kälte ihrer Mutter erfroren, an der Distanz ihrer Schwester, an der Ablehnung Mikas, an der Zurückweisung der Welt. Jetzt begreift sie: Einsamkeit ist nicht nur eine Empfindung der Leere, sondern vor allem eine der Kälte.

Ihr ganzes bisheriges Leben hat in einen einzigen Koffer gepasst. Schon damals, als sie mit Mika zusammengezogen war, hatte sie nicht viel dabeigehabt. Er war ein Mann, der sorgsam darauf bedacht gewesen war, dass eine Frau nie mit ihrem ganzen Leben bei ihm einzog. Und so hatte sie es schon früh zurückgelassen, ihr Leben. Oder zumindest ihre Möglichkeiten darauf.

Wir leben nur einmal. Wir haben nur dieses eine Leben, können es weder mit früheren vergleichen noch mit späteren korrigieren. Wir müssen es im Hier und Jetzt gut machen. Ob eine Entscheidung richtig oder falsch ist, können wir nie mit Sicherheit sagen. Weil wir nie wissen werden, wie alles verlaufen wäre, hätten wir uns anders entschieden. Wir erleben alles zum ersten Mal und ohne Vorbereitung – Leben ist ein stetiges Ausprobieren und Improvisieren.

Ana wendet sich vom Meer ab und stapft durch die Dünen. Immer wieder sinkt sie fast knöcheltief ein. Dieses Fleckchen Erde umfasst sie, umarmt sie, wärmt sie. Diese unaufgeregte, entspannte Atmosphäre ohne den ständigen Vergleich der Menschen untereinander, der nur das eigene

Leben vergiftet, anstatt es weiterzubringen. Eine wilde Landschaft, in der so viel Stille liegt. Ana hat das Gefühl, in einem Roman herumzuspazieren.

Nach nicht einmal einer Stunde Fußmarsch gelangt sie an eine Stelle, an der sich Ausläufe des Meeres als schmale, seidenblaue Bänder durch Schären von leuchtend grünem Schilfgras ziehen. Ana streicht über die Rispen, die sich unmerklich in der Meeresluft wiegen, bückt sich und fährt mit der Handfläche über die feuchte, sandige Erde. Der Frieden dieser Landschaft dringt in sie ein und lässt sie ganz ruhig werden.

Es hat sich aufgelöst, dieses Gefühl der Fremdartigkeit, das sich bis zu Anas Ankunft auf der Insel in alles eingeschlichen hatte.

Auf dem Weg zurück zum Strandhaus spürt Ana den Übergang von einem auf den anderen Moment. Diese hauchdünne Zeitmembran. Und es kommt ihr vor, als sei ihr zukünftiges Ich in diesem Augenblick entschieden.

47

Margret

Margret ist eine mittelgroße, feingliedrige Dame von neunundsechzig Jahren. Ihr zu einem Knoten gebundenes Haar ist von einem zart gebläuten Weiß, wie man es oft von älteren Damen kennt, die auf ihre Erscheinung besonderen Wert legen. Die Haut ihres Gesichts wirkt leicht zerknittert, wie hauchfeines Seidenpapier, schimmert jedoch durch einen zarten Puderschleier in einem frischen, leichten Rosa. Trotz ihres welkenden Alters kleidet sich Margret recht modern, was ihrer Gestalt etwas Frisches verleiht. Als sie Ana zum ersten Mal begegnet, trägt Margret eine fließende Seidenbluse, die in der Meeresbrise leise raschelt und deren Perlmuttknöpfe im schwindenden Licht schillern. Um ihre Schulten liegt ein leichter Kaschmirschal in einem Lavendelton. Die Hose, elegant geschnitten aus feinem dunkelblauen Baumwollstoff, schmiegt sich um ihre Beine. Ihre Füße stecken in schlichten, flachen braunen Ledersandalen. Unter Margrets apartem Äußeren verbirgt sich eine unkonventionelle, kluge und aufmerksame Frau, die haarscharf beobachtet und kleinste Schwingungen registriert. Eine Seismologin, wenn es um emotionale Tektonik geht. Das Auffälligste an ihr sind ihre leuchtend blauen Augen, die glasklar erscheinen und sich während eines Gesprächs je nach Gefühlslage in Farbe und Leuchtkraft verändern. Sie strahlen auf, wenn sich Margret über etwas besonders freut, zeigen sich in Trauer dunkel verschattet, glänzend bei Rührung und tiefer werdend beim Nachdenken. Diese Augen sind es auch, die Ana sofort auffallen.

Margret und Ana sehen sich zum ersten Mal dort, wo sich die Wellen an den Klippen des vorspringenden Kliffs brechen. Dort, wo die aufsteigende Gischt wie der Atem der Welt erscheint.

Ana steht nachdenklich am Aussichtspunkt, als Margret sich ihr nähert. Die elegante, ältere Dame macht gerade ihren gewohnten Abendspaziergang über den Küstenpfad entlang des Kliffs bis zum Spitz der Halbinsel, als sie die junge Frau entdeckt. Als sie näher an Ana herantritt, scheint es, als verschmelzten die Umrisse der älteren mit denen der jüngeren Frau.

»Sie sind neu hier«, spricht Margret Ana an.

»Woher wissen Sie das?«

»Ich kenne hier jedes Gesicht. Sie haben sich für eine Weile ein Haus in den Dünen gemietet.«

»Sie kennen also nicht nur jedes Gesicht, sondern auch jede Geschichte.«

»Das wäre etwas viel.«

»Ich brauchte ein wenig Abstand.«

»Jeder, der hierherkommt, will etwas hinter sich lassen.«

»Sie kennen also doch jede Geschichte.«

»Ich weiß nur, dass niemand eine einfache hat. Und dass keine Geschichte die ganze Wahrheit erzählt. Wir alle haben unsere geheimen Geschichten, unsere gesammelten Tragödien.«

Ana blickt sehnsüchtig in die Ferne.

»Möchten Sie Ihre erzählen?« fragt Margret ohne Umschweife.

Ana empfindet diese fast schon kühne Neugierde seltsamerweise nicht wie sonst als etwas Grenzüberschreitendes, sondern als ehrliches Interesse ihr gegenüber. Die Antwort kommt ihr leicht von den Lippen:

»Meine Geschichte lässt sich in einen Satz fassen: Eine Frau über vierzig ohne Mann und Kinder ist erledigt.«

»Die Geschichte, die mich vor zwanzig Jahren hierherbrachte, dreht Ihre Auffassung um: Eine Frau über vierzig mit Mann und Kindern ist erledigt«, sagt Margret.

Ana schmunzelt. Diese ältere Dame gefällt ihr.

»Wir alle durchleben an irgendeinem Punkt unser eigenes Drama, unsere eigene Katastrophe.«

Ana nickt.

»Verlassen oder verlassen worden?« fragt Margret.

»Letzteres«, sagt Ana leise. »Und Sie?«

»Ersteres.« Margret hält kurz inne. »Sehen Sie, auch das, was Sie sich vielleicht wünschen – Mann und Kinder –, ist manchmal nicht auszuhalten.«

»Und wie ich mir das gewünscht habe! Ein Kind!«, entfährt es Ana. »Er hat es sich nie gewünscht. Zumindest nicht mit mir. Und jetzt hat er eins. Mit einer anderen.«

»Nicht selten lieben wir die Vorstellung einer Sache mehr als die Sache selbst, ma chère.«

»Dennoch hätte ich gern eine Familie.«

»Dafür ist es ja noch nicht zu spät. Und im Übrigen muss eine Familie nicht immer Mann und Kinder bedeuten.« Margret blickt in die Ferne. »Ich kann Ihren Wunsch verstehen. Die meisten von uns sehnen sich danach. Kein Wunder. Auf Plakaten oder in der Werbung lachen uns ausschließlich glückliche Familien an. Eine Ehe mit Kindern wird gern romantisiert. Niemand sagt einem, dass die repetitive, unsichtbare Arbeit als Mutter zermürbend ist. Und dass die meisten Ehen an Kindern nicht wachsen, sondern scheitern. Die Brüche einer Beziehung bleiben oft lange unter der Oberfläche, bis eine Ehe schließlich die Frakturen der Zeit zeigt.«

»Es gibt auch Ausnahmen.«

»Die gibt es immer. Eine Partnerschaft bedeutet Arbeit, Arbeit, Arbeit. Sie hält nur, wenn beide zu unterschiedlichen Zeiten den Willen besitzen, sie zu retten. Wenn die Partner in düsteren Zeiten nie gleichzeitig aufgeben wollen. In einer Beziehung wird also ständig mindestens einer gebraucht, der sie zusammenhält. Einer muss die Feuerstelle bewachen, damit sie nicht erlischt. Mir hat mal eine Freundin gesagt, sie und ihr Mann seien nur deshalb noch zusammen, weil sie sich nie zur gleichen Zeit trennen wollten.«

Ana lacht.

»Glauben Sie mir, junge Frau«, fährt Margret fort, »das Geheimnis einer guten Ehe bleibt ein Geheimnis. Wenn ich Ihnen etwas raten darf: Am besten ist ein Liebhaber. Liebhaber sind immer geduscht, gut gelaunt und spendabel!«

Wieder muss Ana lachen.

»Aber allein wegen eines Mannes sind Sie nicht davongelaufen, nicht wahr?«

Wie direkt diese Frau mit mir spricht, dachte Ana. Jedem anderen würde sie ein solches Verhalten übel nehmen, aber ihr? Sie hatte etwas so Ehrliches an sich, etwas so Versöhnliches.

»Nicht nur wegen des Mannes«, sagt Ana schließlich. »Die Siebenmeilenstiefel des Misserfolgs haben mich weit von dem Leben weggetragen, das ich führen will. Viele Katastrophen. So rasch nacheinander und mit einer solchen Wucht, dass ich einfach fortmusste.«

»Sie mussten fort? Oder wollten woanders hin?«

»Macht das einen Unterschied?«

»Nun, wenn Sie nur fortwollten, rennen Sie bloß vor etwas weg. Hingegen, wenn Sie woanders hinwollen, kommen Sie auch an.«

»Sie scheinen auf alles eine passende Antwort zu haben«, schmunzelt Ana.

»Das täuscht. Ich bin nur eine sehr neugierige Frau und habe trotz meines Alters noch Momente der Klarheit. Antworten, das ist doch alles, was wir suchen. Unser ganzes Leben lang.«

»Und unseren Platz in der Welt.«

Margret nickt.

Eine Weile blicken die beiden Frauen auf das im Abendlicht glitzernde Meer. Sie beobachten, wie sich Schiffe vom Land lösen und in die Weite stoßen. Wie deren große Schiffskörper auf die Ferne zusteuern, wie sie kleiner und kleiner werden, bis die Welt sie irgendwann in ihre Krümmung nimmt, wie sie langsam sinken und schließlich am Horizont verschwinden.

»Früher«, sagt Margret in die Stille hinein, »als es noch keine Flugzeuge gab, bildete die Dauer einer Reise die Länge der Entfernung ganz natürlich ab. Man brauchte nicht selten Tage, um ein Ziel zu erreichen, und war an Langsamkeit gewöhnt. Wir lebten die einzelnen Stationen. Die Trennung vom Festland. Den Aufbruch übers Meer. Das Loslassen. Das Sich-treiben-Lassen. Das Ankommen. Heute kommt unser Herz gar nicht mit. Es hinkt hinterher. Wie soll man da herausfinden, welche Richtung sich stimmig für uns anfühlt und wo man hingehört?«

»Heute gehen wir für solche Kartierungsprozesse zum Psychiater«, sagt Ana. »Auch ich bin einige Monate zu einem gegangen. Und wenn ich mich nicht irre, hat sich sein psychischer Zustand durch meine Besuche durchaus verbessert.«

»Das kommt vor«, erwidert Margret lächelnd, »in Städten, in denen selbst die Probleme Probleme haben, verdient jeder eine Therapie.«

Ana schmunzelt. »Irgendwann haben auch Antidepressiva und Reden nichts mehr genützt. Und mein Selbstmitleid schon gar nicht. Die Ereignisse haben sich überschlagen, und ich bin völlig vom Kurs abgekommen.«

»Vielen geht das so«, sagt Margret, »die Welt dreht sich von Tag zu Tag schneller. Da kann es schon vorkommen, dass es jene aus der Bahn wirft, deren Leben nicht schwer genug wiegt. Und genau deshalb braucht jeder von uns etwas, woran er sich festhalten kann.«

»Und warum sind Sie hier?«, fragt Ana nach Minuten der Stille.

»Auch ich habe etwas zu verbergen, worauf ich nicht stolz bin. Wie wir alle. Je älter wir werden, desto mehr haben wir zu verstecken.«

»Sie sehen nicht so aus, als hätten Sie irgendetwas zu vertuschen.«

Margret hebt die Brauen. »Bei jedem findet man etwas, wenn man sucht. Ich bin keine Ausnahme. Hinter jedem Fenster duckt sich irgendein Elend, meine Liebe. Den einen trifft es früher, den anderen später.«

»Manche scheinen mir ganz unbescholten durchs Leben zu kommen.«

»Wir kennen nie die ganze Geschichte. Und wissen nie, was noch kommt. Jeden kann treffen, was irgendjemanden treffen kann.«

»Was war es bei Ihnen?«, fragt Ana.

»Auch ich habe etwas hinter mir gelassen. Vor vielen, vielen Jahren.«

»Sie sind auch weggegangen?«

»Wollen Sie die Kurzfassung?« fragt Margret.

Ana hebt die Schultern.

»Nach der Geburt unserer Söhne schwamm ich jahrelang unter Wasser. Mein einziges Ziel war es, nicht zu ertrinken. Als die Jungs erwachsen wurden und begannen, ihre eigenen Wege zu gehen, tauchte ich wieder auf und stellte fest, dass über mir ein heftiger Sturm tobte. In meinem Leben war ein Unwetter ausgebrochen. Also kämpfte ich mich durch die Wellen, um zum nächstliegenden Schiff zu gelangen. Doch auf halber Strecke begriff ich, dass ich es gar nicht zu diesem Schiff schaffen wollte, denn dieses Schiff war meine Ehe, und mir wurde auf einmal klar, dass die Rettung auf dieses Schiff mein Ertrinken bedeuten würde.«

Stille.

Die Ehrlichkeit und Offenheit dieser Frau macht etwas mit Ana. Nach einem Moment des Schweigens fragt sie: »Und die lange Version?«

»Ich fühlte mich in meiner eigenen Familie fremd und grässlich unwohl. Das haben meine Freundinnen nie begriffen. Als hätte Einsamkeit etwas damit zu tun, ob und wie viele Menschen man um sich hat. Es geht doch allein darum, ob und wie sehr man sich von ihnen verstanden und mit ihnen verbunden fühlt und ob man in ihrer Gegenwart man selbst sein kann.« Margret setzt sich auf eine Bank und klopft auf den freien Platz neben sich. »Im Sitzen erzählt es sich besser.«

Ana setzt sich neben die Dame und hört zu.

»Der Charakter meines Mannes hat sich mir erst offenbart, als unsere Söhne geboren waren. Im Wettstreit darum, wer stärker an der ungeahnt anstrengenden Elternrolle litt, wollte er immer an mir vorbeiziehen. Obwohl er selbstverständlich fast nie da war. Überhaupt jammerte er gern über die kleinste unerwartete Normalität. Ihm ging es immer am schlechtesten. Gründe dafür fand er zur Genüge. In all unseren Ehejahren gab es nur ihn und seine Bedürfnisse. Er drängte mich in meiner eigenen Geschichte an den Rand. Erst als ich begriff, wie unterwürfig ich meinem Mann gegenüber nach und nach geworden war, begann ich, über all die Jahre mit ihm nachzudenken und über einen möglichen Ausbruch aus den Zwängen dieses vermutlich nicht ungewöhnlichen Lebens. Doch immer wieder löschte die Angst all meine Überlegungen zu einer möglichen Flucht aus. Und so blieb ich. Ein Jahr länger, zwei. Eines zu viel, zwei zu viel ... Und führte weiterhin das eng umrissene Leben einer Mutter, die sich für Mann und Kinder selbst aufgab.«

Ana hört zu. Auch lauscht sie Margrets Pausen, die ihr ebenso viel erzählen wie die Geschichte selbst.

Margret fährt fort: »Meine Söhne kopierten recht schnell die Abfälligkeit ihres Vaters mir gegenüber. Wenn man das Gefühl hat, die anderen verstehen einen nicht, sie kennen einen nicht, ist man sehr einsam. Wenn dies die eigene Familie ist, ist es noch schrecklicher. Mein Mann und meine beiden Söhne haben mich jahrelang scheußlich behandelt. Ich habe mich oft gefragt, wie lange man eine solche Respektlosigkeit über sich ergehen lassen muss, wie viel sich die eigenen Kinder erlauben dürfen, bis eine Mutter gehen darf. Und ich bin zu dem Schluss gekommen, dass eine Mutter aus gesellschaftlicher Sicht nie gehen darf.

Wie sehr ich mich fortgesehnt habe in ein anderes Leben! Nicht selten habe ich mich gefragt, wie viele Möglichkeiten, wie viele nicht gelebte Alternativen ich wohl hatte. Aber ohne Mut konnte keine je Wirklichkeit werden. Und dann kam irgendwann der berühmte letzte Tropfen, und ich hielt es nicht mehr aus. Wenn ich geblieben wäre, wäre ich zugrunde gegangen.«

Margret atmet tief ein und aus, dann erzählt sie weiter: »Sie hatten wie in jedem Jahr meinen Geburtstag vergessen. Mein Mann und meine beiden Söhne. Da habe ich plötzlich verstanden, was ich ihnen bedeute, oder vielmehr, was ich ihnen nicht bedeute. Mein Mann hatte sich ohnehin schon eine ganze Weile von unserem gemeinsamen

Ufer gelöst und trieb mitten in der Strömung, die Männer seines Alters zuweilen erfasst. Er war nie der Treueste gewesen und hatte seine alten Gewohnheiten wiederaufgenommen.

Es ist eine Sache, etwas zu ahnen, eine andere, etwas zu wissen. Irgendwann war mir schlagartig bewusst: Meinem Mann lag an mir so viel wie einem Geschirrspüler am Geschirr. Das war immer so gewesen. Ich habe bloß Jahre gebraucht, um die Wahrheit zu vertragen.

Eines Tages wachte ich auf und begriff, dass in meinem Leben nichts so war, wie ich es mir wünschte. Ich war eine betrogene Frau, die nach drei Jahrzehnten Ehe feststellt, dass inzwischen auch sie nichts mehr für ihren Ehemann empfindet, keine Freude an seiner Gesellschaft hat, keine Neugier auf das, was er jemals sagen oder denken könnte, und schon gar nicht mehr den Wunsch, ihm zu gefallen. Geachtet und gewürdigt hat mich mein Mann nie wirklich. Im Gegenteil, er konnte grausam sein, auf die niederträchtige Art. Allmählich ist dann auch in mir das Gefühl von Liebe abgestorben und jegliche Sympathie für ihn erschöpft. Mein Mann ist ein Mensch von der Art, aus deren Mund kleine Seifenblasen schäumen, wenn sie reden. Kurz hängen die runden Bläschen in der Luft, schillern eine Sekunde lang in allen Farben des Regenbogens, um gleich darauf zu zerplatzen, ohne dass auch nur irgendetwas übrig bleibt.

Und meine Söhne? Für sie habe ich gelebt, aber keiner von beiden hat je mit mir gelebt. Sie interessierten sich nur für sich selbst. Solange ich ihr Leben schön sauber hielt von Arbeit und Problemen, war ich gut genug. Sie kamen ganz nach ihrem Vater. Irgendwann waren sie junge Männer, die ihre Semesterferien damit verbrachten, wohlhabenden, dahinwelkenden Schönheiten an irgendwelchen Stränden dabei behilflich zu sein, sich mit Sonnencreme einzureiben. Oder aber sie frischten ihr Konto damit auf, am Beckenrand von Pools der Luxus-Resorts zu sitzen – den Aquarien der schwindenden Grazien – und den die ewige Jugend anstrebenden Frauen über den Rand der Sonnenbrille hinweg zuzublinzeln.«

Ana macht große Augen.

»O ja«, sagt Margret, »ich kannte das ganze triste Ausmaß von ehelicher und familiärer Ernüchterung. War jahrelang so voll von Kindern und Mann, dass ich kaum noch wusste, wo meine Familie aufhörte und ich anfing. Du glaubst, du gehörst irgendwo hin, doch tatsächlich gehörst du nirgendwo hin. Nicht einmal zur eigenen Familie.

Wir wohnten in einem kleinen Ort. An kleinen Orten ist es schwieriger, man selbst zu sein. Die Grenzen sind enger, der Druck ist höher. Eine Weile lang verweigert man sich der eigenen Realität, will nicht wahrhaben, dass man Jahre zuvor falsch abgebogen ist und sich verloren hat. Doch früher oder später blickt sie einem direkt ins Gesicht, die Wahrheit, wenn man in den Spiegel schaut. Gefühle kann man nur für bestimmte Zeit unterdrücken, Medikamente helfen eine Weile, dass der Verstand einen Teil von sich nicht erkennt. Und irgendwann geht einem das eigene Elend auf die Nerven. Wenn du es nicht magst, änderst du's. Denn jeder muss letztendlich selbst seinen Platz finden.«

Margret hält nochmals inne und stößt einen Seufzer aus. »Ich habe es zunächst mit kurzen, sporadischen Urlauben nur für mich allein versucht. Doch zurück zu Hause, nahm ich das gewohnte Leben wieder auf, das in der atmosphärischen Kälte immer mehr zu schrumpfen schien. Ich fiel in die alten Rollenmuster zurück, versuchte, es allen anderen recht zu machen, und blieb selbst auf der Strecke. Ich musste erst noch zu der Frau werden, die die Dinge von allen Seiten aus betrachtet. Musste mich erst noch für das Leben entscheiden, das ich führen wollte.

Irgendwann lag es mir dann auf der Zunge, das winzige

Tröpfchen destillierter Wahrheit, als ich versuchte, Jahrzehnte voller Lügen zu schlucken: ›Es reicht!‹

In diesem Moment ist mir klar geworden, dass Vergangenes nie vergangen bleiben würde, solange ich blieb. Ich musste gehen und von vorn beginnen. Leben braucht Taten, um voranzukommen.

Wir sind die Einzigen, die unser Leben ändern können. Niemand sonst. Wir sind keine Opfer. Man verdient zwar nicht alles, aber vieles, was man bekommt.

Lassen Sie sich von einer älteren Frau wie mir sagen: Man kann immense Kräfte daraus schöpfen, wenn man jemandem, der einem einst viel bedeutete, völlig unwichtig geworden ist.

Ich hatte dreißig unterwürfige Jahre loszuwerden, und glauben Sie mir, mit jedem Schritt von zu Hause fort wurden es einige Gramm weniger. Und als ich schließlich hier angekommen bin, waren mir alle diese Jahre kilogrammweise von den Schultern gefallen, und ich konnte zum ersten Mal wieder gerade gehen.«

»Sie sind einfach gegangen? Ohne ein Wort? Ohne einen Brief?«

»Nun, gesagt habe ich in all den Jahren weiß Gott genug.« Margret hob den Blick in den unendlichen Himmel und fuhr dann fort: »Lange war ich hin- und hergerissen zwischen dem Wunsch, meinem alten Leben zu entkommen, und dem Plan, in einem neuen Fuß zu fassen. Lange bin ich auf diesem dünnen Streifen zwischen Wunsch und Wirklichkeit balanciert. Und irgendwann hat es gereicht. Irgendwann war es zu viel. Man kann zwar einen entscheidenden Teil von sich verlieren, wenn man ein altes Leben aufgibt, man kann aber auch einen entscheidenden Teil von sich gewinnen.

Ich konnte nicht mehr. Und ist es nicht so, dass man im Schmerz häufig am klarsten sieht?

Schließlich bin ich einfach gegangen. Ohne Ankündigung bin ich von einem Moment auf den anderen verschwunden. Wenn sie hingesehen hätten, meine drei Männer, hätten sie zumindest einige der vielen Zeichen bemerkt. Aber nach einer solchen Ignoranz habe ich mich für sie sozusagen aufgelöst. Ohne auch nur die geringste Spur zu hinterlassen. Denn ist es nicht manchmal einfach so? Da ist das Leben zum Davonrennen.« Sie zwinkert Ana zu. »Letzten Endes bin ich über die Mauer gesprungen, gegen die ich zuvor jahrzehntelang gerannt bin.«

Um Anas Mundwinkel schleicht sich ein Lächeln. »Dieser Sprung muss viel Kraft gekostet haben.«

»Lange nicht so viel, wie wenn ich geblieben wäre. Und ja, als ich schließlich im Taxi saß und mich noch einmal umdrehte, um einen letzten Blick auf das Haus, auf mein altes Leben zu werfen, hatte ich das Gefühl, dass ein Teil von mir zurückblieb. Ein Teil, der mir fortan immer fehlen und nach dem ich immer suchen würde, wo auch immer ich hinginge. Ich lüge, wenn ich sagen würde, dass es nicht so ist. Wir können nie alles hinter uns lassen, ohne einen Teil von uns.«

»Und Sie hatten keinen konkreten Plan, wo Sie hinwollten? Sie sind einfach losgereist?«

»Ich hatte keinen blassen Schimmer! Ich wusste nicht, was vor mir lag. Was aber vielleicht viel schlimmer war: Ich wusste auch nicht, was hinter mir lag. War es Hoffnung? War es Leere? Vor allem wohl waren es Illusionen.«

»Sie müssen sich schrecklich allein gefühlt haben.«

»Tun wir das nicht alle immer mal wieder? Wissen Sie, mir hat einmal jemand gesagt, die zweite Lebenshälfte verbringt man damit, unerwünschte Menschen aus der ersten Lebenshälfte loszuwerden.«

Ana schmunzelt. »Und Ihre Familie weiß noch immer nicht, wo Sie heute sind?«

»Wenn sie es wissen wollen, sage ich es ihnen. Sie haben nie danach gefragt. Ich weiß nicht, ob aus Desinteresse, Unverständnis oder Wut. Inzwischen habe ich mit meinen Söhnen einen sporadischen E-Mail-Kontakt. Es ist mir wichtig, zu erfahren, wie es ihnen geht und was sie machen. Man hört schließlich nicht auf, sie zu lieben. Und, ja, selbstverständlich fehlen sie mir. Aber sie haben mir bereits gefehlt, als wir noch alle unter einem Dach wohnten.«

»Sie haben wirklich nie daran gedacht, zurückzugehen?«

»Zurückzugehen wäre eine Lüge. Und Lügen ziehen gewöhnlich weitere Lügen nach sich. Der Griff nach meinem Koffer damals, der markierte den Beginn vom Rest meines Lebens.«

»Aber Ihre Kinder? Waren die bereits aus dem Gröbsten raus?«

»Kinder sind nie aus dem Gröbsten raus!« Margret lacht. »Als ich gegangen bin, waren die Jungs bereits sechsundzwanzig und vierundzwanzig. Ich war neunundvierzig. Das war vor zwanzig Jahren!«

»Vor zwanzig Jahren«, wiederholt Ana nachdenklich. »Die Familie hinter sich lassen und in die Leere hinausziehen. Hatten Sie denn keine Angst?«

»O doch! Ich habe mir in die Hosen gemacht! Als ich ging, ließ ich den Glauben an ein gutes Leben ebenso zurück wie meine Familie. Ich hatte solchen Schiss! Aber wenn wir es zulassen, gärt Angst in unseren Gedanken wie Hefe.«

»Ich kann mir vorstellen, dass es viel braucht, bis eine Mutter ihre Sachen packt und irgendwo ein neues Leben anfängt.«

Margret nickt und sagt: »Es hat lange gedauert, bis ich gegangen bin. Man muss bereit sein, um ein neues Leben zu beginnen. Irgendwann war es genug. Aber wissen Sie, die Zeit hat die Einzelheiten zerstreut. Und die Erinnerung trifft eine seltsame Auswahl. Die guten Erfahrungen rieseln oft hindurch wie Wasser durch ein Sieb, während die schlechten wie kantige Steinchen darin hängen bleiben. Ich habe oft mein Gewissen und mein Gedächtnis befragt. Und auch wenn ich weiß, dass beides unzuverlässig ist, weil wir unsere Erinnerungen mit jedem Erinnern verändern und sie mit neuen Sichtweisen anreichern, so kam ich doch immer zum gleichen Schluss: dass es richtig war zu gehen.«

Die Frauen schweigen eine Weile. Sie beobachten die am Himmel kreisenden Möwen und die sich verändernden Farben des Abendlichts. Die Ränder der Wolken von einem Gold durchglüht, das Licht butterweich.

Irgendwann sagt Margret: »Mir ist bewusst, dass unsere Interpretationen durch unseren persönlichen Blickwinkel, durch unsere Überzeugungen und Sehnsüchte gefärbt sind und sich meine Familie vermutlich anders erinnert und ihre eigene Sicht auf die Dinge hat. Allerdings kam es mir damals vor, als hätten sie mir einen Sack voller Dunkelheit mit auf den Weg gegeben. Ich brauchte Jahre, um zu begreifen, dass auch das ein Geschenk war.«

»Ist dieser Teil Ihres Lebens endgültig vorbei? Reichen zwei Jahrzehnte aus, um einen solchen Verlust zu überwinden?«

»Es gibt immer wieder Augenblicke, in denen die Zeit einstürzt und der Schmerz durchbricht. Das wird auch immer so sein. Das ist der Preis, den ich für mein neues Leben zahle.«

Allmählich wird der Himmel blasser und blasser, dann durchsichtig und füllt sich schließlich mit dem Schwarz der Nacht.

»Zeit aufzubrechen«, sagt die ältere Dame. Sie greift nach Anas Hand, drückt sie zweimal fest und macht sich dann auf den Weg.

48

Die Frage des Anfangs

Die Stelle, an der wir mit dem Erzählen einer Geschichte beginnen, entscheidet über die Empathie und das Urteil unserer Zuhörer.

Ein und dieselbe Geschichte klingt ganz anders, wenn man sie von verschiedenen Stellen aus zu erzählen beginnt. Erzählen wir von einer Mutter, die eine Familie verlässt, urteilen wir hart über sie. Beginnt dieselbe Geschichte aber um Jahre früher, mit der Erniedrigung durch ihren Mann, mit dem respektlosen, verletzenden Verhalten ihrer Kinder, wird die Entscheidung, die Familie zu verlassen – also die Mitte der Geschichte –, nachvollziehbar, und man hat Mitleid mit dieser Frau.

Und genauso ist es im Leben. Wir können uns nie ein Urteil erlauben, da wir immer weiter in der Zeit zurückgehen können und sich der Eindruck, den eine Geschichte bei uns hinterlässt, dadurch stetig ändert.

Der Beginn einer Erzählung entscheidet über die Annahmen, die wir treffen und für Wahrheiten halten. Ein Urteil wird einem Menschen daher nie gerecht. Es gibt mehr Wahrheiten, als wir denken. Viel mehr, als wir wissen. Und als uns irgendwer erzählt.

49

Rückblicke

Zurück im Strandhaus. Wenn Ana ehrlich zu sich ist, und das ist sie jetzt zum ersten Mal, hatte sie Mika, schon lange bevor er sie verlassen hat, nicht mehr gespürt. Sie lagen schon immer in Gefühlsdingen weit auseinander. Bei ihr genügte ein winziges Ereignis, wie etwa ein fremdes Gesicht in Tränen, und ihre Gefühle schlugen in mächtigen Amplituden aus. Sie empfand Mitleid. Ihn jedoch vermochten selbst Schreckensbilder nicht aus dem emotionalen Gleichgewicht zu bringen. Dieser Unterschied des Empfindens wurde mit den Jahren ihrer Beziehung immer größer. Und mit diesem Abstand lag auch eine zunehmende Entfremdung zwischen ihnen. Nicht selten empfand sie ihr gemeinsames Leben als trostlos und kalt. Als einsam. Und zog sich immer weiter daraus zurück. Rückblickend war Mika von Tag zu Tag weniger der Mann, für den sie sich einst entschieden hatte, oder aber sie wurde mehr und mehr zu der Frau, die sie eigentlich ist.

Wann stirbt eine Liebe? Geschieht es plötzlich, oder ist es ein schleichender Prozess? Ana findet keine Antwort auf diese Frage, einzig gesteht sie sich jetzt ein, dass sie Mikas Untreue hätte bemerken müssen, wenn sie es hätte sehen wollen. Lange Zeit schon vor der Trennung hatte er sie nicht mehr berührt. Seine Ignoranz dem Leben und Leid anderer gegenüber hatte ihm das Warme, das Menschliche genommen, das sie so sehr in einer Beziehung brauchte und vermisste. Sie hatte sich zwar nie nach leidenschaftlichen Stunden einer heimlichen Affäre gesehnt, aber nach Echtheit, nach der Nähe in Gedanken. Nach einer Berührung der Seelen. Nach diesem seltenen, besonderen Gefühl, das zwei Menschen verbindet, die zusammengehören. Nach diesem Gefühl, dem eine Stärke entwächst, die mit nichts anderem vergleichbar ist. Der Zuversicht, dass man alles schaffen kann.

Zum ersten Mal kann Ana den Weg nachzeichnen, der sie in die Sackgasse geführt hat. An irgendeinem Zeitpunkt in ihrer Beziehung mit Mika hatte sie sich selbst aus ihrem eigenen Leben herausgeschnitten, so wie man eine Figur aus einer Geschichte schneidet.

Wie gut es sich jetzt anfühlt, nicht mehr das Gewicht von Mikas Händen auf ihrem Rücken zu spüren, das sie jahrelang in die von ihm gewählte Richtung geschoben hat.

Sie ist endlich zurück in ihrem eigenen Leben, zu ihren eigenen Bedingungen.

50

Freundschaft

Von dem Moment an, als Ana Margrets Stimme zum ersten Mal gehört hat, fühlte sie sich auf besondere Weise mit der älteren Dame verbunden. Schon in Margrets ersten Worten war ihre Sensibilität und Wärme zu spüren, obwohl sie anfangs in den Gesten noch sparsam blieb. Doch spätestens als sie beim Abschied die Hand flach auf Anas gelegt und diese leicht gedrückt hat, wusste Ana um das seltene und bedeutende Geschenk dieser Begegnung.

Margret mit ihrem offenen Gesicht und ihren weichen Zügen hat für Ana eine heilende Ausstrahlung, die bis tief in sie hineinstrahlt.

Seit Anas Großmutter gestorben war, hatte sie sich bis zur Begegnung mit Margret nie wieder jemandem so verwundbar gezeigt. Diese fremde Frau hörte ihr einfach zu, ohne zu urteilen. Margret, mit ihrem alles sehenden Blick, öffnete Ana die Augen.

Als sich die beiden wenige Tage später zufällig wieder an derselben Stelle am Meer treffen, sagt Ana: »Wie kann es sein, dass meine ersten Gespräche mit Ihnen so viel ehrlicher sind, als je ein Gespräch mit meiner Mutter war? Ich glaube, sie hat mir nie zugehört. Seit ich denken kann, hat sie Pillen genommen, um mit dem Alltag fertigzuwerden.«

»Nun, wie vertraut man jemandem sein Leben an, der seins selbst nicht aushält?«

»Sie hat es sich immer so schwer gemacht. Und ich befürchte, ich tue dasselbe. Vielleicht bleibt es einigen von uns nicht erspart, sich mindestens einmal im Leben selbst eine Hölle zu erschaffen.«

»Manche Leben bestehen aus nichts anderem«, sagt Margret. »Jeder findet seine eigenen Wege zum Unglück.«

Die Frauen schauen sich lange an. Dann lächeln beide. Und obwohl es ganz sachte zu regnen beginnt, will keine von beiden gehen.

»Und jetzt wechseln wir zum ›du‹«, sagt die Ältere und reicht der Jüngeren die Hand. »Margret.«

»Ana.«

»Freut mich, Ana«, sagt Margret.

Beide schweigen eine Weile. Stehen eng nebeneinander im letzten Glanz des Abends. Das Licht der sinkenden Sonne fällt in schrägen Bahnen durch einen Vorhang aus Nieselregen und taucht den Sand in ein leuchtend goldenes Feld, als stehe es in Flammen. Gegenüber zeichnet sich am Himmel ein Regenbogen ab. In der Ferne glänzt silbern die See.

»Ich weiß nicht, wie man das macht: richtig leben«, sagt Ana.

»Woher soll man auch wissen, wie man leben soll?«, sagt Margret. »Bevor wir als junge, unerfahrene Menschen das wirkliche Leben kennenlernen, imaginieren und formen wir es uns aus dem Abglanz dessen, was andere uns darüber erzählen, aus Zeitungen oder Filmen. Vor der eigenen Erfahrung haben wir unweigerlich fremde Bilder in unserem Kopf. Unsere Entscheidungen beruhen nicht selten auf den Eindrücken und Einflüssen anderer. Dann kommt die Realität mit all ihren Hürden und Unwägbarkeiten, und wir glauben, das Schicksal sei uns besonders unhold. Doch eigentlich hatten wir nur falsche Vorstellungen. Das tatsächliche Problem ist, dass sich Illusionen nicht so leicht herunterschütteln lassen wie Quecksilber in einem Thermometer. Das braucht Zeit und viele Zusammenstöße mit der Wirklichkeit. Niedrige Erwartungen zu haben, ist die glücklichere Variante. Dann wird man nicht so oft enttäuscht. Und denke nicht, nur dir geschehe so viel Schreckliches. Jeder Mensch hat zwar sein eigenes Schicksal, aber jeder hat eines. Das Schicksal formt uns, unsere Persönlichkeit, unseren Charakter. Niemand weiß, wie man lebt. Leben ist ein Ausprobieren. Versuch und Irrtum. Einige schlechte Erfahrungen könnten wir uns sicher ersparen, wenn wir Bücher lesen und die Biografien von anderen, die vor uns gelebt haben, studieren würden. Aus den Geschichten anderer können wir lernen, ohne alles selbst erlebt haben zu müssen. Doch das Dumme ist, dass wir auf solche Gedanken meist sehr spät im Leben kommen. Wenn wir also schließlich bereit sind, uns zu fragen, wer wir sind und wie wir leben wollen, sind bereits viele Dinge und Erfahrungen auf uns eingestürzt und haben uns geprägt. Bilden den Sockel für unser weiteres Leben, auf dessen Grundlage wir die Welt interpretieren. Das Tragische daran ist, dass jene mit einem schlechten Fundament meist größere Schwierigkeiten haben, sich ein gutes Leben aufzubauen. Das Hoffnungsvolle hingegen ist, dass solche Menschen ein hochsensibles Maß für Glück haben und es oft nur wenig braucht, damit sie sich glücklich fühlen. Während jene ohne negative Erfahrungen, ohne Spuren des Erlebens, keinen Maßstab für das wahre, echte Glück haben. Wenn in Kindheit und Jugend alles gut lief, man von einem hohen Plateau aus ins Leben gestartet ist und alles Gute als gegeben hinnimmt, schlägt die Amplitude der Glückseligkeit bei positiven Erfahrungen viel niedriger aus. Solche Menschen sind im späteren Leben tendenziell unglücklicher.«

»Wo hast du das nur alles her?«

»Ich lese viel. Und bin einige Jährchen älter als du.«

Margrets Sätze wirken in Ana nach.

»Irgendwie bin ich nicht normal«, entschlüpft es ihr schließlich.

»Na, normal ist hoffentlich das Letzte, was du sein willst. Aber du bist nicht verrückt. Vielleicht manchmal etwas depressiv – was in dieser Welt nicht unnormal ist. Vermutlich ist es sogar normaler, hin und wieder deprimiert zu sein als immer gut aufgelegt. Ich traue diesen Menschen nicht, die nichts umhaut, egal, was passiert. Wenn du mich fragst, haben die ein Problem. Nicht du.«

»Oft habe ich nicht dazugehört. War außerhalb. Außerhalb von Gruppen, von Gesprächen, des Geschehens. Ich glaube, die Leute finden mich sonderbar.«

»Was heißt schon sonderbar? Du hast etwas Verwundetes an dir«, sagt Margret, »aber nichts Defektes.«

»Ich habe nie meinen Platz gefunden. Nicht bei Freunden, nicht in der Schule und in der Familie auch nicht. Ich habe gemacht, was von mir erwartet wurde. Eine Ausbildung, eine Verlobung – aus der selbst nach acht Jahren keine Heirat wurde, weil der Mann mich verlassen und all meine Träume mitgenommen hat.«

Abrupt hält Ana inne. Wieder ist sie überrascht von ihrer Offenheit einer eigentlich Fremden gegenüber. Doch bevor sie länger darüber nachdenken kann, sagt Margret:

»Ich kenne diesen Typ Mann. Ein Albtraum als Tagtraum verkleidet. Es sind jene Männer, die nie lügen, jedenfalls nicht nach ihrem eigenen Verständnis.« Margrets Missfallen diesen Kerlen gegenüber äußert sich als zischendes Ausatmen.

Ana entfährt ein Lachen. Die Anspannung, die sich kurz in ihre Glieder geschlichen hat, löst sich.

»Und was das Leben betrifft, meine Liebe«, sagt Margret, »leben bedeutet, fallen zu können. Nichts ist so aufschlussreich wie der Weg unseres Scheiterns.«

»Mich hat selbst das Scheitern nicht weitergebracht. Im Gegenteil. Meine Glanzleistungen haben sich auf das Versagen beschränkt und hatten keinerlei Auswirkung auf die übrigen Lebensbereiche. Ich scheine keinerlei brauchbare Fähigkeiten zu haben, somit nirgendwo Erfolg, und kann nicht einmal behaupten, besonderes Pech zu haben. Ich bin schlichtweg eine Niete.«

»Irgendwo finden sich bei jedem brauchbare Fähigkeiten.«

»Das bezweifle ich. Ich habe das Gefühl, seit Abschluss meines Studiums keinen besonders weiten Weg zurückgelegt zu haben. Oder vielleicht angemessener formuliert: Ich habe einen mächtigen Umweg gemacht, nur um wieder an der Stelle anzukommen, von der ich losgegangen bin. Ich bin keinen Schritt weiter als vor achtzehn Jahren.«

»Du bist an Erfahrungen reicher und an Illusionen ärmer. Das ist doch etwas. Und den ersten Schritt in dein neues Leben hast du auch gemacht. Du hast dein altes verlassen«, sagt Margret. »Weißt du, Ana, die Welt ist keine bequeme Angelegenheit. Sie ist grausam! Wir glauben, wir haben eine Sache bewältigt, und schon fegt uns ein weiteres Schicksal zu Boden. Das magische Element, damit unser Leben funktioniert, ist Wahrheit.«

»Wie schafft man es dann, ein anderer Mensch zu werden?«

»Wusstest du, dass sich die Zellen eines menschlichen Körpers alle sieben Jahre einmal komplett erneuern? Du bist also jetzt schon nicht mehr der Mensch, der du vor sieben Jahren gewesen bist.« Margret lächelt. »Aber im Ernst, geht es uns nicht allen so? Nicht selten bleiben wir auf einen Lebensentwurf fixiert, von dem wir wissen, dass wir ihn nie haben werden. Erst wenn es uns gelingt, uns von unseren Erwartungen frei zu machen, kann sich uns eine passende Version eines guten, neuen Lebens zeigen.«

Ana nickt.

»Weißt du, Ana, im Leben erfährt man hin und wieder Momente, in denen unsere Bestimmung für einen Augenblick offen vor uns liegt. Nur für ganz kurze Zeit. Wenn wir dann mutig genug sind, können wir dem Leben die entscheidende Wendung geben, bevor sich uns die Möglichkeit wieder verschließt.«

Unmöglich, von einer Frau wie Margret nicht beeindruckt zu sein, denkt Ana.

Es hat aufgehört zu regnen. Die Cirrostratus-Wolken im Westen verfärben sich zu einem verwischten buttergelben Federstrich, der die ganze Landschaft in warmen Farben aufleuchten lässt. Das Gelb wird dunkler, verwandelt sich in ein kräftiges Orange, bis die Unterseite der Wolken das Sonnenlicht schließlich in einer tiefroten Glut auflodern lässt.

51

Geschliffene Linsen

Margret ist auf eine Weise mütterlich, auf die es Anas Mutter nie gewesen ist. Sie wird Ana mit der Zeit zu einer Freundin, der sie vieles aus ihrem Leben anvertraut.

»Menschen verändern sich nicht«, sagt Ana, als sie Margret von Mika erzählt.

»Würden sie. Wenn sie ab und an ein Buch lesen würden.«

Als sich die beiden das nächste Mal treffen, drückt Margret Ana einen Stapel Romane in die Hand.

»Du ahnst nicht, Kind, wie viel man über sich selbst lernt, wenn man in das Leben anderer Menschen eintaucht. Mit Büchern kann man sich seine eigene Geschichte ganz neu erlesen«, sagt die ältere Dame. »Bücher sind wie fein geschliffene Linsen, die dir neue Einblicke ins Leben gestatten. Gute Literatur ist wie ein Leitfaden durch die Welt. Sie lehrt uns eine Sprache, mit der wir uns selbst begreifen können. Ein gutes Buch ist wie ein Therapeut: Es gibt uns zwar nicht unser altes Leben zurück, aber es hilft uns, ein neues zu schaffen.«

Ana verschlingt Margrets Bücher. Und es stimmt: Die Bücher erzählen Ana, wie Menschen mit den Scherereien des Lebens umgehen, mit falschen Entscheidungen und Tiefschlägen. Wie oft sich das Leben als eine Zumutung erweist. Und wie man aus Sackgassen wieder herausfindet. Ein gutes Buch ist wie ein Gewand, das aus einem Stück Stoff des Universums für seine Leser gefertigt worden ist. In das man sich einhüllen und an dem man sich wärmen kann.

52

Der rote Faden

Die Stimmung hält an. Dieser Ort macht etwas mit Ana. Diese Ruhe, die die Erde hier ausatmet, fließt durch ihren ganzen Körper. Über allem liegt eine traumähnliche Atmosphäre der Abgeschiedenheit. Es ist eine Welt, in der es auch Pastelltöne gibt. Nicht nur schreiende Farben und die Frage nach Schwarz oder Weiß. Hier ist Stille möglich.

Ana geht häufig spazieren und fühlt sich wie ein Teil der Landschaft. Ihr Leben wird überschaubar, formbar. Hier findet sie zu sich selbst. Hier kann sie zu der Frau werden, die sie sein will, und all ihre unglücklichen Entgleisungen vergessen. Und ganz langsam wächst sie in ihr neues Ich hinein.

Illusionen haben ihre Geschichte viel zu lange auf Irrwege geführt, sodass sie zuckte wie eine Kompassnadel in der Nähe eines Hochspannungsmasts. Nun spürt sich Ana seit Jahren erstmals wieder, bekommt ein Gefühl dafür, was sie aus und mit ihrem Leben machen will.

Ihr wird klar, dass das Schreiben der einzige rote Faden, das einzig Beständige in ihrem Leben ist. Es ist das, was sie schon als kleines Mädchen liebte und immer machen wollte. Nur wollte sie nie oberflächliche, reißerische Artikel schreiben, wie sie es bis zuletzt für überflüssige Blätter getan hatte.

Jetzt ist es etwas anderes, das ihre Feder wie von allein führt: die Geschichten des Lebens.

Ana sitzt im gelben Lichtkegel der Schreibtischlampe vor einem Stoß Papier. Die Ellenbogen aufgestützt, den Kopf in die Hände gelegt. Kurz massiert sie sich die Augen, dann greift sie nach dem Füllfederhalter, schraubt die Kappe ab und beginnt zu schreiben. Die Worte fließen aus ihrer Feder wie ein goldener Faden. Sie schreibt jetzt anders. Sie schreibt jetzt aus ihren tiefsten Tiefen. Was sie schreibt, ist jetzt wahrhaftiger. Mit Staunen verfolgt sie, wie sich die Tinte aus ihrer Federspitze spult, wie sie sich zu Worten, dann zu Sätzen und schließlich zu einer, zu ihrer, Geschichte verknüpft. Alles fügt sich zusammen.

Umgeben von dieser einzigartigen Landschaft, fliegen ihr die Ideen zu wie Eisenspäne einem Magneten. Ein Ort für die Sinne, von Sinnhaftigkeit geprägt. Ana findet hier eine Wahrheit in sich und in der Natur, die ihre persönliche Geschichte entstehen lässt. Jene, die sich um sie herumschreibt. Und jeder weitere Tag lässt sie spüren: Wir tragen in uns selbst die Wunder, die wir in der Ferne suchen.

53

Waisen

Waisenkinder. Ohne Mutter. Ohne Vater. Ohne Eltern. Oft ohne gute Erinnerungen. Viele von ihnen haben von klein auf immer wieder Stücke ihres Lebens verloren, die entweder von ihnen abgefallen sind oder so plötzlich und brutal abgerissen wurden wie Blätter eines sterbenden Baums. Bei einigen haben sich schon früh in der Kindheit große Brocken abgelöst und müssen mithilfe von Betreuern und Psychologen eingesammelt und wieder zu einem Leben zusammengesetzt werden, mit dem es sich leben lässt.

Bestimmte Ereignisse haften für immer im Gedächtnis. Doch es gibt auch Erinnerungen, an die Mutter oder den Vater, die, noch ehe sie sich gesetzt haben, schmelzen wie Schneeflocken an einem lauen Wintertag.

Jedes Waisenkind bringt seine eigene Geschichte mit. Und Margret – die das Waisenhaus im Ort leitet – ist für die Geschichten die richtige Leserin. Behutsam öffnet sie die Leben der Kinder wie vergessene Bücher, liest die Seiten mit Fürsorge und Liebe und lässt die noch unbeschriebenen Seiten gemeinsam mit jedem Kind zum Leben erwachen.

54

Träume

Frau Margret, wie sie im Waisenhaus alle nennen, hilft den Kindern dabei, sich hübsch zu machen. Heute kommt ein Ehepaar, das darüber nachdenkt, ein Kind zu adoptieren. Die Kinder sind sauber bis in jedes Hautfältchen hinein. Frisch gewaschen stecken sie in ihren besten Kleidern, tuscheln und flüstern aufgeregt miteinander. Gleich würden sie durch das Urteil der Besucher erfahren, wer oder was sie sind.

Als Margret das Ehepaar in den großen Saal führt, hören die Kinder abrupt auf zu kichern. Die Kleinsten sperren den Mund weit auf und verfolgen jeden Schritt der beiden Fremden. Die Blicke der Größeren flitzen durch den Raum und bleiben an den möglichen neuen Eltern kleben.

So glücklich die Kinder im Waisenhaus auch sind, nicht ein einziges ist darunter, das sich insgeheim keine eigene Familie wünscht. Eine Mutter, einen Vater, vielleicht Geschwister.

Die Erwachsenen ziehen sich Stühle heran und setzen sich zu den Kindern. Margret spricht ruhig in den Raum hinein, erzählt, was der Mann und die Frau machen, wo sie leben, warum sie ein Kind adoptieren möchten. Dann sprechen die beiden Fremden selbst, erzählen von sich, ihrer Heimat, ihrem Leben. Die Kinder schlucken die Worte dieser Leute wie Wasser nach einer langen Dürreperiode. Sehen die Oase direkt vor sich. Zum Greifen nah.

Doch am Ende geht das Ehepaar mit einem kleinen Mädchen, nicht einmal zwei Jahre alt, das noch viel zu klein ist, um sein großes Glück zu begreifen. Die anderen Kinder bleiben zurück. Enttäuscht und mit dem Wissen um die Möglichkeit, die sich gerade wieder für sie verschlossen hat. Doch hatten sie je wirklich eine Chance? Ist es nicht meistens so, dass die kleinen, niedlichen Kinder die ganze Aufmerksamkeit auf sich ziehen? Und die großen unbeachtet zurückbleiben? Gibt es ein Alter, ab dem man sich damit abfinden sollte, für immer eine Waise zu sein?

Es ist schwer, solche Gedanken auszuhalten. Und wer weiß schon, ob die Welt einen nicht doch eines Tages überrascht. Es gibt immer eine Aussicht. Eine Unbekannte. Eine Möglichkeit. Wenn auch klein, ist die Wahrscheinlichkeit doch immer größer als null. Und damit kann auch ein solch unwahrscheinlicher Fall eintreten – sind Margrets Worte. Oder vereinfacht: Wenn du noch träumst, lebst du noch.

55

Eine neue Aufgabe

Ana genießt die Stille auf der Veranda ihres Strandhauses, bevor sie sich auf den Weg zu Margret ins Waisenhaus macht. Der Himmel glüht wie eine Verheißung und taucht die Landschaft in ein beinahe magisches, zart schmelzendes Licht.

Schließlich steht sie von der Bank auf, streicht ihr Kleid glatt, fährt sich nervös mit den Fingern durchs Haar und bricht auf.

Margret hat sie eingeladen, sich alles anzuschauen. Wenn sie Freude an einer Arbeit als Betreuerin fände, könnten sie sie gut brauchen.

Die Freundin hat Ana viel von den Kindern erzählt. Davon, dass einigen der Waisen nichts so sehr auf der Seele lastete wie die Überzeugung, sie seien überflüssige Menschen, für andere gänzlich uninteressant, ihnen bestenfalls gleichgültig. Für manche sei es zweifellos und unwiderlegbar, dass, wenn sie plötzlich verschwänden, sie niemandem wirklich fehlen würden. Schon allein die Tatsache, dass diese Kinder im Waisenhaus lebten, hätte unwiederbringlich etwas in ihnen zerstört: das Urvertrauen. Alle, die sich ernsthaft für die Kinder interessierten, würden von ihnen derart in Beschlag genommen, dass es ihnen nicht selten am Anfang die Luft zum Atmen nähme.

Im Umgang mit den Waisen müsse man besonders

vorsichtig sein, man dürfe keinesfalls die kaum merkliche Grenze überschreiten, wo Anteilnahme nicht mehr unterstützend auf die Kinder wirke, sondern sie noch mehr verletze. Zu viel Mitleid verbittere diese Kinder, hat Margret ihr erklärt, weil es ihnen das eigene Schicksal noch bewusster machte. Ana dachte viel über diese Worte nach und fand auch in sich einige ähnliche Erfahrungen des Bedauertwerdens durch andere Leute.

»Wir Menschen sind leicht zu zerstören und nur schwer wieder zusammenzusetzen«, sagte Margret.

Wie recht sie damit hat.

Wenngleich Ana aufgeregt ist, fühlt sie sich bereit für die Kinder. Allein durch das Vorhaben, zu helfen, fühlt sie den Sinn ihrer eigenen Existenz wie nie zuvor.

Als sie sich dem Grundstück nähert, schwingt das hohe, gusseiserne Tor auf. Das weiß getünchte um 1861 erbaute Haus im Stil des Second Empire steht allein an einer malerischen Uferpromenade. Auf der meerabgewandten Seite des Hauses erstreckt sich ein riesiger, wild bepflanzter Garten bis zum Tor, der nur vom zum Haus führenden Kiesweg durchschnitten ist. Das konvexe Mansardendach ist mit Dachgauben durchsetzt, mit gemusterten Schindeln gedeckt und mit eisenbeschlagenen Dachkronen dekoriert. Zweiteilige Fenster mit Giebeln schmücken die Fassade. Ein Treppenaufgang führt zur zweiflügligen Eingangstür. Linksseits der Tür lädt ein geschlossener Wintergarten mit weißen Sprossenfenstern zum Lesen ein, rechtsseits stehen Schaukelstühle auf einer offenen Veranda. Ein Haus wie im Märchen.

Der Kies knirscht unter ihren Sohlen, als Ana auf das Haus zugeht. Einen Moment lang steht sie davor und staunt. Dann steigt sie die Treppe hinauf und legt die Kuppe des Zeigefingers an die Klingel. Die Haut berührt das kühle

Messing. Sie atmet tief ein und drückt den Knopf. Die Glocke schrillt bis nach draußen. Geräusche im Innern sind zu hören, Schritte nähern sich, und schließlich öffnet sich die Tür. Margret steht da und lächelt sie an.

Der Geruch von frischem Grün hängt in der Luft. In der Eingangshalle liegt auf einer Konsole eine große, flache Schale mit blühendem Thymian. Es duftet nach Blumen und getrockneten Kräutern, die in der angrenzenden Küche in Büscheln von der Decke herabhängen.

Die Zimmer sind gestaltet wie eine Vielzahl unterschiedlicher, ineinander übergehender Gärten. Während in einem Bäume und Sträucher an Wände und Decke gemalt sind, sind es in einem anderen Farne und wild wachsendes Gras. Im nächsten flattern Vögel vor einem weiten, unendlich blauen Himmel am Plafond, und über den weiß gekalkten Mauern flirren Schmetterlinge. Im vierten rankt gepinselter Blauregen bis zum Baldachin, wachsen Himbeersträucher und Erdbeeren an den Wänden. Ana blickt sich in den gemalten Gärten um, und es ist ihr, als könne sie die Natur riechen, hören und schmecken.

Durch ein offen stehendes Fenster weht ein leichter Wind hinein, bauscht die Vorhänge und senkt sie wieder, als Margret das Fenster schließt. Staunend wandelt Ana von Raum zu Raum, bis sie und Margret zur Bibliothek gelangen, einem riesigen, luftdurchfluteten Zimmer mit einem offenen Kamin, daneben stapelweise duftendes Holz für den Winter und an den übrigen Wänden Bücherschränke, die bis zur Decke reichen. Jedes Regal ist bis auf den letzten Zentimeter mit zerlesenen Werken bestückt. Einige davon sehr alte Bücher in weichen Ledereinbänden. Eine seltsame, ja, beinahe mystische Stimmung liegt in dem Raum.

»Diese Bibliothek ist ein besonderer Ort. Sie friert Zeit und Erinnerungen ein«, sagt Margret.

Ana streicht mit den Fingerkuppen über einige Buchrücken.

»Such dir eins aus«, sagt Margret.

Ana sieht die ältere Dame fragend an.

»Das ist eine sehr alte Sammlung. Sie bestand bereits, als ich das Anwesen von der Stadt gemietet habe, um hier ein Waisenhaus zu errichten. Manche dieser Werke wissen mehr über uns als wir über uns selbst.«

»Wie meinst du das?«

»Nimm dir ein Buch mit, und lies es, dann weißt du es.«

Ana wandert an den Regalen entlang, berührt einige Bücher, hält kurz inne und geht dann weiter. Nachmittagslicht fällt durch die Fenster und lässt den Holzfußboden leuchten wie Honig. Einige Strahlen treffen auf die Buchrücken und lassen sie in einem sanften Glanz schimmern. Ana zieht vorsichtig eins aus dem Regal. Es verströmt eine goldene Staubwolke. Jahrelang muss es nicht in Händen gehalten worden sein. Vielleicht sogar Jahrzehnte. Sie bläst den Staub vom Einband, und der Titel kommt zum Vorschein: *Die Unvollkommenheit des Glücks.* Noch nie hat sie etwas von diesem Roman gehört. Sie schlägt ihn auf, blättert durch die Seiten und streicht über das Papier. Fährt mit den Fingerspitzen über die Wörter und liest lautlos. Überrascht richtet sie sich auf.

Wie kann das sein? Ist das bloß Zufall oder eine Art Bestimmung? Auf der blind aufgeschlagenen Seite stehen Sätze, die überraschend, nein, erstaunlich gut in ihr Leben passen. Ein unwirklicher Gedanke schleicht sich in Anas Geist. Die Idee, dass dieser Roman all die Jahre hier auf sie gewartet hat. Doch das kann unmöglich sein. Ana blickt Margret über den Rand des Buches hinweg an.

Die ältere Dame nickt. »Es scheint dich gefunden zu haben. Jedes Buch hat eine Seele. Die Seele dessen, der es geschrieben hat, und die Seele derer, die es lesen. In Büchern finden wir vieles, von dem wir vorher nicht einmal wussten, dass wir es gesucht haben.« Sie hält kurz inne. »Bücher befähigen uns, Räume in uns auszukundschaften, die sich uns beim Lesen eröffnen. Für jeden Menschen gibt es in jeder Lebensphase das richtige Werk. Beim Lesen verschmelzen wir mit dem Echo aus anderen Zeiten. Deshalb sind es die Bücher, die den Kindern und mir hier die halbe Welt geworden sind. Wir sind schon durch einige ihrer Landschaften gewandert.«

Ana klappt den Roman zu und schiebt ihn in ihre Umhängetasche.

Schließlich führt Margret sie durch das Musikzimmer, an dessen Wänden Noten tanzen, durch die Kunst- und Klassenräume, die Aula, die Sporthalle, die Schlafsäle, den Wintergarten und die beiden Arbeitszimmer für die Administration. Jedes der vielen Zimmer ist einfach und schmucklos eingerichtet und hat doch durch Besonderheiten wie den Malereien an Decken und Wänden, den schwimmenden Blüten in flachen Wasserschalen und verschiedenen Düften einen vollkommenen Stil. Alles kommt mit wenig aus und trägt einen mit einer besonderen Leichtigkeit. Ana sieht jeder Einzelheit an, dass sie sorgsam von Margret gewählt und mit viel Gefühl arrangiert wurde. Die Räume strahlen eine Wärme und Ruhe aus, die sie noch nirgends sonst in einem so großen Haus gefunden hat.

In einem schmalen Gang neben der Eingangshalle hängen zahlreiche Kleiderhaken an der Wand, unter denen sich die Namen jedes Kindes finden. In krakeligen, ungleichförmigen Handschriften. Ana beugt sich zu ihnen hinab und liest sie laut vor.

»Komm«, sagt Margret und nickt Ana ermutigend zu, »ich stelle dich den Kindern vor.«

Sie öffnet die Flügeltür zum großen Saal des Waisenhauses. Auf Sofas, mit weichem Samt bezogen, sitzen Kinder, die in viel zu großen Büchern für ihre kleinen Hände lesen. Andere sind in Brettspiele vertieft. Wieder andere zeichnen oder bauen riesige Gebilde aus Lego.

Als Ana den Saal betritt, richten sich alle Blicke auf sie. Kleine und große Kinder flattern aufgeregt herbei wie Schmetterlinge. Ana blickt in funkelnde Augen, wie in Augen voller Kerzenlicht. Die Freude, die von diesen Jungen und Mädchen ausgeht, ist mit Händen greifbar. Und in diesem Moment begreift Ana, dass Glück nicht der Sinn des Lebens ist.

Die Einzelheiten des Lebens all dieser Waisen würden Ana unbekannt bleiben, aber ihre gemeinsame Geschichte – die Geschichte, die sie jetzt miteinander schrieben – könnte diesen Kindern Halt geben, sie formen und ihnen neues Vertrauen ins Leben schenken.

Wie richtig es sich für Ana anfühlt, hier zu sein. Und mit einem Mal weiß sie, dass sie hierher gehört.

Als sie am Abend hinter ihrem Strandhaus sitzt und den Kopf in den Nacken legt, ist der dunkle Himmel übersät mit Sternen. Alles, was Ana je wollte, ist genau hier.

56
Glück

In den Gesprächen mit Margret begreift Ana: Immer und überall sind Menschen auf der Suche nach sich selbst, nach dem roten Faden ihres Lebens. Egal, wie unterschiedlich die Lebensgeschichten auch sind, suchen die meisten Menschen nach dem Sinn. Weil unsere heutige Zeit von sich aus keinen anbietet, zumindest dann nicht, wenn man kein gläubiger Mensch ist. Im Gegenteil: Die Fülle an allem bringt Orientierungslosigkeit und innere Leere mit sich. Wie diese Leere füllen und zu einem guten Leben finden?

Wir suchen nach dem großen, vollkommenen, dauerhaften Glück. Doch Glück ist selten groß, noch seltener vollkommen und schon gar kein Dauerzustand, das weiß Ana jetzt. Glück liegt im Duft von frisch gemähtem Gras, in einer tief berührenden Melodie, in der Umarmung eines Kindes, im Rauschen eines Baches, in einem weichen Sommerregen. Glück, das ist Stille fernab aller Strömungen.

Wer die Welt tief erleben kann, der hat eine Begabung fürs Glück. Denn um Glück zu empfinden, braucht man Talent.

57

Sinnhaftigkeit

Ana wohnt nun seit einigen Wochen im Waisenhaus. Die Mietzeit für das Strandhaus war verstrichen, und Margret bot ihr an, zu ihnen zu ziehen. Ana ist erfüllt von der Arbeit mit den Kindern und lebt sich schnell ein. Solange sie zurückdenken kann, ist es das erste Mal, dass sie irgendwo dazugehört. Zum ersten Mal ist Ana Teil von etwas. Und sie erkennt: Man muss nicht mitmachen beim Irrsinn der Welt. Man muss seinen eigenen Platz finden. Von dort aus kann man einen Kreis um sich ziehen, in dem man sich bewegen will. Den Radius dieses Kreises – den Wohlfühlradius – bestimmt jeder selbst.

Im Waisenhaus ist Ana eine vollständigere Version von sich selbst. Ihr hautenges Leben scheint ihr hier weniger wichtig. Es gibt andere Leben, weit größere Sorgen. Seit sie sich einer weiter reichenden Sache widmet als sich selbst, empfindet sie erstmals Sinn im Leben.

Ab und an treiben ihre Gedanken zurück in die Vergangenheit. Zum Abend, an dem sie diesem Fremden begegnet war, der sich so richtig für sie anfühlte, aber zur falschen Zeit in ihr Leben getreten war. Zum Tag, an dem Mika sie verlassen hat. Zur Stunde, in der ihre nicht vorhandene Karriere als Künstlerin endete. Zur Minute, in der sie ihre tote Mutter auffand. Zum Begräbnis. All das erscheint nicht mehr ganz so groß, jedenfalls von hier aus. Ihre eigenen Probleme haben keine solch übermächtige Bedeutung mehr, seit sie im Waisenhaus arbeitet. Sie verschwinden zwar nicht, gleiten aber in den Hintergrund, verlieren die emotionale Wucht. Ihr Gedankenkreis vergrößert sich, dehnt sich auf eine andere Welt aus, auf die Welt dieser Kinder. Es gibt viele Tragödien, vor deren Hintergrund Anas eigene Probleme, diese abertausend Kleinigkeiten, belanglos werden.

Ana hat einen neuen Lebensinhalt gefunden, der mit jedem Tag mehr Gestalt annimmt. Trotz allem Leid, das sie im Waisenhaus kennenlernt, bringt jeder Tag auch kleine Mysterien. Und ihr wird bewusst, dass nicht nur im Magischen, sondern vor allem im Wirklichen Wunder zu finden sind. Die Wunder des Realen. Und dass derjenige, der genau hinschaut, sie sieht.

Anfangs war Ana hin und wieder unsicher, ob sie der Aufgabe als Betreuerin im Waisenhaus gewachsen war. Doch Margret fand schnell die richtigen Worte und sagte: »Stell dich nicht infrage, Ana. Die Misserfolge, die du hattest, als du das falsche Leben geführt hast, bedeuten für dein richtiges Leben nichts. Du bist für das geschaffen, was du jetzt tust. Du hast eine besondere Gabe. Es ist die Fähigkeit, zu erkennen, was diese Kinder brauchen, um zu heilen. Wenn du tust, was du liebst, kannst du gar nicht scheitern.«

Noch formt sich ein unbestimmter Entschluss in ihr. Sie spürt, dass sie hierbleiben will. Ein Gedanke, weich und warm wie eine samtene Decke. Erstmals hat sie das Gefühl, ihre eigene Geschichte in der Hand zu haben.

Lange hat Ana nach dem großen Glück gesucht. Doch jetzt versteht sie, dass es nicht das Glück ist, das uns mit dieser Welt verankert, sondern der Sinn.

Es gibt einige Dinge im Leben, die nicht immer glücklich machen, aber dennoch Sinn stiften. Sinnhaftigkeit, das begreift sie jetzt, ist wertvoller als Glückseligkeit. Denn Sinn ist stabiler als Glück. Wenn man den Sinn für sich gefunden hat, ist man nicht mehr abhängig von zufälligen Momenten des Glücks.

Glück ist fragil. Ein glücklicher Moment taucht aus dem Nichts auf und verschwindet im Nu auch wieder. Noch dazu entfernt uns das unentwegte Streben nach Glück von uns selbst. Wir suchen im Außen und erwarten von der Welt ein gutes Gefühl, was uns von äußeren Umständen abhängig macht.

Wenn wir hingegen Sinn suchen, konzentrieren wir uns auf uns selbst. Wir nehmen uns Zeit und Ruhe herauszufinden, was uns ausmacht, wer wir wirklich sind. Das bringt unsere Seele ins Gleichgewicht. Und wenn wir in unserer Mitte sind, tun wir automatisch Dinge, die zu uns passen. Dann verschwindet die krampfhafte Jagd nach dem allumspannenden Glück, und die kleinen Glücksmomente stellen sich automatisch ein.

58
Das Buch

Es sind die ein, zwei Stunden vor dem Schlafen, die Ana am liebsten mag. Wie ein Kind seine Spielsachen, nimmt sie die Bruchstücke des Tages mit ins Bett und fügt die Augenblicke zu einer Geschichte zusammen.

Eines Abends greift Ana erstmals nach dem abgegriffenen Buch auf ihrem Nachttisch, das sie blindlings aus dem Regal in der Bibliothek gepflückt hat, als Margret ihr das Waisenhaus zeigte und sie den Kindern vorstellte.

Ana sitzt vornübergebeugt auf ihrem Bett, das Buch auf ihrem Schoß. Mit einer Hand schlägt sie es auf – es riecht nach Staub, altem Papier und Magie –, in der anderen hält sie ein Glas Wein, an dem sie immer wieder nippt. Sie ist es gewohnt, sich in Margrets Büchern schlückchenweise voranzuarbeiten.

Doch dieses Buch ist anders, das merkt sie sofort. Ana richtet sich auf und stellt das Glas auf dem Nachttisch ab. Dann streicht sie mit den Fingern vorsichtig über das poröse Papier, fächert das Buch auf und wieder zu. An manchen Stellen lösen sich die Seiten aus dem Leim, und es hat den Anschein, als seien einige schon verloren gegangen. Vielleicht, so befürchtet sie, hat der Roman Lücken in der Handlung, ganz so, wie an den Strand spülendes Meerwasser die Geschichte eines Momentes verschlingt, Spuren im Sand auswischt.

Ana liest ein paar Seiten und hält inne. Die Worte scheinen ihr wie ein Echo aus einer vergangenen Zeit. Sie kehrt in diesen Zeilen zu Erinnerungen zurück, die sie längst zurückgelassen zu haben glaubte, die jedoch im Unterbewusstsein mitgezogen waren. Was sie liest, ist dermaßen nah an ihrem eigenen Leben, dass sie erschrickt. Oder ist es gar ihr Leben? Die Stille summt ihr in den Ohren. Wie kann das sein?

Seite um Seite lässt sich Ana vom Zauber der Geschichte und ihrer Welt einhüllen, bis sie begreift, dass diese Geschichte tatsächlich ihre Geschichte ist. Unwirklich.

Als sie beim Kapitel angelangt ist, in dem die Protagonistin ihre tote Mutter auf der Terrasse findet, streicht bereits der erste Morgenhauch durchs Fenster. Anas müde Augen gleiten noch einmal über die Seite, dann schläft sie ein.

59

Die Geschichte deines Lebens

Als Ana nur drei Stunden später vom schrillen Ton des Weckers aufschreckt, ist sie unsicher, ob sie im Buch tatsächlich ihre eigene Geschichte gelesen hat oder ob das alles nur ein Traum war.

Im Lauf des viel beschäftigten Vormittags zerbröseln ihre Erinnerungen an die vergangene Nacht zwischen ihren Fingern, doch der Geruch haftet tagelang an ihren Händen. Obwohl ihre Neugierde brennt und sie unbedingt weiterlesen will, kommt sie in den nachfolgenden Tagen nicht dazu. Auch hat sie ein wenig Angst davor, wie die Geschichte weitergeht.

Im Waisenhaus gibt es unerwartet viel zu tun, und wenn Ana abends zwischen die Laken kriecht, fallen ihr bereits die Augen zu. Fast zwei Wochen vergehen, bis sie das Buch endlich wieder in die Hände nimmt. Die Seiten rascheln wie die Flügel eines Falters, als Ana bis zur Stelle blättert, die sie mit einem Eselsohr gekennzeichnet hat.

Ana war ursprünglich in die Geschichte eingetreten in der Erwartung, sie am Ende mit dem Gefühl zu verlassen, eine Weile in das Leben anderer eingetaucht und darin umherspaziert zu sein, in vom Autor erfundenen Erlebnissen, die lange Zeit zurückliegen. Genauso eben, wie sie es bisher mit allen Büchern erlebt hat. Doch dieses Buch ist anders. Das hat sie bereits nach wenigen Zeilen begriffen. Beim Lesen füllt sich ihr ganzer Körper mit Sätzen, Augenblicken, Ereignissen aus ihrem eigenen Leben. Es ist, als erwache sie wieder und wieder, von Seite zu Seite, aus einem Schlaf mit der Last verdrängter Erinnerungen. Auch wenn es unmöglich ist: Was sie liest, ist sie selbst. Kapitel für Kapitel.

60

Das Kind

Wieder landet Lew mit einer lottrigen, alten Cargo-Maschine an der Front. Sobald der Flieger zum Stehen kommt, eilen die verantwortlichen Soldaten herbei und beginnen mit der Entladung des Materials. Lew hat es sich zur Angewohnheit gemacht, währenddessen etwas abseits der Vorwärtsbetriebsbasis umherzustreifen. Weshalb er das tut? Er weiß es selbst nicht.

Diesmal schließt er sich unbemerkt Soldaten einer Patrouillenmission an, die in der angrenzenden, völlig zerschossenen Stadt sicherstellen sollen, dass für die Vorwärtsbetriebsbasis keine Bedrohungen durch den Feind zu befürchten sind.

Lew hält sich im Hintergrund, stapft über Geröll und durch Straßen, in denen die Einrichtungen der Gebäude wie herausgerissene Eingeweide herumliegen. Bis er plötzlich dasteht vor diesem Haus, dem eine ganze Seite fehlt. Und sich auf unnennbare Weise von der Ruine angezogen fühlt. Sie wirkt wie eine große klaffende Wunde auf ihn, die schwarzes Blut ausspeit. Hinter den Trümmern ist nichts zu erkennen. Lew geht ums Haus herum, studiert durch die zerbrochenen Fensterscheiben der noch intakten Wände das ausgelöschte Leben darin. Und als er begreift, geht er hinein. Tastet sich im Halbdunkel über Schutt und eingestürzte Balken.

Überall schimmernde Haufen schwarzen Staubs. Das einzige Licht ergießt sich durch einen Durchbruch im Dach und durch ein ausgezacktes Granatloch, das sich gegen die weggesprengte Seite des Hauses öffnet. Lew hebt schützend die Hände über den Kopf, als eine weitere Detonation die übrigen Wände bis hinunter ins Fundament erbebt und von dort wieder hinauf erzittern lässt. Glas zerspringt. Ein Schwall Staub und Ruß rauscht durchs Gemäuer. Nun ist es stockdunkel. Entfernt hört Lew das Kreischen von Granaten, das Nachladen von Gewehren.

Zivilisten sollen nicht beschossen werden. Kein Verstoß gegen die Genfer Konventionen. Das gilt nicht hier. Diese grausame Kollision mit der Wirklichkeit zerrt an ihm, zerrt an seinem Gewissen und drängt ihm mit einer solchen Dringlichkeit eine Wahrheit auf, die er nicht mehr von sich weisen kann. Und noch das letzte Klümpchen der ihm weisgemachten Notwendigkeit eines solchen Kampfes bröckelt zu bloßem Trümmerstaub.

Lew tastet in seiner Brusttasche nach einer Streichholzschachtel, öffnet sie, schüttelt ein Hölzchen heraus und entzündet es. Als es aufzischt, zuckt für einen kurzen Augenblick Licht über den Raum. Doch noch bevor er Einzelheiten wahrnehmen kann, schluckt das Dunkel die flüchtig erhellten Umrisse. Plötzlich hört er hinter sich etwas rascheln. Er dreht den Kopf, schaut über die Schulter. Nichts. Nochmals ein Rascheln. Dann ein Wimmern. Leise bewegt er sich auf das Geräusch zu. Er stolpert über eine Taschenlampe, nimmt sie vom Boden auf, knipst sie an und folgt ihrem Lichtkegel ins hintere Zimmer. Wieder wird irgendwo draußen gefeuert, ohrenbetäubend. Die Detonationswellen erreichen das Haus. Sand und Staub brechen aus der teils eingestürzten Decke und rieseln auf ihn herab. Und dann entdeckt er es: ein Bettchen unter Trümmern vergraben. Und darin zwischen all den Scherben: ein Kind.

Ein kleiner Junge mit staubverklebter Haut blickt ihn aus einem hohlwangigen, hageren Gesicht und feuchten, großen, im Halbdunkel schwarz erscheinenden, erschrockenen Augen an. Ein Schluchzen bricht aus ihm heraus. Ein ängstlicher forschender Blick zum Fremden. Dann verschluckt sich das Kind an seinem Rotz. Ruckartig führt es die Hände zum Mund und beginnt an den Fingernägeln zu kauen.

Die Mutter, von Trümmern erschlagen, regungslos am Boden. Begraben unter einem zerborstenen Balken, der vom eingestürzten Dach durch die eingebrochene Decke auf sie niedergekracht ist. Der Staub von zerbrochenen Ziegeln liegt wie ein hauchdünnes Tuch auf ihr.

Der von der Detonation verkohlte Körper des Vaters nur wenige Meter entfernt.

Ein Schauer weht über Lews Rücken. Ein Grauen schüttelt ihn.

Ein so kleiner Junge. Ohne Mutter. Ohne Vater.

Eine Mutter ist unsterblich. Doch mit ihrem Tod stirbt auch die Unsterblichkeit.

Lew spürt dieses Rieseln von Angst. Der Anblick der Leichen und des kleinen Kindes mittendrin bricht etwas in ihm auf. Mit einem Mal weiß er, dass er diesen Kreis um sich, in dem er sich nun schon viel zu lange bewegt, verlassen muss. Dass er der Welt mehr bieten will, als weiterhin blindlings in diesem Krieg mitzumachen. Und er denkt: Er kann etwas tun, das einen Unterschied macht.

Der kleine Körper des Jungen schlottert, als Lew ihn aus dem Bettchen hebt und an seine Brust drückt. Mit seinen Fingern zupft er dem Kind Steinchen und Glassplitter aus den Haaren und legt dann schützend seine Hand auf das Köpfchen. Flüstert ihm tröstend ins Ohr. Alles wird gut. Alles wird gut. Auch wenn er selbst nicht daran glaubt. Wiegt das Kind sanft hin und her. Er klemmt sich die Taschenlampe zwischen die Zähne, sieht sich genauer um, hockt sich mit dem Kind im Arm auf den Boden und tastet in den Trümmern nach etwas Glänzendem, das im Schein der Lampe neben der toten Mutter aufblitzt.

Seine Finger finden eine zerrissene Kette mit einem Amulett. Mit der einen Hand das Kind fest umfassend, schiebt er mit der anderen die Streichholzschachtel auf, dreht sie um und leert die wenigen sich noch darin befindenden Zündhölzer aus. Dann legt er die Kette hinein. Er bückt sich nochmals zum Boden hinunter, stützt den kleinen Jungen auf seinen Oberschenkel, während er sein Taschenmesser aus der Hosentasche zieht und der toten Mutter eine Haarsträhne abschneidet. Er klemmt ein Stück Stoff ihrer Bluse zwischen Daumen und Zeigefinger und trennt auch dieses mit dem Messer ab. Beides stopft er zum Medaillon in die Schachtel. Inzwischen hat er gelernt, wie wichtig Erinnerungen sind. Und sei es nur ein Stückchen Stoff, an dem sich die Zurückgebliebenen festhalten können.

Schließlich beugt sich Lew über die Tote und schließt ihr die Augen. Mit dem Kind im Arm geht er zur verkohlten Leiche des Vaters hinüber, streicht auf dem Boden etwas von der umherliegenden Asche zusammen und lässt auch sie in die Schachtel rieseln. Zuletzt schneidet er noch einen angekokelten Knopf der Jacke ab und legt ihn dazu. Lew schließt die Schachtel und schiebt sie dem kleinen Jungen unter den Gummibund seines Höschens.

Dann kämpft er sich mit dem Kind durch die Trümmer, klettert durch ein Loch in einer der Wände aus dem Haus hinaus auf eine Straße voller Glassplitter, zerbrochener Fliesen und verkohlter Möbelskelette.

Schwarz vom Staub, stolpert er mit dem Jungen den von Geröll und Glutnestern übersäten Weg entlang. Ein Friedhof an zerplatzten Träumen, verschütteten Hoffnungen, zerrissenen Leben. Überall steigt Rauch auf und Kälte. Einzig das Kind ist warm. Das Kind in seinen Armen. Zart, blass, fragil. Weinend. Mit Spuren von Tränen in seinem von Ruß geschwärztem Gesicht.

Aus jedem Winkel das Knattern von Gewehrfeuern. Flugzeuge donnern in Formation über sie hinweg. Jemand ruft etwas, doch der Wind treibt die Worte davon. Langsam tastet er sich mit dem kleinen Jungen in Richtung Vorwärtsbetriebsbasis.

In der Nähe seines Flugzeugs verbirgt er sich mit dem Kind hinter Skeletten von Bäumen und weiß nicht, was er tun soll.

61

Zwei Welten

Lew bewegt sich in zwei Welten. Und beide sind für ihn unmöglich geworden. Er ist im Krieg, doch kämpft er nicht mehr. Gleichsam agiert er außerhalb des Krieges, doch entkommt ihm nicht.

Seine Erinnerung zerrt ein Bild des Grauens nach dem anderen heran. Diese Abbilder sind in sein Gehirn gesengt wie Brandmale. Seine Nerven flackern, der Puls pocht ihm in den Schläfen.

Plötzlich ist er sich all dessen bewusst, wovor ihn seine Mutter gewarnt hat. Seiner seelischen Schwerhörigkeit. Und wie einfältig er in seiner Ahnungslosigkeit war. Jetzt quält ihn der Gedanke an ihr Leid, an ihren Kummer und ihre Sorgen, die seit seinem Einzug in den Krieg auf ihr lasten müssen wie Beton. Als er zum Abschied bei ihr war, sah er sie an der Glut ihrer Ängste verbrennen und begriff doch nichts. Erst jetzt wird ihm alles klar. Auch die Bedeutung des Wortes Militärdienst. Es kommt von Dienen und meint: genau das zu tun, was andere von dir im Krieg wollen. Es bedeutet: Abhängigkeit, Unselbstständigkeit, Hörigkeit.

Am liebsten würde er fort, nur fort, fort von hier, irgendwohin, wo es keinen Krieg gibt und wo ihn niemand kennt. Wo er frei ist von allem. Entkommen. All dem hier entkommen. Und keinen mehr sehen. Am liebsten überhaupt keinen Menschen mehr. Weit, weit weg. Aber es gibt keine

Flucht. Und wer einmal im Krieg war, ist nie mehr frei. Nie mehr ohne Schuld. Immer gejagt von dem, was er getan und unterlassen hat. Was für eine Fessel ein Krieg ist. Eine entsetzliche, unlösbare Fessel.

Noch vor wenigen Monaten fühlte Lew sich frei, so frei, wie man sich nur fühlen kann. Er gehörte nur sich selbst und schuldete niemandem etwas. Und nun, hier im Krieg, ist er gejagt, umstellt, gefangen.

Jetzt noch dieses Kind in seinen Armen. Was soll er nur tun?

Verschwinden. Wenn das bloß möglich wäre. Einfach verschwinden aus diesem Albtraum, aus dieser verdammten Hölle.

62

Seelische Landkarten

Inzwischen ist er vertraut mit den erloschenen Blicken in den Augen all derer im Krieg. Doch der Blick in die Augen dieses kleinen Jungen offenbart Lew einen solchen Abgrund aus Leid und Schmerz, wie er ihn bisher noch nie bei einem Menschen wahrgenommen hat. Ein Kind, das der Hölle ins Gesicht gesehen hat.

Von Stanislav hat Lew erfahren, was mit den Kindern passiert, die ihre Eltern im Krieg verlieren: Sie sterben. Entweder an der Kälte der Nachwelt oder an Einsamkeit. Für den Rest ihres Lebens tragen sie diesen frühen Tod in sich. In Lews Kopf entstehen Landkarten solcher Geschichten.

All das Gelebte und auch all das Ungelebte bleibt in uns verankert. Wenn der Krieg je einmal im eigenen Leben aufgetaucht ist, verschwindet er nie mehr daraus. Das weiß er jetzt.

Vor dem Krieg zeigte Lew kaum etwas von sich. Seine Seele in Schichten verpackt, durch die niemand hindurchblicken konnte, zog er durchs Leben. Doch jetzt, hier im Krieg, blättert eine Schicht um die andere ab, macht ihn nackt. Legt den Kern frei. Hier entwächst er seinem alten Ich, weil die Ereignisse gar nichts anderes zulassen.

Unzählige Kleinigkeiten, die ihm bisher im Leben entgangen sind, bemerkt er jetzt. Es ist, als sähe sein Herz besser, sein Verstand klarer. Der Krieg träufelt ihm an jedem einzelnen Tag so grausame Bilder in die Augen, dass er gar nicht anders konnte, als neu sehen zu lernen.

Die Geschichte dieses Jungen spult sich jetzt automatisch fort, wenn ich nichts tue, sagt er zu sich. Die Dunkelheit in ihm wird noch dunkler werden. Aber ich kann seine Zukunft umschreiben. Jetzt.

Lew hat einen furchtbaren Fehler begangen, vor Monaten, als er in diesen Krieg gezogen ist. Das kann er nicht mehr rückgängig machen. Aber er kann wiedergutmachen. Nicht alles, aber etwas.

Die Luft hat eine neue Schwere mit dem kleinen Jungen im Arm. Auf der Suche nach einer Lösung tastet Lew mit den Augen die Landschaft ab.

Ein Satz seiner Mutter kommt ihm in den Sinn: »Oft suchen wir nach etwas anderem als dem, was uns möglich erscheint. Wir suchen nach Türen. Wenn jene, die uns offen stehen, keine Option sind, müssen wir eine andere Tür finden und sie uns zugänglich machen. Oder gar eine ganz neue schaffen.«

Wir wissen nicht, wer wir sind und wozu wir hier sind, solange wir uns danach fragen. Erst wenn wir handeln, erschließt es sich uns. Wenn wir wahrhaftig leben und dem Richter vertrauen, der in unserer Seele sitzt, bahnen wir uns einen standhaften Weg durchs Leben.

Jeder lebt für etwas anderes.

Für was lebt er?

Plötzlich bricht eine Woge von Gedanken wie durch einen bisher verschlossenen Damm und flutet Lews Hirn, füllt seinen Kopf, glättet sich und wirft schließlich Licht auf seinen Weg. Und endlich weiß Lew, was zu tun ist: Nur wenn er zurückkehrt zu dem, was ihm richtig erscheint, und dem Faden folgt, der das Gewebe seines Lebens flechtet, wird er der sein, der er sein will: einer, der für das menschliche Menschsein kämpft.

Er hat die richtigen Antworten an den falschen Orten gesucht. Seine Denkweise hat das Wissen, das er brauchte, unzugänglich gemacht. Ein Wissen, das wir nicht durch den Verstand, sondern nur durch das Herz erlangen.

Der Sinn des Lebens offenbart sich uns nicht im Äußeren. Nur tief in unserem Inneren. Solange wir nicht wissen, was der Sinn unseres Lebens ist, leben wir falsch. Und das hat Lew bisher getan: falsch gelebt.

Wie oft hatte sein Vater zu ihm gesagt, als Lew noch ein kleiner Junge war: »Sei unbesiegbar in dem, was du tust. Wenn das, was du tust, auch andere können, lass es die anderen machen.«

Und Lew begreift: Er kann etwas tun, um dieses Land in Ordnung zu bringen. Denn in unserer einen Welt gibt es viele unterschiedliche Welten, die dicht nebeneinander existieren. Manchmal reicht ein Schritt, um sie zu betreten. Und dann tritt Lew einfach beiseite und verlässt diesen Krieg.

Eine Weile steht er noch im schwarzen Licht des Tages, auf einem winzigen, von der Sonne beschienenen Fleck Erde, mit dem schlummernden Kind in seinen Armen. Sein Schatten zusammengerollt unter seinen Füßen. Und wie ein einziges aufflammendes Licht manchmal genügt, Dutzende von Dingen in einem Raum zu erhellen, so blitzt eine Idee in ihm auf. Und völlig klar ordnen sich die Gedanken in seinem Kopf. Innerhalb von Sekunden ist seine Nachdenklichkeit in kristallklare Wachheit umgeschlagen. Und in einer Spanne von wenigen Minuten fasst er einen Plan. Eine Entscheidung, die, wie er sich später noch oft bewusst machen würde, sein Leben verändern sollte.

63

Kettenreaktion

Änderst du ein Element, änderst du alles.

Es ist das Knistern eines Zündholzes hier, das eine Landschaft dort in ein Flammenmeer verwandelt. Es ist die Erschütterung des Bodens hier, die dort zum Erdbeben führt.

Es ist die unaufhaltsame Abfolge von Ereignissen, ausgelöst durch eine einzige Handlung, die das Schicksal von Menschen, die Geschichte oder gar ganze Welten umformen kann.

Es ist der Moment, in dem ein einziger Augenblick das Leben unwiderruflich umschreibt und eine Kaskade von Ereignissen auslöst, deren Folgen wir nicht absehen können.

Änderst du ein Element, ändert sich alles.

64

An der Grenze zwischen Nacht und Tag

Das Kind noch immer an seine Brust gedrückt, mit einem Kribbeln im eingeschlafenen Arm, durchstreift Lew das spärliche Stück Wald, das an die Vorwärtsbetriebsbasis grenzt. Hier hockt er sich mit dem Kleinen ins Unterholz, gibt ihm Wasser aus seiner Trinkflasche und füttert es mit einem der eingeschweißten Militärkekse, die fad wie Pappe schmecken. Besser als nichts.

Sie müssen sich eine Weile verstecken, bis der Gegenangriff abgeklungen ist. Der kleine Junge weint immer wieder still vor sich hin, wippt mit seinem Oberkörper vor und zurück wie in Trance. Lew drückt das Köpfchen fest an sich, streicht dem Kind übers Haar und flüstert ihm ins Ohr, dass alles gut werden wird. Dass er bald frei sein und einem neuen Leben entgegenschweben wird. Einem Leben mit Menschen, die ihn lieben werden, wie seine Eltern ihn geliebt haben. Ganz sicher. Ganz bestimmt. Denn so muss es für Lew einfach sein. Alles andere ist nicht zulässig nach derart Schrecklichem, was diesem Kind bereits zugestoßen ist.

Er weiß, dass der etwa vierjährige Knabe nichts von dem versteht, was hier vor sich geht. Dass er nichts begreift außer den Verlust der Mutter und des Vaters – seiner einzigen Heimat. Lew sieht, dass das ganze Wesen des Kleinen eingefroren ist in einen Schockzustand.

Der kleine Junge zittert – selbst im Schlaf und obwohl es Sommer ist. Lew schält sich aus seiner Uniformjacke, zieht sie dem Kind über und steckt die vorn überlappenden Stoffteile mit einer Sicherheitsnadel fest. Nun ist er gut eingepackt, der Knirps.

Sobald alles still ist, schleicht sich Lew mit dem Kind im Arm zurück zu seinem Cargo-Flugzeug. Er atmet tief durch, als er feststellt, dass der Flieger von den Kugeln verschont geblieben und unversehrt ist.

Für einen kurzen Augenblick schlägt das Kind die Augen auf. »Psst, psst! Ganz leise sein, mein Kleiner, ganz leise«, haucht Lew ihm zu und hält sich den Zeigefinger an die Lippen. Er klettert mit dem Jungen durch die Ladeluke in den Bauch des Transportflugzeugs, setzt ihn auf einen der Klappstühle und lehnt das Köpfchen gegen die Verkleidung der Rumpfseiteninnenwand. Dann schnallt Lew das Kind an. Schon kreischt der Junge los und strampelt mit Fäusten und Füßen. »Alles gut, mein Kleiner. Alles wird gut, beruhige dich.« Doch der Kleine beruhigt sich nicht. Er brüllt jetzt lauter. Lew ergreift Panik. Er weiß, er muss jetzt handeln, sonst ist alles verloren.

Lew springt aus der Ladeluke, verschließt sie von außen, geht um das Flugzeug herum, klettert die drei Stufen der Metallleiter hoch ins Cockpit, kippt die Leiter hoch, klappt sie zusammen und verstaut sie. Dann zieht er die Tür zu, die mit einem dumpfen Geräusch im Schloss einhakt, und lässt sich in den Sitz fallen. Er atmet den Geruch von Kunstleder und Kerosin, eine Mischung, die zur Maschine gehört wie Propeller und Flügel und die ihm in diesem Krieg fast schon zu einer kleinen Heimat geworden ist.

Alle Gedanken verdrängend, die ihn an seinem Vorhaben hindern könnten, rast er durch die Checkliste. Hundert kleine Handbewegungen, um die Maschine in Gang zu setzen. Er liebt es, dieses Knacksen der Kippschalter.

Auf das Startlicht verzichtet er, ebenso auf die Positionslichter – das rote auf der linken und das grüne Licht auf der rechten Seite sowie das weiße Licht am Heck des Flugzeugs –, die dazu dienen, Position und Flugrichtung für andere Luftfahrzeuge sichtbar zu machen. Wenn er erst mal in der Luft ist, darf er von niemandem gesehen werden.

Lew legt den Gurt an, setzt die Kopfhörer auf und aktiviert die Geräuschunterdrückung. Sofort verstummt das Gekreisch aus dem Laderaum.

Mit einem Summen und stetig lauter werdendem Dröhnen starten die Turbinen. Lew löst die Bremsen. Der Cargo-Flieger ruckelt über die perforierten Stahlplatten der behelfsmäßigen Flugpiste wie ein zu leicht gefederter Kinderwagen. Als er das Ende der Piste erreicht und den Flieger um hundertachtzig Grad dreht, um im Gegenwind starten zu können, blickt Lew erneut hinter sich durch das Cargo-Netz in den Laderaum, wo er nur noch gedämpftes Jammern wahrnimmt. Obwohl es draußen noch hell ist, ist es unmöglich, im dunklen Bauch der Maschine irgendetwas zu sehen.

Nochmals ein Ruckeln und Schlagen, als der Flieger über die provisorische Start- und Landepiste donnert, und schon sind sie, nach nicht einmal fünfzehn Sekunden, in der Luft.

Lew zieht die Maschine in einer Linkskurve nach oben. Nach zwei Minuten schaltet er den Transponder aus – ein elektronisches Gerät, das Signale von Radaren empfängt und automatisch eine Antwort mit Informationen über Flugzeugtyp, Nummer, Flughöhe, Geschwindigkeit und Richtung zurücksendet. Nun kann man ihn lediglich als schwaches Pünktchen auf dem Radar verfolgen, jedoch nicht identifizieren.

Spätestens jetzt erwartet er einen Funkspruch auf der Frequenz, die für Cargo-Transporter der Front bestimmt ist. Doch der bleibt aus. Der ganze Boden scheint zu schlafen – und das mitten am Tag. Im Krieg wundert sich scheinbar keiner mehr.

Hoch oben in der Luft, fernab vom Stützpunkt, verändert sich etwas in Lew. Er hat das Gefühl, außerhalb der Zeit zu sein, vollkommen frei und mit sich im Reinen.

Nach nicht einmal einer Stunde dreht er Richtung Südwest, Richtung Grenze, Richtung Frieden.

Unter ihm erstreckt sich ein Fluss und endlos weite, wogende, im Licht der Nachmittagssonne golden schimmernde Gerstenfelder.

Trotz Turbinen- und Propeller-Lärms überfliegt er die Grenze ohne Zwischenfall. Und obwohl es nur eine einzige Sekunde dauert, um die Grenze zu überschreiten, überkommt ihn das Gefühl, aus einem stickigen Luftraum in einen gewichtslosen zu fliegen. Er fühlt sich leichter, freier – hier, wo Frieden herrscht. Zwei Lufträume, die direkt aneinanderstoßen, nicht einen Millimeter Entfernung voneinander, und im einen Land ist das Verbotene erlaubt, während im anderen alles Erlaubte verboten ist. Wie absurd doch alles ist, was unten auf der Erde passiert.

Nach knapp zweieinhalb Stunden Flug und – kaum fassbar – komplikationsloser Überquerung weiterer Lufträume hat er sein Ziel erreicht.

65

Ein Pünktchen Licht

Nicht weit von Lews Ziel entfernt weilt Ana an einem ihrer Lieblingsplätze – an einer über Gezeitenströme vom Wattenmeer gespeisten, mit Gräsern durchzogenen, flachen Salzwasserlagune, die in die Marsch mit ihren Inseln aus Schilfrohr übergeht. Mit dem Buch in der Hand sitzt sie auf dem Holzsteg, der entlang des Ufers verläuft, und blickt auf die vom Wind geriffelte Wasseroberfläche hinab. Hier und da springen Makrelen in Flecken von Sonnenlicht aus dem Wasser. Ihre Schuppen glänzen silbrig, die dunklen Streifen an ihrer Oberseite sehen aus wie ein Labyrinth. Das Wasser ist kristallklar.

Allmählich legt sich der Abend über das Land. Der Duft von taubenetztem Grün weht durch die Luft. Hier im blaugrünen Schatten der Gräser versucht Ana, Ordnung in ihre Gedanken zu bringen. Die vergangenen Wochen – ihre Arbeit im Waisenhaus – waren so intensiv, dass sie gefühlt schon Jahre an diesem Ort lebt, der wie Magie zu sein scheint. Viele Erfahrungen und Ereignisse aus ihrer Vergangenheit kann sie für sich nun anders deuten. Vielem kann sie mit einer neuen Sichtweise begegnen, die die Wunden erträglicher macht.

Und doch. Und doch hat sie so viele Fragen. Fragen an das Leben. Warum ihr zum Beispiel kein Kind geschenkt worden ist. Ein Kind – ihre große Sehnsucht.

Sie weiß inzwischen, dass Menschen sich Träume nicht selten lebensfern ausmalen und in die Vorstellungen davon ausschließlich Momente des Glücks legen. Dass sich die Illusionen erst nach den Erfahrungen offenbaren. Doch all diese vernünftigen Gedanken greifen nicht tief. Zumindest gelangen sie nicht an den Ort dieser unstillbaren Sehnsucht in ihr.

Ana legt ihren Kopf in den Nacken und blickt für einen Augenblick zum Himmel hinauf, ganz so, als würde sie dort eine Antwort finden.

Dann widmet sie sich wieder dem Roman aus der Bibliothek. Noch ist es hell genug, um zu lesen. Ana kann noch immer kaum glauben, auf welch unglaubliche Geschichte sie in diesem Buch gestoßen ist. Es handelt von einer Frau in Anas Alter, deren Vergangenheit nahezu deckungsgleich mit Anas ist. Ereignisse, wie auch Ana sie erlebt hat. Oder wie sie vielleicht mehr Menschen erleben, als Ana bisher geglaubt hatte. Nun ist sie fast in der Mitte des Büchleins angelangt, an der Stelle, an der auch die Protagonistin eine Arbeit als Betreuerin in einem Kinderheim annimmt.

Was, wenn Ana jetzt weiterblätterte? Blätterte sie dann in ihre Zukunft hinein? Würde sie damit ihr Schicksal ändern? Ana ringt kurz mit sich, entschließt sich dann aber, umzublättern. Die Seite raschelt im Wind. Sie liest den Titel des nächsten Kapitels: *Ein Pünktchen Licht.* Wie schön das klingt, denkt sie und liest die Worte laut vor: »Ein Pünktchen Licht.«

Plötzlich hört sie ein Geräusch. Es kommt von weit oben. Sie blickt vom Buch auf und glaubt, Kerosingeruch ausmachen zu können. Und schon nähert sich ein Brummen. Ana legt den Kopf ganz weit in den Nacken und schaut hinauf, zu diesem Schwirren in der Luft. In der Ferne, noch weit oben, erkennt sie ein kleines militärgrünes Flugzeug im Sinkflug. Als es eine bestimmte Flughöhe erreicht hat, die recht niedrig zu sein scheint, kreist es eine Weile in der Luft.

Lew kennt die Gegend. Vor vielen Jahren hat er hier einige Monate als Ingenieur in einem Projekt gearbeitet. Damals, als er dieser Frau begegnet war. Seit jeher regt sich eine Sehnsucht in ihm, kribbelt ganz zart, wenn er an diesen Ort denkt. Es gibt keine bessere neue Heimat für den kleinen Jungen als hier, ist er überzeugt.

Lew studiert die Echtzeitinformationen, die der Wettersensor über Windstärke und -richtung auf das Display im Cockpit übermittelt, und berechnet im Kopf die Stelle für den sichersten Abwurf. Es ist Ebbe, und Lew kann verstreut über die Landschaft Menschen ausmachen, stecknadelkopfgroß. Einige wandern durchs Watt, andere spazieren auf den Holzstegen durch die Marsch. Erfahrungsgemäß blickt jeder nach oben, wenn etwas vom Himmel fällt. Lew vertraut ins Universum, dass das Kind jemandem direkt vor die Füße schwebt. Er schiebt alle anderen Gedanken beiseite, aktiviert den Autopiloten in aktueller Flugrichtung auf konstant bleibender niedriger Flughöhe und drosselt die Geschwindigkeit auf ein Minimum. Dann löst er das Cargo-Netz zwischen Cockpit und Laderaum und klettert zum schlafenden kleinen Jungen nach hinten.

Als er den Gurt des Jungen löst und ihn in die Arme schließt, ist der kleine Kerl sofort wach und klammert sich fest an ihn. Die kleinen Finger krallen sich in Lews Rücken. Lew durchströmen Gefühle, die er bisher nicht kannte. Gefühle tiefer Zuneigung und Verantwortung. Und mit diesen Gefühlen überfällt ihn plötzlich das Bewusstsein der Gefahr, der er sich und den Kleinen mit seinem Vorhaben aussetzt. Doch dann spürt er mit einem Mal seinen Vater neben sich – eine kaum wahrnehmbare Präsenz –, und Mut legt sich über die Angst. Lew schnallt dem kleinen Jungen einen Militärfallschirm um, zieht die Träger fest, rückt sie zurecht. Er presst das Kind ein letztes Mal an seine Brust. Spürt das Herzchen an seine Rippen pochen. Und obwohl der kleine Junge nichts von dem begreift, was vor sich geht, flüstert Lew ihm liebevoll zu: »Wir sind am Ziel. Hab keine Angst, mein Kleiner. Du wirst weich fallen in eine heile Welt, ganz bestimmt.« Tränen sammeln sich in Lews Augen. Dank dieses Jungen entdeckt er ihm völlig unbekannte Zonen des Zartgefühls. Und auch wenn der kleine Körper vor Angst bebt und sein schreckensgelähmter Mund keinen Ton herausbringt, weiß Lew, dass der Kleine ihm vertraut, als das Händchen zu Lews Wange wandert. Eine unermessliche Zärtlichkeit liegt in dieser scheuen Berührung.

Lew drückt dem Kind einen Kuss auf die Stirn.

Nur noch einmal weht ihn flüchtig ein Schatten aus Angst an, doch sogleich fühlt er sich seiner sicher wie nie zuvor. Er dreht den Schließhebel um 90 Grad, und die Tür der Ladeluke springt nach oben. Kalter Wind schießt durch den Flieger.

Lew küsst den Kleinen ein letztes Mal. Tränen brennen in seinen Augen, als er dem Jungen die Gurte des Fallschirms nochmals festzieht und die Reißleine mit einem Karabiner am oberen Haltegriff der Luke befestigt.

Ohne länger nachzudenken, schubst er den Kleinen aus der Ladeluke. Die Reißleine öffnet den Rundkappenfallschirm, löst sich und flattert im Wind. Lew zieht sie zurück ins Flugzeug und beobachtet, wie sich das oliv-schimmernde Tuch des Schirms mit einem Mal entfaltet und in die Luft stößt. Und während Lew mit einem Ruck die Ladeluke schließt, segelt der kleine Junge wie das Samenkorn eines Löwenzahns hinab. Wird kleiner und kleiner, schrumpft zu einem winzigen Punkt, der sich schließlich in der Ferne auflöst. In Lews Kopf nur das summende Vibrieren der Hoffnung.

Ana beschirmt mit der Hand die Augen. Das Flugzeug hat etwas abgeworfen, doch sie kann nicht erfassen, was es ist.

Und dann sieht sie plötzlich einen winzigen Punkt, ein spiegelndes Licht am Himmel auftauchen, das in taumelnden Bewegungen auf sie zuschwebt. Sie kneift die Augen zusammen, um schärfer zu sehen. Was ist das, das da auf sie herabweht?

Und als das Etwas näher und näher zu Boden segelt und Ana ein lautes, durchdringendes Schreien hört, versteht sie: Es ist Glück, das da vom Himmel fällt.

Lew fühlt sich leicht, wie eine zur Erde hinabgleitende Feder, als er durch den Bauch des Cargo-Fliegers nach vorne zurück ins Cockpit kriecht.

Er schaltet den Autopiloten aus und zieht den Flieger in einer weiten Kurve nach oben. Schnellstmöglich muss er aus dem fremden Luftraum verschwinden, ehe er abgefangen wird. Und so steuert er zurück in Richtung seines Landes.

Während der kleine Junge wie Flaum durch die Luft fliegt, einer neuen Heimat entgegen, ist es Lew, als fange er erst jetzt, in diesem Augenblick, an zu leben.

66

Wendung des Schicksals

Als Ana begreift, dass das Bündel Glück, das auf sie zuschwebt, in die Lagune plumpsen wird, lässt sie das Buch auf die Holzplanken fallen, streift sich die Slipper ab, steht auf und springt vom Steg hinab ans Ufer. Sie watet in das seichte, von der Hitze des Tages erwärmte Wasser – und in wenigen Sekunden nimmt ihre Geschichte eine völlig unerwartete Wende.

Unmittelbar streift das kleine Etwas die Oberfläche des Wassers, taucht ein, und noch bevor es den sandigen Boden erreicht, zieht Ana es an den Schnüren zu sich heran.

Ehe eine Windböe die Rundkappe des Fallschirms wieder aufblasen kann, löst Ana die Karabiner und presst das Bündel – ein Kind eingepackt in eine Uniformjacke mit aufgenähter Flagge, die sie sofort erkennt – fest an sich.

Das Kind schreit, verschluckt sich am Rotz, der ihm über Mund und Nase läuft, sein ganzer Körper zittert.

Ana richtet sich auf und watet mit dem Kind im Arm zurück zum Ufer. Jeder Schritt wirbelt winzige Sandkörner vom Boden der Lagune auf, die im Licht der Abendsonne unter Wasser glitzern wie ein Kaleidoskop aus Farben. Das Wasser umspielt Anas Knöchel, als sie ihre Füße aufs Ufer setzt.

Das schreiende Kind fest an sich gedrückt, stapft sie auf den Steg zu. Sie hievt das Kind auf die Holzplanken, stützt sich dann mit beiden Händen auf dem Steg ab und zieht sich nach oben. Das Holz knarrt unter ihren Handballen. Ana streift sich die Schuhe über, greift nach dem Buch, stopft es in die Tasche, wirft sie sich über die Schulter und nimmt das Kind wieder auf. Fest schmiegt sie es an sich, als sie sich auf den Weg zum Waisenhaus macht.

Immer wieder muss Ana kurz innehalten und das Gewicht des Kindes auf die andere Seite verlagern, und immer wieder streicht sie dem Kleinen übers Haar. Das Kind schließt die Augen. Sein kleiner Körper liegt schlaff in ihren Armen. Ana neigt ihren Kopf, bis ihr Ohr ganz unmerklich die Lippen des Kindes berührt und horcht: Es atmet, flach, aber es atmet. Sie nimmt die kalten, nassen Händchen in ihre Hand, führt sie zu ihrem Gesicht, riecht. Ein Geruch von Staub und Asche heftet daran, doch als sie ihre Nase tief in seine Haut gräbt, kann sie hauchfein den süßlichen Duft eines Kleinkindes ausmachen. Sie drückt dem Kind einen Kuss auf die Wange, noch einen und noch einen, und dann plötzlich entspannt sich etwas im kleinen Körper. Das Kind öffnet die Augen und schaut zu ihr auf.

Ana hält inne und blickt in das blasse, runde, schockgefrorene Gesicht eines kleinen Jungen. Seine riesigen, dunklen Augen ernst und hell. Sie lächelt das Kind mit so viel Wärme an, als ob eine Sonne in ihr aufginge. Dann sagt sie: »Hallo, mein Wunder.«

Und in diesem einen Augenblick – einem Moment von solcher Intensität – entspinnt sich zwischen den beiden ein unsichtbares Band, das sie für immer verbinden soll.

Ana läuft jetzt schneller, ja, sie rennt – dem Leben entgegen, das immer schon auf sie gewartet hat.

67

Wunder

Als sie mit schweren Beinen und völlig außer Atem das Waisenhaus erreicht, schwingt das Eisentor auf, und Ana stapft mit dem Kind den kiesbedeckten Weg durch den Garten entlang bis zur Treppe. Sie steigt hinauf. Vor der weiß lackierten Eingangstür bleibt sie kurz stehen. Mit der rechten Hand kramt sie in ihrer Tasche, zieht den Schlüssel heraus und steckt ihn ins Schloss, während sie mit dem linken Arm den kleinen Jungen hält und ihn mit dem angezogenen Oberschenkel stützt. Sie verlagert ihr Gewicht auf den linken Fuß, um mit dem rechten die Tür aufzuschieben. Mit einem Knall fällt sie hinter den beiden ins Schloss.

Das Kind in ihren Armen schrickt auf, beginnt erneut zu zittern. Ana hält kurz inne und streicht ihm zärtlich über den Kopf. Dann eilt sie durch die schwarz-weiß geflieste Eingangshalle – das Echo ihrer eigenen Schritte vertraut, doch heute unangenehm laut – und bleibt vor der Tür zu Margrets Arbeitszimmer einen Augenblick lang stehen, um wieder zu Atem zu kommen.

Sie platzt hinein, ohne anzuklopfen. Das durch die bodentiefen Terrassenfenster einfallende gedämpfte Abendlicht taucht den Raum in die Töne eines Sepiadrucks. Margret blickt zu Ana auf, in ihrem Gesicht nur stummes Unverständnis.

Da steht Ana nun, mit diesem Kind. Das nasse Haar klebt ihr in Strähnen an den Wangen. Die wassergetränkten Kleider lasten auf ihrer Haut. Immer wieder tropft es vom Saum des Stoffes. Eine kleine Pfütze bildet sich um ihre Schuhe. Noch immer keuchend, den Pulsschlag in den Ohren, der langsam der Stille und Wärme in Margrets Augen weicht.

»Mein Gott!«, stößt die ältere Dame aus, springt von ihrem Armlehnstuhl auf, eilt um den Schreibtisch herum und legt Ana die Hand auf den Arm. »Was, um Himmels willen ...«

Die triefend nasse Uniformjacke, in die der kleine Junge eingeschlagen ist, gibt Margret die Antwort auf ihre Frage.

Der Kleine beginnt wieder zu schreien. Margret greift nach dem Hörer des Telefons und drückt die Taste mit der eingespeicherten Nummer für den Notruf. Dann führt sie Ana mit dem Kind zum Sofa und schlägt eine Decke um beide. Von plötzlicher Kälte erfasst, zittert nun auch Ana. Margret eilt in den Korridor hinaus und kommt wenig später mit weiteren Decken und Handtüchern zurück. Während Ana die nassen Kleider vom Leib abstreift und sich in ein Handtuch wickelt, hilft Margret dem kleinen Jungen aus seinen Sachen und packt ihn in eine warme, weiche Decke. Keine zehn Minuten später trifft der Notarzt ein. Er untersucht den Jungen auf Unterkühlung und Verletzungen. Nachdem er all das ausschließen kann, verlässt er das Waisenhaus wieder, nicht ohne dem Kleinen vorher einen Lolli zu schenken, den er aus der aufgenähten Brusttasche seines Kittels fischt.

Margret spricht mit der Polizei und schaltet die Kinderschutzbehörde ein. In den kommenden Tagen, so sagt man ihr, wird es viele Gespräche geben, doch bis auf Weiteres sei der Junge in der Obhut des Waisenhauses am besten aufgehoben. Als Margret den Hörer auflegt, nickt sie Ana schweigend zu – mit der Andeutung eines Lächelns um die Mundwinkel. Tränen glitzern in den Augen beider Frauen.

»Meinst du, er kann hierbleiben?«, fragt Ana.

»Vertrauen wir dem Schicksal«, sagt Margret. »Das Übernatürliche ist eine eigene Wissenschaft.«

68

Bestimmung

Als der kleine Junge verpflegt und gebadet ist, in einem nach Lavendel duftenden Schlafanzug zwischen frisch gewaschenen weißen Laken liegt und endlich eingeschlafen ist, gehen Margret und Ana in die Bibliothek hinunter. Sie setzen sich an den runden, schwarz lackierten Holztisch, in dessen glatter Oberfläche sich Weinflasche und Gläser spiegeln, die Margret daraufgestellt hat.

»Was passiert jetzt wohl mit ihm?«, fragt Ana.

»Wir behalten ihn. Du behältst ihn, meine ich.«

»Ist das ... ist das nicht illegal?«, stottert Ana.

»Im Krieg ist alles illegal. Der ganze blöde Krieg ist illegal.«

»Was, wenn die Kinderschutzbehörde versucht, ihn in sein Heimatland zurückzubringen?«

»Damit er dort unter die Räder kommt? Oder vom Feind verschleppt wird, der ihn anscheinend gerade selbst davor bewahrt hat?« Margret legt eine Hand auf Anas und sagt: »Wer auch immer dieses Kind gerettet hat, hat sich diese Gedanken bereits vor uns gemacht. Und hat erkannt: Jegliches Unterfangen dieser Art würde in einer Katastrophe enden. Die Behörden sind nicht blöd. Die begreifen das genauso.«

Margret gießt Ana Wein ein und schiebt ihr das Glas über den Tisch.

Ana weiß, dass so manche sorgenvolle Zeit im Laufe der Jahre aus Margrets Instinkt einen sechsten Sinn destilliert hat, ein Gespür, das durch das Dunkel tastet und sie meistens auf den richtigen Weg führt. Und so pflichtet die Jüngere nur einen Schluck später der Älteren bei. Kaum hat Ana zugestimmt – erstaunlich wie ein bloßes Kopfnicken den Lauf der Welt verändern kann –, breitet sich in ihr ein warmes Gefühl tiefen Dankes aus.

»Ich frage mich oft, ob das, was uns passiert, bloßer Zufall ist oder ein vorherbestimmtes Schicksal«, sagt Ana zu Margret, als die beiden Frauen wenig später den schlafenden kleinen Jungen in seinem Bettchen betrachten. »Jahrelang habe ich mich nach einem eigenen Kind gesehnt, und als ich mich endgültig von all meinen Träumen verabschieden will, fällt plötzlich eins vom Himmel.«

»Wenn du mich fragst, ist das Schicksal, meine Liebe.«

»Warum glaubst du das?«

»Ich denke, das, was von innen bestimmt ist, ist Schicksal. Was von außen bestimmt ist, ist Zufall. Die eigentliche Bahn unseres Lebens ist von innen bestimmt. Selbst wenn wir unseren Weg für einige Zeit aus den Augen verlieren und alles plötzlich von unseren Wünschen und Bestimmungen abzuweichen scheint, führt er uns doch immer zu den Wegmarkern zurück, die für jeden einzelnen von uns vorgesehen sind. Vieles mag wie purer Zufall aussehen, ist jedoch Schicksal. Und wir wissen nie, wessen Schicksalskreise in einer flüchtigen Begegnung ineinandergreifen.«

Da steht Ana nun. Groß, schlank, wie mit Tusche gezeichnet. Und strahlt ihn an, diesen kleinen Jungen. Die bemalte Pflanzenwelt an den Wänden des Schlafsaals, Blattwerk bis hin zur Decke.

Sie stößt die Fenster auf und lässt die Geräusche der

Nacht hereinwehen. Draußen ist es noch immer mild. Der Mond wirft sein silbernes Licht auf den äußeren und inneren Garten, und es scheint, als fehle jede Begrenzung, als seien Saal und Garten miteinander verwachsen zu einem weitläufigen Park unter freiem Himmel. Die Blätter der Bäume rauschen in einer leichten Brise und zerteilen das Mondlicht in kleine, silbern schillernde Fischchen, die über die Wände des Schlafsaals schwimmen.

Einen Moment lang verfolgt Ana die Lichtpunkte, dann geht sie zurück zum kleinen Jungen, setzt sich auf die Bettkante und wacht die halbe Nacht bei ihm.

Sie zieht den von Staub, Dreck und Wasser durchtränkten Pyjama, den der Kleine trug, als er vom Himmel fiel, aus einer Tüte, befühlt mit der rechten Hand den Stoff und stopft ihn wieder in den Beutel. Den wird sie morgen der Polizei aushändigen müssen. In der linken Hand dreht Ana eine von Feuchtigkeit aufgequollene, mit Erinnerungen angefüllte Streichholzschachtel, die sie, in den Hosenbund des Jungen geklemmt, fand, nachdem Margret ihn aus seinen Kleidern geschält hatte. Die wird sie nicht der Polizei geben. Alles, was dem Kind bleibt, ist eine kleine Schachtel Vergangenheit, denkt Ana.

Was muss das für ein Mensch sein, der diesen kleinen Kerl gerettet hat? Der in der tiefen Schwärze des Augenblicks an Erinnerungen dachte, die für dieses Kind später die Welt bedeuten würden?

Nun ist er hier. Der kleine Mensch. Bei ihr und bei Margret. Und vom ersten Augenblick an ist Ana entschlossen, diesem Jungen eine Zukunft zu geben. Selbst wenn sie dafür kämpfen muss. Und trotz der über allem liegenden Angst, ihn irgendwann wieder hergeben zu müssen.

Auch Margret macht in dieser Nacht kein Auge zu. Sie muss denken. Nachdenken und vorausdenken, was zu tun ist, um dieses Kind vor einer Welt zu retten, die zwangsläufig irgendwann die Hände nach ihm ausstrecken wird, um es in sein Geburtsland zurückzuholen. Wenn auch erst, nachdem dieser Krieg vorbei ist. Bis dahin muss für alles eine Lösung gefunden sein.

Als Ana am frühen Morgen endlich im eigenen Bett liegt, ihr Buch aus der Tasche zieht und es dort aufschlägt, wo ein Eselsohr die Seite markiert, die sie zuletzt gelesen hat, bevor der kleine Junge auf sie herabwehte, findet sie nichts als leere weiße Seiten.

Hat sie sich das alles nur eingebildet? Oder hat sich ihr die Geschichte nur kurz geöffnet und jetzt wieder vor ihr verschlossen? Hätte es die Ereigniskette geändert, wenn sie weitergelesen hätte, bevor passierte, was passiert ist?

Kann man ins Getriebe der Welt eingreifen? Wenn ja, was und wie viel hat man selbst in der Hand?

Zeit, meine eigene Geschichte zu schreiben, sagt sie sich. Eine Geschichte, die ich am Ende meines Lebens selbst gern lesen würde.

Dann sinkt sie in einen tiefen, hellen Schlaf.

69

Staunen

Inzwischen ist es stockdunkel. Als Lew den Cargo-Flieger am Militärstützpunkt landet und feststellt, dass niemand, wirklich niemand seinen Fehltritt bemerkt hat – nicht einmal den Fluglotsen war aufgefallen, dass Lews Flieger für mehrere Stunden vom Radar verschwunden war –, bleibt er einige Minuten staunend neben der Piste stehen.

Was war mit ihm passiert? Was hat er heute getan? Nur wenige Stunden nachdem er den kleinen Jungen gefunden hatte, warf er sein Leben hinter sich und flog mit dem Kind in die Leere hinein. Und nun, nun spürt er in der fast reglosen Luft ein leichtes Zittern, ein zartes Klingen, das langsam verebbt. Wie eine Glocke am Weihnachtsabend seiner Kindheit.

Er hat es geschafft, sich gegen das scheinbar Unabwendbare aufzulehnen. Hier steht er nun, am Rand seiner kleinen Welt, und spürt, dass eine Angst von ihm abfällt und ein Glück daraus wird.

Lew hebt den Blick und sieht mit der plötzlichen Gewissheit in den Himmel, dass nicht die Zahl unserer Atemzüge das wirkliche Leben ausmacht, sondern die Anzahl der Momente, die uns den Atem rauben.

Die Dunkelheit hat ihr eigenes Licht, denkt er.

Würde ihm in dieser Nacht jemand in die Augen schauen, fände er darin den gesammelten, spiegelnden Glanz des Glücks.

70

Leuchtender Himmel

Als er die Kaserne betritt und auf leisen Sohlen über die Korridore schreitet, hallen die leeren Flure so laut von einer stillen Anklage wider, dass ein feiner Staub von Schuldgefühl und Unbehagen auf Lew herabrieselt.

Und dennoch: Wenn er durch die offen stehenden Fenster hinausblickt, strahlt das Schwarz des Himmels in dieser Nacht. Ganz so, als verhülle ein samtener Vorhang unermessliches Licht, das durch kleine Löcher im Gewebe des Firmaments als Sternenglanz hinausströmt. Ein Licht, das auch in Lew eindringt. Das ihn flutet und alles Dumpfe erhellt.

Lew spürt, dass in ihm etwas Neues und Großes beginnt, das ohne jene Prüfung nie möglich gewesen wäre. In dieser Nacht keimt in ihm ein neuer Mensch.

Er atmet die kristallklare Luft, denkt an den kleinen Jungen, der aus dem Himmel in ein neues Leben gesegelt ist, und daran, was ihm seine Mutter einst sagte: »Wenn Soldat werden oder Feigling sein die beiden verfügbaren Türen sind, musst du eine weitere Tür finden und öffnen.« Genau das hatte er getan. Er hat nach einer neuen Tür gesucht. Und was ihn nun an den kommenden Wochen am meisten reizt, ist sein Plan, weitere Türen aufzuspüren.

71

Kristjan

Kristjan heißt der kleine Junge. Noch sagt er zwar kein Wort, aber Ana hatte ein in seinen Schlafanzug eingenähtes Namensschild gefunden. Er mag etwa vier Jahre alt sein.

Sie schaut es an, das Kind, das bleich und spindeldürr mit geschlossenen Augen im Bett liegt. Vermutlich ist sein schlafender Körper kilometerweit entfernt in Erinnerungen bei seinen Eltern.

Jeden Abend sitzt sie bis in die Nacht hinein bei dem kleinen Jungen und beobachtet ihn bei seinen Reisen durch die Landschaften der Träume. Ab und an ein unmerkliches Zucken um Mund und Augen, dann ist es wieder ganz still. Nur das regelmäßige Auf- und Absenken seines zierlichen Brustkorbs. Bis auch Anas Lider zufallen, ihr Kopf schwer wird und auf ihre Brust sinkt.

Von einem sachten Laut wird sie geweckt. Ihre Augen gleiten über das Gesicht des Kindes. Die Decke bis unters Kinn gezogen, blickt der Kleine verängstigt umher. Immer wieder macht er die Augen zu, und ein leises Zittern durchfährt seinen Körper.

Ein Kind ohne Nachnamen und ohne Geburtsdatum. Ein Kind ohne Eltern. Ein Kind in einem fremden Land mit einer fremden Sprache. Ein entwurzeltes Kind.

Ana nähert sich ihm ganz sachte. Sie schlägt das Duvet

zurück, hebt den kleinen Jungen vorsichtig aus dem viel zu großen Bett, wiegt ihn sanft in ihren Armen. Sie streichelt die zerzausten Löckchen, die sich um seinen kleinen Kopf kräuseln, während er immer wieder kleine schluchzende Laute hervorstößt, die in seiner Kehle stecken bleiben. Ana sieht sich in den Augen des Kindes gespiegelt, schwebend in zwei Tränen.

Vielleicht hilft die Zeit, ihm die kleinen Schönheiten der Welt zu zeigen, denkt Ana mit einer dünnen Hoffnung. Doch wie? Wie hilft man einem Kind über all diese zersplitternden Erinnerungen hinweg?

Als Ana ihm mit einem Taschentuch die Tränen wegwischt, durchsucht der kleine Junge ihr Gesicht wie einen neuen Landstrich. Auch ihr treten Tränen in die Augen. Darf das sein? Was Anas Sehnsucht stillt, nämlich die Tatsache, dass dieses Kind vom Himmel gefallen ist, macht seine Sehnsucht aus. Ihr Glück – sein Verhängnis.

Kristjan bringt Anas noch immer unter der Asche glimmenden Traum wieder zum Aufflammen. Und sie begreift: Das eigentliche, das wirkliche, das richtige Leben spielt sich nicht woanders ab, sondern genau hier. Im Jetzt. Und sie ist mittendrin.

Bisher hatte sie immer geglaubt, es sei woanders, das wahre Leben. Lange war sie davon überzeugt, dass es sich immer von dort wegschlich, wo sie selbst gerade ankam. Es kam ihr vor wie ein Schmetterling, der davonflog, wenn man sich ihm näherte, und der in der Entfernung immer schöner aussah, eben dann, wenn er einem entwischt war. Dessen schillernde Flügelfarben sich, wenn man ihn berührte, auflösten. Doch so ist es nicht, das Leben. Es ist nicht etwas, das einem davonflattert. Man selbst ist der, der vor ihm davonläuft.

Und noch etwas wird Ana bewusst: Das Schicksal findet immer einen Weg, um den Menschen, den es für seine geheimen Vorhaben braucht, heranzuholen, auch wenn er sich verstecken will.

72

Tropfen von Licht

Ana spaziert frühmorgens mit Kristjan durch den blühenden Garten des Waisenhauses. Seine kleine Hand in ihre geschoben, blickt er zu ihr auf und lächelt sie zum ersten Mal an. Ein Augenblick von solcher Kraft, dass Ana ein Kribbeln durch den Körper fährt. Sie spürt es körperlich, dieses Glück.

Kristjans verletzte Seele kriecht Tag für Tag ein Stückchen weiter aus dem Kokon und bewegt allmählich, wenn auch noch ganz unmerklich, die Flügel.

Nie hätte Ana geglaubt, dass die Liebe zu einem Kind, auch wenn es nicht das eigene ist, in unserem Herzen einen Raum öffnet, von dem wir vorher nicht einmal wussten, dass es ihn gibt. Man wird ein anderer Mensch. Sie heilt, diese bedingungslose Liebe. Auch uns selbst.

Das Leben hatte Ana zur Expertin gemacht, Gefühle auf lagerfähige Größe zu schrumpfen, sodass sie sie in sich verstecken konnte. Doch das, was sie jetzt erlebt, die Kinder und die Schicksale, die jedes einzelne hier im Waisenhaus mitbrachte, berühren eine Stelle in ihr, die wieder intensiv fühlen und leben will.

Ana und Kristjan schlendern durch das Grün. Das Licht tropft wie Perlen von den taubenetzten Blättern, eine leichte Brise streichelt ihre Haut. Ein Vogel kreist über den beiden und verliert eine Feder. Kristjan löst seine Hand aus Anas, läuft der herabschwebenden Feder nach und fängt sie noch, bevor sie auf der Erde aufkommt. Die Feder changiert in leuchtend grünlich-violetten Tönen, jede Lichtbrechung ruft ein anderes Blau hervor. Eine Feder wie eine glänzende Folie. Als Kristjan sie Ana mit einem Strahlen reicht, erkennt sie: Es ist die Feder eines Rotschulter-Glanzstars. Die Feder eines Vogels, den es in diesem Breitengrad eigentlich gar nicht geben dürfte.

73
Gerüchte

Es gibt Gerüchte, der Pilot, der ein Flugzeug in den nicht autorisierten Luftraum eines entfernten Landes gesteuert hat und dort ein Kind des Feindes mit einem Fallschirm abwarf, stamme aus den eigenen Reihen. Es gibt Gerüchte, der Mann werde erschossen, sobald man ihn erwische. Gerüchte. Sie schwirren durch Zelte, winden sich durch Kasernenräume, hallen dort wider, wo die Grausamkeit ihren Ausgang nimmt.

Kurz sehnt sich Lew nach der angenehmen Verantwortungslosigkeit seines Lebens vor diesem Krieg, nach dem richtungslosen Dahintreiben. Doch schnell spürt er, dass er mit der Rettung dieses kleinen Jungen die Tür zu etwas Neuem aufgestoßen hat, das nun die Leere zu füllen beginnt, die sich seit einigen Jahren in ihm ausbreitete. Zum ersten Mal kann er sich ein anderes Leben vorstellen als das, das er bislang führte.

In seinem Kopf jagen die Bilder jener Nacht vorüber. Das runde Gesicht des kleinen Jungen, der winzige Körper eingepackt in seine Uniformjacke, der Wurf aus der Ladeluke und dann der olivfarbene, zart schimmernde Fallschirm, der sich wie ein flauschiges, weiches Geheimnis auf eine friedvolle Erde zubewegte.

Lew sagt sich, die Gerüchte seien nichts, worüber er sich Sorgen machen müsse. Er sagt sich, das Land habe genug zu tun und keine Zeit, mit allen Kräften nach diesem Piloten zu suchen. Er sagt sich, es werde schon alles gut, wenn er das Richtige tue.

Er hebt seinen Blick. Und genau wie die Wolke, die dort oben über den seidenblauen Himmel zieht, überschattet ihn für einen kurzen Moment die Sorge, dass es dem Kleinen in dem Leben, in das er ihn geworfen hat, nicht gut gehen könnte. Doch noch während sich Enge in seiner Brust breitmachen will, durchbricht ein Sonnenstrahl die Wolke und fällt auf ihn herab. Lew blinzelt ins Sonnenlicht hinein und vertraut: Alles wird gut.

74

Die Explosion

Lew fliegt Verbandmaterial und Medikamente an die Front. Er fühlt sich wohler in der Luft, dem Krieg nicht so ausgeliefert wie am Boden. Alles Zukünftige ist gefährlich.

Diesmal begleitet ihn ein Soldat auf dem Flug. Der knabenhafte Kerl soll an der Vorwärtsbetriebsbasis einen mit Uniformen von Gefallenen beladenen Lastwagen übernehmen und diesen zu einem nahe gelegenen Stützpunkt fahren. Die Uniformen sollen gereinigt und etwaige Löcher geflickt werden, damit schon bald wieder frische, gesunde junge Soldaten in ihnen stecken.

Es dämmert. In weiter Ferne die noch intakten Häuser und ihre flackernden Lichter. Je näher sie der Front kommen, desto dunkler wird die Erde unter ihnen.

Schon beim Anflug auf das Ziel spürt Lew das Zittern in der Luft. Ringsherum explodieren Sprengkörper. Kurz überlegt er abzudrehen, schätzt die Lage dann jedoch sicherer ein, wenn er zügig landet. Sie sind noch einige Hundert Meter von der Graspiste der Vorwärtsbetriebsbasis entfernt, an der sich sowohl Sanitätszelte als auch eine Inverwahrnahme von Gefangenen befindet. Lew fährt das Fahrwerk aus und setzt zu einer steilen Landung an. Schweißtropfen perlen auf seiner Stirn.

Das Aufsetzen auf dem unebenen Boden glückt, wenn

auch holprig. Erleichterung breitet sich in ihm aus, als die Räder auf der buckligen Erde rollen. Lew und sein junger Begleiter öffnen die Türen des Cockpits. Wind bläst hinein und kühlt ihre schweißgebadeten Körper. Wenig später kommt das Flugzeug zum Stehen.

In unweiter Entfernung kracht und feuert es. Die beiden Männer lassen die Metallleiter herunter und steigen aus. Als sie den Weg zur Vorwärtsbetriebsbasis ansteuern, ertönt plötzlich das Dröhnen feindlicher Kampfjets am Himmel. Eines schert aus und setzt zum Tiefflug an. Als es über sie hinwegfegt, wächst durch den Überdruck, den der Jet erzeugt, der Druck in ihren Ohren. Sekundenlang hören sie nichts. Dann das Kreischen einer Bombe.

Lew reißt den jungen Kameraden zu Boden, presst sein Gesicht in die Erde. Der Einschlag einige Hundert Meter von ihnen. Eine Weile liegen sie wie gelähmt da, dann heben sie langsam ihre Köpfe. Erde klebt an ihren Gesichtern, im Mund, in den Nasenlöchern. Sie versuchen, den Dreck mit den Fingern wegzukratzen, doch in den Fingerkuppen fehlt jedes Gefühl. Auch gelingt es ihnen nicht, die Erde auszuspucken, dafür fehlt ihnen der Speichel. Schwarzer zäher Rotz läuft dem Jüngeren über Mund und Kinn.

Als sie sich wie in Zeitlupe erheben, um sich weiter in Richtung Vorwärtsbetriebsbasis zu tasten, bemerkt Lew, dass einer der feindlichen Kampfjets gewendet hat und direkt auf sie zurast. Er zeigt in den Himmel und wirft sich erneut zu Boden. Der Kamerad folgt Lews Blick, reißt die Augen auf und beginnt zu rennen. »NEIN!«, schreit Lew ihm nach, doch da ist es bereits zu spät. Etwas donnert über ihn hinweg. Ein Knall. Dann ist es still. Lew regt sich nicht.

Später kann er nicht mehr sagen, wie lange er so dalag. Erst als die Vögel wieder zu zwitschern beginnen, stützt Lew sich von der Erde ab, hebt seinen Brustkorb an und versucht, auf allen vieren zur Basis zu kriechen.

Dort, wo sein Kamerad panikerfüllt hinrannte, findet Lew nichts als einen glatten, ausgehobenen Krater. Ganz so, als sei dort nie etwas gewesen. Kein Mensch. Nichts. Nichts von dem jungen Mann ist mehr übrig. Kein Körperteil, kein Fetzen Kleidung. Als habe die Bombe ihn zu Staub zermahlen.

75

Ein Universum in einem Tropfen

Eine einzelne menschliche Zelle, kaum sichtbar unter dem Mikroskop, trägt das Mysterium des Lebens über Generationen hinweg in sich. Ein geheimnisvoller Mikrokosmos, in dem die Geschichte der Menschheit verschlüsselt ist. Ein Universum in einem Tropfen. Das Kleine, in dem das ganz Große verborgen ist.

Eine einzige menschliche Zelle enthält die gesamte genetische Information für die Entwicklung eines Menschen. Eine einzige Zelle enthält den gesamten Plan und das Getriebe des Lebens. Eine winzige Einheit, die sich teilt, differenziert, spezialisiert und komplexe Moleküle produziert.

Jede einzelne Zelle fügt ein winziges Stückchen zum Wunder Mensch hinzu, indem sie gemeinsam mit Milliarden anderer Zellen den menschlichen Körper bildet.

Lange bedarf es, bis sich aus einer einzelnen Zelle dank komplexer und präziser genetischer und molekularer Prozesse der Mensch entwickelt. Hingegen nur Sekunden, um das komplexe, wundersame Leben zu zerstören.

Ganz so, wie ein über Jahre hinweg durch kontinuierliche, intensive Arbeit gebautes, atemberaubendes, höchst komplexes Gebilde aus Kohlenstoff, das durch einen einzigen zarten Hauch weggepustet werden kann, kann das Leben eines Menschen in wenigen Sekunden ausgelöscht sein.

76

Todesnähe

Als Lew noch etwa dreihundert Meter von der Vorwärtsbetriebsbasis entfernt ist, eine erneute Explosion in unmittelbarer Nähe. Die Druckwelle der Detonation erfasst ihn und schleudert seinen Körper mehrere Meter zurück. Mit enormer Wucht prallt er mit dem Rücken gegen einen Haufen aus Schutt und Geröll. Eingehüllt in einen schwarzen Nebel, der ihn zu verschlucken droht, erspäht er durch die kleinen Lücken, die der Wind in den Dunst hineinreißt, überall Tote. Entfernt schlagen Kugeln von Maschinengewehren ein, sprengen die Erde auf.

Mit einem Mal verblasst alles Licht, schrumpft zu einem winzigen Punkt. Alle Geräusche verdampfen, bis es ganz still ist. Ihm kommt es vor, als löse er sich auf. Als sei er nicht mehr im Hier und Jetzt. Ein Sturm an Bildern peitscht durch sein Hirn, zu schnell und zu grell, um einzelne Szenen festhalten zu können. Plötzlich erscheint ihm sein Leben wie etwas Abgeschlossenes, wie etwas Vergangenes. So muss sterben sein, schießt es Lew durch den Kopf. Oder ist das tatsächlich sterben? Sollte das alles gewesen sein? Sein Leben? Sein ganzes Leben? Ein paar Versuche. Ein paar Fehlschläge. Mehr nicht? Wie rasch die eigene Geschichte doch vorüber ist. Dann ist alles dunkel. Lew spürt nichts mehr. Nicht die schwere Uniform – die starr vor Schmutz ist und monatelang auf seiner Haut scheuerte und ihn aufrieb – und auch nicht die klobigen Stiefel, die viel zu eng sind und seine Füße in ein Blasenmeer verwandelten. Und dann flutet Wärme seinen Körper. Leichtigkeit. Er glaubt, aus der Welt zu verschwinden, fortzutreiben, als sich alle Schwärze auflöst und sich ein helles Licht über ihn ergießt, ihn umfängt, ihn in sich aufsaugt.

Doch nur Sekunden später zerrt jemand an ihm. An seinem Arm, an seinem Bein. Seine Lider flattern. Als seine Augen nur millimeterweit geöffnet sind, trifft die ganze grausame Realität auf seine Retina. Nachbilder als Negative leuchten in grellen Punkten auf. Er nimmt die Dinge anders wahr. Fast wie zum ersten Mal. Viel zu scharf. Zu real. Mit einem Schlag löst sich das Licht auf und füllt sich erneut mit Dunkelheit. Er hustet. Spuckt den Staub aus, der in seiner Kehle hängt und ihm das Atmen schwer macht. Er ringt nach Luft, und als seine Lungenflügel sich wieder dehnen können, trinkt er die Luft wie ein Verdurstender Wasser.

Schließlich schlägt er die Lider weit auf und blickt in die tiefschwarzen Augen, in die leere Welt eines Mädchens, dessen Tränen auf Lews Stirn tropfen. Staubverschmutztes Haar klebt an den Wangen des Kindes. Das Gesicht sieht mager und abgezehrt aus, aber kein Grauen scheint imstande zu sein, die Schönheit der weichen Züge zu verwischen. Durch die großen dunklen Augen glimmt die Angst.

Starr blicken sie einander an, bis das Mädchen plötzlich umherwirbelt und kreischt: »Meine Mama! Meine Mama! Mach sie wieder heil. Mach, dass sie wieder aufwacht!«

Lew zuckt zusammen, reibt sich mit den Handballen den Staub aus den Augen und schüttelt den Kopf, als könne er die unwirkliche Realität, die mit aller Brutalität in sein Gesicht schlägt, abwerfen. Das Mädchen schreit lauter. Unter stechenden Schmerzen stützt sich Lew auf die Hände, versucht sich aufzurichten, fällt aber immer wieder auf den

Trümmerhaufen zurück. Er beißt die Zähne zusammen und schafft es schließlich.

In seinem Gesichtsfeld die flatternden Arme des Kindes. Und dann bleibt Lews Blick am Kopf der Mutter hängen, der im Schoß des Mädchens liegt. Ein Schwall Blut läuft aus ihrem Mund. Ohne näher hinzusehen, weiß er, dass sie tot ist. Auf einmal schüttelt es ihn, und sein ganzer Körper bebt. Er schlägt sich die Hände vors Gesicht und fängt an, laut zu schluchzen wie das Kind. Bis sich eine kleine Hand über seine schiebt. Er nimmt die Hände vom Gesicht, schaut das Mädchen in einer Mischung aus Entsetzen und Zärtlichkeit an und drückt es ganz fest an seine Brust.

Wie lange sie so dasitzen, weiß er nicht. Irgendwann löst er die Kleine von sich, streicht ihr mit dem Zeigefinger das Haar aus dem Gesicht und fragt: »Wie heißt du?«

»Ludmilla«, sagt das Mädchen.

Ludmillas Blick ist leer. Inzwischen kennt Lew diesen Ausdruck, dieses Vertieftsein in sich, dieses Ausklammern der Welt, die man so, wie sie sich einem offenbart, nicht mehr ertragen kann.

»Wie alt bist du, Ludmilla?«, fragt er nach einer Weile.

»Zwölf.«

»Wo ist dein Vater?«

»Er kämpft. Er ist Soldat und verteidigt unser Land.« Die Kleine blickt wieder auf die tote Mutter und fängt erneut an, laut zu schluchzen, bis sie sich an ihren Tränen verschluckt.

»Komm, Ludmilla«, sagt Lew, »ich bring dich weg von hier.«

»Ich geh nicht von hier weg! Ich bleib bei meiner Mama.«

»Deine Mama ist nicht mehr in diesem Körper. Ihre Seele ist davongeflogen. Sie kommt jetzt überallhin mit, wohin du gehst. Sie ist zwar nicht mehr dort, wo sie war, aber sie ist jetzt überall da, wo du bist. Hier drin.« Er tippt ihr mit dem Zeigefinger sanft aufs Herz.

Ludmilla schlägt die Hände vors Gesicht und heult.

Unter Stöhnen – gequält von Schmerzen – richtet sich Lew auf, bückt sich zu Ludmilla hinunter und hebt sie hoch. Sie schlingt ihre Arme um seinen Hals und schmiegt ihre Wange an sein Gesicht. Die Vorderzähne des Mädchens graben sich in ihre Unterlippe, als sie über Lews Schulter hinweg mit leerem Blick zur Mutter hinunterstarrt. Auf das Unfassbare.

Das Kind auf dem Arm, stolpert Lew über das Feld. Überall Leichen. Er muss nicht näher hinsehen, um zu begreifen, dass sie tot sind. Beine oder Arme sind in unnatürlichem Winkel gekrümmt. Bei einem klafft im Rumpf oberhalb des Beckens ein riesiges Loch, aus dem die Gedärme quillen, bei einem anderen ist das halbe Gesicht weggesprengt. Lew hält Ludmilla die Augen zu, dreht dann selbst den Kopf weg und hinkt mit dem Mädchen weiter.

Endlich erreichen sie die Vorwärtsbetriebsbasis. Ein Großteil der Basis sowie der Sanitätszelte ist zerstört. Überall steigt Rauch vom Boden auf.

Das in der Ferne auszumachende Gefangenenlager wirkt unversehrt. Der Gegner hat präzise gezielt und ausgelöscht, ohne die – von Lews Land als Geiseln genommenen – eigenen Soldaten zu gefährden. Die Spione haben gute Arbeit geleistet.

Lew schleppt sich mit Ludmilla weiter, durch dicke schwarze Rauchwolken, bis sie das am weitesten entfernt liegende und einzig noch intakte Sanitätszelt erreichen.

Nur wenige Meter – ein solch schmaler Grat – liegt im Krieg zwischen Unglück und Glück.

Im Schatten des Zelts setzt Lew Ludmilla keuchend ab, wirft sich neben sie auf die Erde und ringt mehrmals schnell hintereinander nach Luft, bis sich seine Herzfrequenz wieder normalisiert hat. Der Blick des Mädchens schwebt im

Nirgendwo, während sich die kleine Hand zu seiner großen tastet.

Überall herrscht Chaos. Die überlebenden Ärzte und Sanitäter schwirren unkoordiniert durcheinander – wie Ameisen, die für einige Zeit den Orientierungssinn verlieren, wenn man ihr Nest zerstört hat.

Nach einer Verschnaufpause stützt sich Lew mit den Ellbogen auf der Erde ab und versucht sich wieder aufzurichten. Ein scharfer Schmerz fährt ihm durch den Oberarm. Sein Aufschrei reißt Ludmilla aus der Starre. Das Mädchen blickt plötzlich hellwach auf und kriecht zu ihm hin. Lew besieht sich seinen Arm: An der Stelle, an der die Uniform in Fetzen hinunterhängt, stecken etliche Metallsplitter tief im Fleisch. Um die Eintrittsstellen pocht das geschwollene Gewebe. Schwarzes Blut rinnt aus der Wunde.

Ludmilla legt die Hand auf Lews Unterarm.

»Halb so schlimm«, sagt er mit schmerzverzerrtem Gesicht. »Lass uns schauen, wie wir möglichst schnell hier wegkommen.«

»Die müssen raus«, sagt Ludmilla überraschend aufgeräumt und zeigt auf die Splitter, die spitz aus Lews Arm ragen.

»Halb so wild«, sagt Lew und versucht, die übrigen Stofffetzen über die Wunde zu rollen.

»Die müssen raus«, wiederholt das Mädchen. »Wenn Stückchen davon absplittern und in die Blutbahn gelangen, driften sie bis zum Herzen, und schon bist du tot!«

Lew sieht Ludmilla mit zusammengezogenen Augenbrauen an. »Woher weißt du das?«

»Meine Mama ist Krankenschwester«

»Deshalb seid ihr hierhergekommen? Weil deine Mama Krankenschwester ist? Aber warum zum Feind? Zu meinen Leuten?«

»Du bist der Feind?«, fragt Ludmilla entsetzt und schreckt auf.

»Ich war der Feind. Jetzt bin ich es nicht mehr. Ich erklär's dir später. Jetzt müssen wir hier weg.«

»Verschleppst du mich?«

»Wie kommst du denn darauf? – Ich rette dich. – Hoffentlich.«

Irgendetwas liegt in den Augen dieses Fremden, der keinen Hehl daraus macht, dass er zu den feindlichen Truppen gehört, irgendetwas Zärtliches, das ein unmerkliches Band zwischen ihnen schlingt und sie ihm vertrauen lässt.

»Was zum ...« Lew schluckt den Rest des Satzes hinunter. »Was hattet ihr, deine Mutter, was hattet ihr hier zu suchen?«, berichtigt er sich.

»Wir wollten die anderen Kinder befreien.«

»Welche anderen?«

»Die die Feinde«, sie stockt, »deine Leute, meine ich«, sie stockt erneut, »verschleppen wollen.« Sie schweigt.

Mit diesem Satz wird Lew klar, um welches Zwischenlager es sich an dieser Vorwärtsbetriebsbasis handelt und warum Ludmillas Mutter sich mit ihrer Tochter in ein derart gefährliches Gebiet vorgewagt hatte. Auch wird ihm klar, warum der Anblick seiner Wunde das Kind nicht noch weiter schockierte, sondern, im Gegenteil, blitzartig aus dem Schock riss. Weil Ludmilla diese Szenen von ihrer Mutter kannte und es ihr ein Stück Vertrautes zurückbrachte.

Panisch blickt er sich um.

»Los, komm«, sagt er zu dem Mädchen. »Wir müssen hier weg.«

»Erst müssen die raus«, sagt Ludmilla und zeigt auf seinen Arm.

»Später«, sagt Lew. »Dafür haben wir jetzt keine Zeit.«

»Dann komm ich nicht mit«, sagt das Mädchen bestimmt.

»Das geht jetzt nicht. Und wie soll ich das überhaupt anstellen?«

»Du brauchst nur eine Pinzette, etwas zur Hautdesinfektion und eine Menge Mut«, sagt Ludmilla.

»Wie schön, dass ich das immer alles bei mir trage«, scherzt Lew.

»Das hier ist doch ein Sanitätslager, oder nicht?«

Ludmilla steht auf und zerrt an Lews gesundem Arm.

Er atmet tief ein, stützt sich ab und steht schließlich mit einem zischenden Laut auf.

Es dauert etwas, bis Lew und Ludmilla Pinzette, Desinfektionsmittel und Verbandmaterial finden. Während ein völliges Durcheinander um sie herum herrscht, ziehen sich die beiden zum Schutz vor den eigenen Gefühlen in ihre eigene kleine Welt zurück. Wie eine ausgebildete Krankenschwester befeuchtet das Mädchen ein Stück Zellstoff mit Wasser und reibt Lews Haut um die Eintrittsstellen sauber.

»Das kann jetzt etwas brennen«, sagt sie, tränkt einen Zellstofftupfer mit Betadine-Lösung und desinfiziert die Stelle. »Das ist eine Jod-Lösung. Die tötet Bakterien, Pilze, Viren und andere infektionsauslösende Erreger. Sie wirkt sofort und verhindert, dass sich Keime in der Wunde ausbreiten. Sie hemmt Entzündungen und dämmt sie ein.«

»Du bist ja eine richtige kleine Ärztin.«

Um Ludmillas Mundwinkel zeichnet sich ein unmerkliches Lächeln.

Lew ist erstaunt über die versierten Handgriffe des jungen Mädchens. Es musste der Mutter viele Male bei der Arbeit zugeschaut haben.

Ludmilla desinfiziert die Pinzette und reicht sie Lew.

Mit zitternden Händen umfasst er die filigrane Zange und setzt am ersten der drei Splitter an. Er packt ihn und zieht daran. Obwohl er die Zähne zusammenbeißt, stößt er einen Schrei aus.

»Kräftiger«, sagt Ludmilla.

»Vergessen wir das«, sagt Lew und legt die Pinzette unverrichteter Dinge ab.

»Vergessen wir nicht«, sagt Ludmilla resolut, nimmt die Pinzette in die Hand, desinfiziert sie erneut, klemmt den ersten Splitter damit ein, stützt mit der linken Hand Lews Unterarm und zieht das Metallstück mit einem kräftigen Ruck heraus.

Lew schreit auf. Sein ganzer Körper schnellt hoch. Seine Stirn ist schweißnass.

Ludmilla lässt das scharfkantige, etwa drei Zentimeter lange, blutverschmierte Stück Stahl in Lews Schoß fallen, desinfiziert Wunde und Zange wieder und setzt die Pinzette, bevor er Einwände äußern kann, am nächsten Splitter an. Lew zuckt bei jeder ihrer Bewegungen zusammen.

Die dritte Metallscherbe sitzt am tiefsten. Mehrmals muss Ludmilla absetzen und es erneut versuchen. Von Lews Stirn tropft der Schweiß, doch er weiß inzwischen, dass jeder Versuch, sich Ludmilla zu widersetzen, scheitert. Das Mädchen ist fest entschlossen, die Sache zu Ende zu bringen.

Nachdem sie den letzten Splitter unter enormer Anstrengung und nach mehrmaligen Fehlversuchen endlich aus dem Fleisch zieht, desinfiziert Ludmilla nochmals die verwundete Hautfläche, bedeckt sie mit Vlieskompressen und legt Lew einen Verband aus Gaze an. Als sie die Splitter aus seinem Schoß zupfen und wegwerfen will, sagt Lew:

»Die behalte ich als Andenken an dich.« Er zwinkert ihr zu, wickelt die drei scharfkantigen Metallstücke in ein Stück Mullbinde und schiebt sie sich in eine der aufgenähten Taschen seiner Hose.

Ein Staunen überkommt Lew beim Blick in die Augen dieses tapferen, klugen jungen Mädchens. Und wieder wundert er sich in diesem Krieg. Trotz der Stärke der Explosion ist seine Verletzung relativ harmlos, was kaum zu glauben ist. Noch dazu bewahrte Ludmilla ihn vermutlich vor einer Blutvergiftung oder gar Schlimmerem – wie etwa einem Infarkt. Ein Mädchen im Alter von nur zwölf Jahren, das erst wenige Minuten zuvor seine Mutter verloren hatte.

Inzwischen ist Lew überzeugt, dass er weit mehr Glück hat, als er verdient. Seine Aufgabe ist es scheinbar, zu überleben, auch wenn er den Grund dafür noch nicht kennt.

77

Einsichten

In der ausgebrochenen Hektik wirbeln Militärfahrzeuge überall Staub auf, der in der windstillen Luft hängen bleibt. Ein Gemetzel unfassbaren Ausmaßes.

Lew findet den Ural-4320 – einen dreiachsigen Lkw mit Sechsradantrieb –, der mit den Uniformen der Gefallenen beladen ist und eigentlich von dem jungen Kollegen zu einem der nahe gelegenen Hauptstützpunkte gebracht werden sollte. Er weiß sofort, was zu tun ist. Inzwischen kennt er sich mit dem Finden von Türen aus. Wenn die beiden Möglichkeiten, die zur Lösung eines Problems zur Verfügung stehen, nicht passen, muss man eine dritte finden. Und dieser Lastwagen hier ist seine dritte Tür.

Der Schlüssel steckt. Lew hilft Ludmilla auf den Beifahrersitz, startet den Motor und manövriert das Militärfahrzeug durch das Chaos.

Wieder ist ein Kind des Gegners an seiner Seite, das er nicht einfach seinem Schicksal überlassen kann. Noch dazu wahrscheinlich sogar seine Lebensretterin, denkt er und hält den Blick starr geradeaus gerichtet.

Etwa ein Dutzend Soldaten liegen tot auf dem Weg. Einige davon in mehrere Teile zerfetzt. Da Lew nicht über sie fahren will, hält er immer wieder an, steigt aus und zieht die Glieder beiseite.

Seltsame Gedanken schießen ihm durch den Kopf. Er

fragt sich, ob es sie jemals wirklich gab, die Zeit vor der Angst. Denn jetzt wäre er froh, er könnte diese pure Angst zurückhaben, die reine Angst, die luftleere Angst, diese Angst, die ohne Tatsachen auskommt.

Er fasst sich an den Verband. Die Wunde pocht bei jeder Bewegung. Es trifft nicht immer nur die anderen. Es konnte ihn jederzeit genauso treffen. Jeden kann treffen, was irgendjemanden treffen kann. Im Krieg sowieso.

Jeder Mensch, wird ihm bewusst, steht jeden Augenblick kurz vor der Ewigkeit. Jedes Leben hängt an einem dünnen Zufallsfädchen. Und meist tritt man von der Lebensbühne auf eine Weise ab, mit der man nie gerechnet hat. Gibt es doch hundertmal mehr Wege, diese Welt zu verlassen, als sie zu betreten.

Er wird noch weit mehr hinnehmen müssen als bisher. Aber ab sofort wird er nicht mehr klein beigeben. Ab sofort wird er kämpfen – für das Richtige.

Man kann sich nicht aus allem heraushalten in der Hoffnung, das Leben lässt einen dann in Ruhe, sagt er sich, als sie nach etwa einem Kilometer das unversehrte Lager mit den Kindern erreichen, die verschleppt werden sollen.

78

Eine Möglichkeit, wiedergutzumachen

Mit dem Mädchen an der Hand pirscht sich Lew ans Zelt mit den gefangen genommenen Kindern heran. Weitere Kinder, deren Eltern von Soldaten wie ihm getötet wurden. Noch mehr Kinder, deren Zukunft bereits heute feststeht.

Die ganz Kleinen werden in seinem Land zur Adoption freigegeben und landen bei Eltern, die für den Tod der leiblichen Eltern mitverantwortlich sind. Denn auch der, der nichts tut, handelt.

Bei den etwas älteren Kindern wird man es mit Gehirnwäsche versuchen, man wird ihnen einreden, eine goldene Zukunft warte auf sie, wenn sie gefügig seien und genau das täten, was man ihnen sagt.

Diejenigen, die sich wehren, wird man beiseiteschaffen. Auch Missbrauch der Jungen und Vergewaltigung der Mädchen sind keine Seltenheit.

Alles steht bereits heute fest. Hier. An diesem Punkt. Es sei denn, ja, es sei denn, Lew ändert ihr Schicksal. Jetzt. Gleich. Es gibt immer eine Möglichkeit, wiedergutzumachen.

Ein einziger Soldat steht da und hält Wache. Ein viel zu junger Kerl. Ein älterer, ein Offizier, vermutlich sturzbetrunken, liegt neben ihm und schläft. Kriegsmüdigkeit auch unter den Wachmännern. Ein geradezu unanständiges Glück. Wie absurd das alles ist.

Etwa drei Dutzend Kinder mag ein Zelt wie dieses fassen, wenn sie eng aneinanderkauern, vielleicht etwas mehr, vielleicht etwas weniger.

Lew denkt an den Geschwaderkommandeur, der ihn erst wenige Monate zuvor aus der Luftwaffe geworfen hat. An einen, der sein wahrer Gegner ist. Nicht die Menschen, die Lew bisher tötete. Und die Erinnerung an die Entschlossenheit dieses Mistkerls, den Feind zu vernichten, ist es, die Lew nun die Entschlossenheit verleiht, den Feind zu retten.

Er beobachtet den Wachmann aus ausreichender Entfernung. Ein um die zwanzig Jahre alter, blonder Bursche mit kalkweißer Haut und roten Wangen, etwas linkisch, schmal und eingeschüchtert, steht da wie ein Kind, kerzengerade und mit viel zu großer Waffe. Lew rührt es beinahe, wie dieser junge Kerl sich abmüht, Haltung zu zeigen, Mann zu sein. Als er auf ihn zuschreitet, salutiert der Knabe mit zitternden Händen. Das helle Haar des verhärmten Burschen kringelt sich auch auf seinen Handrücken.

»Planänderung«, sagt Lew, mit Ludmilla an der Hand, und erklärt, er habe die Anordnung, alle Kinder sofort wegzubringen.

Ludmillas Fingerspitzen graben sich tief in Lews Haut.

Glücklicherweise funktioniert das Gedächtnis des blutjungen Wachmanns soldatisch. Ohne es infrage zu stellen, wird ein Befehl gehorsamst akzeptiert und befolgt. Außerdem ist der Respekt gegenüber Lew – eines um ein Vierteljahrhundert älteren Mannes – groß. Der junge Soldat legt nochmals die Hand an die Mütze und nickt.

Lew späht in das Zelt hinein. Sieht alle diese Kinder. Diese unschuldigen Kinder. Die schon jetzt mehr vom wirklichen Leben wissen als viele Erwachsene. Sie liegen auf eng aneinandergestellten, nur durch schmale Gänge getrennten Feldbetten. Die Matratzen sind dünn und durchgelegen. Einige der Kinder haben blaue Flecken im Gesicht, andere unverheilte Wunden. Die Kleider sind zerrissen und schmutzig. Nackte Glühbirnen hängen an Kabeln vom Zeltdach herunter und werfen lange Schatten. Die Luft ist stickig und schwer.

Lews Augen werden feucht. Wirkliche Anteilnahme, das weiß er jetzt, lässt sich nicht ein- und abschalten wie ein elektrischer Kontakt.

Reihe für Reihe betrachtet er die Kinder. Losgelöst von allen Wurzeln und selbst von der Erde, die diese Wurzeln nährte, gehören sie nirgends mehr hin. Der Ort ihrer einstigen Heimat ist auf keiner zukünftigen Karte mehr zu finden. Dramatisch weggeputzt. Ausradiert ohne Spur. Ab sofort sind sie überall Fremde.

Lew geht mit Ludmilla ein paar Schritte ins Zelt hinein, schaut sich um, sucht den Ältesten unter ihnen. Er braucht jetzt Unterstützung. Einen Komplizen. Und er findet ihn.

Den größten Jungen von allen pflückt er aus der Menge. Ludmillas Hand noch immer fest umfassend, schreitet er auf den Knaben zu.

»Du«, sagt Lew. »Wie heißt du?«

Ein scheuer, ängstlicher Ausdruck huscht über das Gesicht des Jungen. Sein Blick zuckt zwischen Lew und Ludmilla hin und her. Dann richtet er sich auf und zischt: »Pavel.«

»Wie alt bist du, Grünschnabel?«

»Fast siebzehn.«

»Also sechzehn.«

Pavel mustert Lew mit mürrischem Blick und kontert: »Und du? Für einen Soldaten siehst du ziemlich alt aus. Vermutlich zu alt.«

Lew legt die Finger an die Schläfen und sagt: »Richtig,

Naseweis. Ich werde demnächst unter Denkmalschutz gestellt.« Er räuspert sich kurz. Dann sagt er: »Ich brauche deine Hilfe, Pavel. Kannst du dich kurz um das Mädchen kümmern? Sie heißt Ludmilla und ist unglaublich tapfer. Ich hole euch hier raus.«

»Glaub bloß nicht, dass ich dem Feind helfe.«

»Ludmilla ist ein Mädchen von deiner Seite.«

»Aber du nicht. Du bist der Feind. Wie sollte ich einem wie dir vertrauen?«

»Dir bleibt wohl nichts anderes übrig.«

»Vergiss es! Wegen euch sind wir doch hier. Wegen euch gibt es diesen verdammten Krieg.«

Lew greift nach der Schulter des Jungen, aber der schüttelt ihn ab.

Ludmilla löst ihre Hand aus Lews, setzt sich zu Pavel aufs Bett und flüstert ihm zu: »Er ist in Ordnung.«

»Pah!«, stößt der Knabe aus und weigert sich beharrlich, Lew Respekt entgegenzubringen.

Pavel ist kein Junge mehr, das begreift Lew. Seine Kindheit war in dem Augenblick zu Ende, als die feindlichen Truppen – Lews Kameraden – in Pavels Heimatland eingerückt sind. In nur einer Nacht hat man ihm jegliches Kindsein entrissen und ihn brutal in die Welt der Erwachsenen geschleudert. Pavel hat alles verloren, was kann ihm schon noch passieren? Lew versteht das. Und wenn er ehrlich zu sich ist, weiß er, dass eigentlich er derjenige sein sollte, der diesem Jungen Respekt entgegenzubringen hat.

»Wie lange seid ihr schon hier?«, versucht Lew es sanfter.

»Eine Ewigkeit.«

»Was habt ihr so lange gemacht?«

»Überlebt.«

Lew schluckt schwer. »Pavel. Was ihr erlebt hat, ist entsetzlich. Und es tut mir leid. Dieser ganze Krieg tut mir leid.

Ja, ich war der Feind. Aber jetzt bin ich auf eurer Seite. Ich will euch helfen. Aber dafür brauche ich deine Hilfe.«

»Unsere Familien sind tot. Jede Hilfe kommt zu spät.«

»Ich bringe euch in Sicherheit.«

»Sicherheit. Was genau bedeutet das?«

»Freiheit.«

Pavel lacht abwertend.

»Es gibt einen Ausweg«, sagt Lew eindringlich.

»Nur über meine Leiche.«

Es liegt etwas derart Zuschlagendes in den Worten dieses Jungen, dass Lew den Stoß fast körperlich spürt. Und dennoch wird er wütend: »Du bist nicht nur erst sechzehn und immer noch ein Kind, sondern ein Kind, das sich für einen Mann hält. Wenn du schon derart erwachsen tust, verhalte dich auch so, und hilf mir, euch hier rauszuholen, verdammt!«

Inzwischen hat Lew begriffen, dass man Hoffnung in einem Krieg nur sparsam machen darf. Menschen im Krieg übernehmen ein anderes Vokabular. Jedes »vielleicht« verwandelt sich in ein »bestimmt«, weil die Menschen den Krieg sonst überhaupt nicht aushalten würden. Zuversicht darf man im Krieg nur vorsichtig dosiert verabreichen. Dennoch hält ihn jetzt nichts mehr davon ab, alles zu geben, um diesen Kindern ein neues Leben zu schenken.

»Was ich vorhabe, schaffe ich nicht allein«, sagt Lew zu Pavel. »Ich brauche einen starken Jungen an meiner Seite. Einen Helden. Ich brauche einen wie dich.«

»Warum sollte ich einem wie dir glauben?«

»Du hast wohl keine andere Wahl.«

»Wir brauchen keinen Retter. Schon gar keinen von der falschen Seite. Keinen, der zu denen gehört, die unsere Eltern getötet haben.«

»Ich bin nicht stolz auf das, was ich bisher in diesem Krieg getan habe. Im Gegenteil, ich schäme mich, und es tut mir leid. Aber jetzt geht es um dich. Um dich, um Ludmilla und um euch alle hier. Du bist ein starker junger Mann. Du hast sicher ein gutes Herz. Das Leben wird auf deiner Seite sein.«

»Das Leben war noch nie auf meiner Seite. Ich komme immer nur auf neunundneunzig Prozent. Immer fehlt mir dieses eine Prozent, damit alles gut wird.«

»Das Glück im Krieg ist knapp. Hier und jetzt bin ich das eine Prozent, das dir fehlt. Okay?«

Pavel schaut Lew eindringlich an, und da findet er etwas in den Augen dieses Mannes, eine Zärtlichkeit, die schon Ludmilla bemerkt hatte und die ihn glauben lässt.

»Alles klar?«, fragt Lew.

»Was soll's«, murmelt Pavel, »Es ist leichter, wenn einem alles egal ist. Dann ist mir jetzt alles egal. Scheißegal!«

»Gut, wenn das bedeutet, dass ich auf dich zählen kann, soll's mir recht sein«, sagt Lew. »Kümmere dich um Ludmilla. Sie hat vor ihren eigenen Augen ihre Mutter verloren. Wie vermutlich die meisten von euch.«

Pavel blickt das Mädchen an. Er kann förmlich sehen, wie sich der Schock über den Tod der Mutter zurück in ihr Bewusstsein schleicht. Rotz läuft ihr über den Mund, Tränen ziehen Spuren in ihren schmutzigen Wangen. Die Erinnerung an die Explosion, an den Tod der Mutter steht jetzt wieder in aller Deutlichkeit vor ihr. Alles um Ludmilla herum ist plötzlich zu hell und zu greifbar. Die Verdrängung der Wirklichkeit, während sie sich um Lews Wunde gekümmert hatte, funktioniert nicht länger. Hier in diesem Zelt mit all diesen Kindern, die ihre Familie verloren haben, zeigt sich die Grausamkeit in aller Schärfe. Die plötzliche Klarheit der Situation, das berstende Wissen darüber, dass die Vergangenheit mit ihren Eltern durch diesen Krieg zu einem Ende gekommen ist, überwältigt sie, und ihr ganzer Körper erschauert. Pavel legt ihr tröstend den Arm um die Schultern. Sie schluchzt auf.

Dies ist der Moment, an dem Pavel den letzten Zipfel einer Möglichkeit ergreift. Einer einzigen und vielleicht letzten Möglichkeit, um noch Schlimmeres zu verhindern. Er streichelt Ludmilla zaghaft am Arm, sieht zu Lew auf und nickt.

»Dann bist du also ab sofort mein Komplize?«

Pavel nickt abermals.

»Erkläre den Älteren, dass wir fliehen werden. Die Großen kümmern sich um die Kleinen. Verstanden? Und keine große Sache daraus machen. Ich bin gleich wieder da, ich muss mich schnell um ein paar Dinge kümmern.«

Lew marschiert nach draußen und prüft, ob der ältere Wachmann noch immer schläft. Ein Schnarchen macht ihm Hoffnung für sein Vorhaben und auch, dass der Jüngere noch immer kerzengerade dasteht und sich kein Räuspern erlaubt.

Lew schreitet zum Lkw, rollt die hintere Plane hoch, schnürt sie am Dach fest, klettert auf die Ladefläche und schichtet die gebrauchten Uniformen zu einem Stapel auf.

Währenddessen informiert Pavel die älteren Kinder, genau wie Lew es ihm aufgetragen hat.

Einer der großen Jungen, er mag in Pavels Alter sein, fragt: »Was soll der Scheiß?«

»Frag ihn«, antwortet Pavel und deutet mit dem Kinn auf Lew, der gerade zurück ins Zelt kommt, »der ganze Schwindel ist seine Idee.«

»Hey, Mann, wie sollen wir dem trauen?«

»Soweit ich das beurteilen kann, ist der Typ okay«, sagt Pavel zu dem Jungen. »Los, komm, ich trau ihm mehr als den anderen da draußen.«

Mürrisch schließt sich der Junge dem Wahnsinn an.

Schließlich gibt Lew den Kindern mit einem Wink ein

Zeichen, ihm nachzugehen. Auf leisen Sohlen, um den älteren Wachmann nicht zu wecken, folgen sie ihm aus dem Zelt über brachliegendes Ackerland bis zum Lkw.

Lew klettert abermals auf die Ladefläche und wirft jedem Kind eine der blutverklebten, zerrissenen und stinkenden Uniformjacken der gefallenen Soldaten seines Landes zu. »Schlüpft da rein. Ihr Älteren seht zu, dass auch die Knirpse in einer stecken, bevor es losgeht.«

Pavel zieht die Augenbrauen zusammen und rümpft die Nase: »Sicher nicht!«

»Anziehen habe ich gesagt!«, wiederholt Lew.

»Niemals«, sagt Pavel.

»Gut. Wenn du lieber sterben willst.«

Lew wendet sich Ludmilla zu: »Komm, meine kluge kleine Ärztin. Zieh dir eine der Jacken an und sorg dafür, dass jedes Kind eine trägt, bevor wir losfahren. Die Jacken werden euch schützen.«

Ludmilla nickt.

Als alle Kinder eine Uniformjacke vom Feind anhaben, zieht sich schließlich auch Pavel mürrisch eine über.

Danach hilft Lew jedem Kind auf die Ladefläche, bis alle aneinandergedrängt dahocken. Abschließend rollt er die Heckplane herunter, steigt in den Wagen, lässt die Zündung an und nickt dem jungen Wachmann beim Vorbeifahren zu.

Er steuert den Ural-4320 einen holprigen Weg entlang. Auf der unebenen Straße schaukelt der Lastwagen hin und her. Nach nur wenigen Kilometern sieht er sie: tote Frauen und Kinder. Im Graben. Fast alle in Pantoffeln. Ihr in letzter Minute zusammengepacktes Hab und Gut um sie herum verstreut. Von seinen Landsleuten in den Tod gerissen. Außerdem Verwundete, die – soweit sie noch bei Bewusstsein sind – dem Lkw ausdruckslos hinterherstarren. Lew wendet den Blick ab. Wenn er dies hier schaffen will, muss er die Straße im Auge behalten. Obendrein hat er Angst. Angst vor dem Moment, in dem der Anblick zerfetzter Menschen und Leichen zur Gewohnheit wird und zu einer Nebensächlichkeit verkümmert.

Kampfjets der eigenen Truppen sausen im Tiefflug über sie hinweg. Nähern sich mit tausend Kilometern pro Stunde dem nächsten feindlichen Ziel. Nur wenige Minuten später hören Lew und die Kinder einen ratternden, lärmenden Kugelhagel, der auf Glas und Metall niederprasselt. Explosionen folgen. Schreiend halten sich die Kinder auf der Ladefläche die Ohren zu.

Der Weg bis zum Militärflugplatz dauert etwa drei Stunden. Inzwischen dämmert es. Der Wind streicht über verlöschende Felder, bis sich der Himmel mit dem Schwarz der Nacht füllt.

79

Pavel

Pavel hockt Schulter an Schulter mit den anderen Kriegswaisen auf der Ladefläche des Lkws. Ludmilla schmiegt sich eng an ihn. Der Lastwagen rumpelt über unbefestigte Straßen, bei jeder Unebenheit stoßen die Kinder gegeneinander. Pavels Gesäß wird einige Zentimeter über die Ladefläche angehoben und fällt mit einem kräftigen Stoß aufs Metall zurück. In der Ferne verwandeln Artilleriegeschütze, Raketen, Drohnen und Kampfjets weitere Städte in schwarze, rauchende Ruinen.

Inmitten des Schreckens und der anderen verlorenen Kinder verblassen die Stimmen und Gesichter seiner Eltern viel zu schnell, lösen sich in bloßen Rauch auf. Aber vielleicht ist das auch nur ein Schutz des Unterbewussten, damit ihn der Schmerz nicht völlig zerreißt.

Hin und wieder schiebt sich eine Erinnerung in sein Bewusstsein, die er mit einem festen Zusammenkneifen der Augen wegzuschieben sucht, da sie sonst nicht auszuhalten wäre.

Wie soll er sich jemals wieder in dieser zerstückelten Welt zurechtfinden? Beim Gedanken an das Unbekannte sickert ihm eine solche Schwere ins Herz, dass er glaubt, nie wieder aufstehen zu können. Er öffnet die Augen und lässt seinen Blick über all die Kinder schweifen, denen nicht nur die Gegenwart, sondern auch die Zukunft geraubt wurde. Zumindest die Zukunft, die sich richtig anfühlen würde – eine Zukunft inmitten der eigenen Familie.

Pavel erinnert sich an das, was sein Vater stets zu ihm gesagt hatte: »Schau nicht zurück, mein Sohn. Das Leben liegt vor dir.« Aber wie soll er nach vorne schauen, wenn da nichts mehr ist? Tränen sammeln sich in seinen Augen, und dann plötzlich bricht etwas in ihm auf, und er schluchzt wie ein kleines Kind.

Ausgerechnet Ludmilla, die erst vor wenigen Stunden die eigene Mutter sterben sah, tastet nach seiner Hand und drückt sie fest. Seine Tränen ziehen Spuren im staubbedeckten Gesicht, tropfen vom Kinn. Mit den Handballen reibt Pavel sich die Augenwinkel. Dann legt er Ludmilla einen Arm um die Schultern, zieht das Mädchen noch dichter an sich heran und lehnt seinen Kopf an ihren.

80

Ein Stück Licht

Nach zwei Stunden Fahrt parkt Lew den Lastwagen im Wald. Er geht zur Beifahrerseite, öffnet sie und lädt aus, was er von den Vorräten der Wachmänner am Gefangenenlager gestohlen hat: einen Sack Kohle und einen Beutel mit Kartoffeln.

Er bahnt sich einen Weg durch das Unterholz und errichtet wenige Meter vom Lkw entfernt ein notdürftiges Lager, das von keiner Seite her einsichtig und hinter so hohen Tannen verborgen ist, dass selbst der Schein eines Feuers aus der Ferne unentdeckt bliebe. Es ist wichtig, dass die Kinder etwas Warmes essen, bevor er seinen Plan umsetzt.

Lew lässt die Kohlen auf die Erde kullern, schert sie mit den Innenseiten seiner Stiefel zu einem kleinen Hügel zusammen, steckt die zerknüllten Seiten einer alten Zeitung, die er im Militärlastwagen gefunden hat, dazwischen und entzündet ein Feuer. Von den Bäumen bricht er ein paar dünne Äste, schneidet die Rinde an jeweils einem Ende zu einem Spitz zusammen und spießt mit jedem eine Kartoffel auf. Schließlich geht er zurück zum Lkw, weckt die Kinder mit gedämpfter Stimme und hebt eines nach dem anderen von der Ladefläche. Er führt sie zum Lagerplatz, verteilt die Spieße. Wenig später schlingen die Kinder dampfende, halb gare Kartoffeln hinab, als hätten sie seit Tagen nichts gegessen. Als Lew zu Pavel blickt, dreht der Junge den Kopf weg.

»Was ist?«, fragt Lew.

»Was soll das alles hier? Ändert doch nichts. Früher oder später schnappen sie uns, und alles ist aus. Vermutlich prügeln sie uns dann, weil wir mit dir geflüchtet sind.«

»Werden sie nicht.«

»Und wer sagt das?«

»Es wird alles gut gehen.«

»Wie kann etwas gut gehen, wenn alles falsch ist?«

Lew legt die Hand auf Pavels Schulter, doch der Junge schüttelt sie ab. Schweigend blicken sie ins Feuer. Einzelne Funken stäuben in die Höhe, segeln eine Weile in der Luft umher und verlöschen schließlich.

»Die Kohlen dort«, sagt Lew.

»Was ist damit?«

»Ist es nicht verrückt: Jedes einzelne Stück dieser nachtschwarzen Kohle besteht aus abgestorbenen Pflanzenresten. Vor vielen Millionen Jahren haben sie sich in der Erde abgelagert und unter Hitze und Druck in Kohle verwandelt. In Kohle, die uns heute wärmt. Längst vergangene Epochen stecken in jedem kleinen Stück. Kohle ist sozusagen die gespeicherte Energie aus schon ewig verstrichenen Zeitaltern. In ihr steckt das Sonnenlicht aus der Vergangenheit.«

»Was für ein Blödsinn! Soll das Schulunterricht sein?«

»Lebensunterricht«, sagt Lew und fährt fort: »Kohle ist quasi ein Stück Licht. Ein Stück Licht aus der ursprünglichen Welt. Und genauso, wie uns die gespeicherte Energie aus längst vergangenen Zeiten in dieser Nacht wärmt, werden es irgendwann deine Erinnerungen an das Schöne deiner Vergangenheit tun und dir ein Licht sein in deiner Zukunft. Denn du wirst eine haben, eine Zukunft. Eine große sogar.«

Pavel schweigt. Das Glühen der Kohle tanzt vor seinen Augen.

Ein lauer Wind zieht heran. Er trägt Regentropfen mit sich. Mit jedem Tropfen, der die Glut trifft, zischt das Feuer auf. Pavel greift sich einen Ast vom Waldboden und stochert in der Kohle herum. In seinen Augen schwimmt das Licht des Feuers wie in zitternden Wassertropfen. Der Regen wird stärker. Rauchschwaden ziehen in den schwarzen Himmel. Es ist Zeit zu gehen.

Sie warten noch, bis die Kohlen verglimmen. Dann helfen Lew und Pavel einem Kind nach dem anderen zurück auf die Ladefläche des Lkws.

Schließlich setzt sich Lew ans Steuer, lässt die Zündung an und manövriert den Lastwagen quer durch Unterholz und Gestrüpp aus dem Wald hinaus. Das Licht der Scheinwerfer schneidet durch die Dunkelheit. Das Einzige, was die Stille durchbricht, ist der Motor des Lkws.

In ihrem Rücken ein pulsierendes Emporlodern des Horizontes. Wieder eine Stadt, kilometerweit entfernt, die verglüht.

Eine Weile fahren sie durch die Finsternis, bis Lew in der Ferne stecknadelkopfgroße Lichter aufblitzen sieht – da liegt er vor ihnen: der Militärflugplatz.

81

Der Plan

Inzwischen ist es 3 Uhr morgens. Die Gebäude des Flughafens ruhen völlig im Dunkeln. Das gesamte Militärgelände liegt still da – wie im Koma. Die Tore sind geschlossen. Lew fährt mit dem Lkw querfeldein über Äcker und Felder, löscht schließlich das Licht des Wagens und steuert den Ural-4320 über Rollfeld und Landebahn zu einem der geparkten Truppentransportflugzeuge. Dort stellt er den Lkw ab und steigt aus. Auf der Ladefläche ist es ruhig.

Es hat aufgehört zu regnen. Der Nachthimmel ist klar. Einen Augenblick hält Lew inne, nimmt einen tiefen Atemzug und hebt den Blick auf die wandernde Landschaft der Sterne. Hier und dort zieht eine weiße Wolke über das Schwarz. Wenn wir etwas Falsches tun, um das Richtige zu tun, ist es dann falsch? Immer wenn Lew den Sternenhimmel betrachtet, ist ihm, als reise er aus der Zeit davon. Noch eine Weile blickt er hinauf ins Firmament, dann tastet er sich langsam aus der Sicherheit dieses Moments zurück ins Jetzt.

Er kennt die Antonow An-26 wie seine Hosentasche – ein Militärflieger, der für dreißig bis vierzig Fallschirmjäger ausgestattet ist. Reichweite und Geschwindigkeit des mit zwei Turboprop-Triebwerken und befahrbarer Heckrampe versehenen Hochdeckers sind optimal für sein Vorhaben. Auch seine Fähigkeit zum Tiefflug, die es ermöglicht, der Radarerkennung zu entgehen. Das Transportflugzeug kann selbst von kurzen, unbefestigten Pisten aus starten und landen sowie Fallschirmspringer und Lasten während des Flugs aus der Luft absetzen. In Lews Ausbildung bei der Luftwaffe hat er diese Maschine hundertmal gesteuert.

Auch wenn die An-26 als Mehrbesatzungsflugzeug konzipiert ist und eine Crew aus mehreren Personen erfordert – Pilot, Co-Pilot und Besatzungsmitglieder für Navigations- und Frachtaufgaben –, ist Lew die Maschine im Training schon allein geflogen und traut es sich auch jetzt zu. Eine andere Wahl hat er ohnehin nicht.

Als er die Plane des Lkws hochrollt und auf die Ladefläche klettert, besieht er sich die Kinder, die eng aneinandergepfercht schlafen oder dösen. Trotz spätsommerlicher Temperaturen und Uniformjacken fährt dem ein oder anderen Kind ein Beben durch den Körper und lässt es immer wieder erzittern.

Lew blickt zu Pavel hinüber, dessen Arm um Ludmillas zuckenden Schultern liegt, steigt über Füße und Beine zu dem Jungen, legt ihm die Hand auf den Arm und sagt mit gedämpfter Stimme: »Es geht los, Pavel. Bist du bereit?«

Der Junge schrickt auf, öffnet die Augen und fragt: »Was genau hast du mit uns vor?«

»Schon mal geflogen?«

»Was soll das?«

Lew zeigt mit ausgestrecktem Finger auf den Hochdecker.

»Niemals«, sagt Pavel.

Lew geht nicht auf Pavels Protest ein. Er weiß: Seine eigene Angst kann er nur verdrängen, wenn er die der Kinder ignoriert. »Es wird unvergesslich«, sagt er.

»Was soll das?«, wiederholt Pavel, inzwischen energischer.

Lew zeigt nochmals auf die Antonow. »Ihr steigt jetzt alle in den Bauch dieses Flugzeugs und hockt euch auf die seitlich montierten Klappstühle. Dann komme ich und schnüre euch einen Fallschirm um. Die Reißleinen der Schirme werden in eine Stange eingehakt, die unterhalb der Decke des Flugzeugrumpfes verläuft. Sobald ihr springt, reißt die Leine am Fallschirm, und er öffnet sich. Ihr müsst gar nichts machen. Die Großen kümmern sich um die Kleinen.«

»Ausgeschlossen!«

»Eure einzige Chance.«

»Vergiss es!«

»Pavel, der Faden des Glücks ist in eurem Fall die Reißleine eines Fallschirms.«

»Du meinst, wir sollen alle aus diesem Flugzeug ...? Auch die Kleinen?«

»Genau«, schneidet Lew ihm das Wort ab.

»Dann sind wir tot.«

»Nein, Pavel. Ihr seid tot, wenn ihr nicht springt.«

»NIEMALS!«

»Es ist eure einzige Chance. Denk an die anderen. Du bist ihr Vorbild. Ihr Anführer. Ihr Held. Klar?«

Pavel nickt zurückhaltend. Schlimmer, als es ist, kann es nicht mehr werden.

Schließlich weiht Lew den Jungen konkret in seinen Plan ein und erklärt ihm jeden Schritt mehrmals.

Der Tower ist nicht besetzt. Die Flugsicherheit schläft. Noch immer kein einziges Licht in den angrenzenden Gebäuden. Sie fühlen sich sicher auf ihrer Seite, seine Kameraden. Zu sicher. Und das ist Lews Chance.

Sie werden vom Lärm der startenden Maschine geweckt

werden, aber sobald sie begreifen, ist er bereits vom Radar verschwunden.

Im Kopf geht Lew nochmals die Flugroute durch. Nur nicht über Kriegsgebiet. Nur nicht über Militärgebiet. Nur nicht dort, wo Suchscheinwerfer über den Himmel schwenken.

82

Der Flug

Lew zieht jedem Kind einen Fallschirm-Harness über Schultern und Taille – ein spezielles Sicherheitsgurtwerk, das den Fallschirm am Körper hält und aus einer Reihe von verstellbaren Riemen und Schnallen besteht. Dann justiert er die Schultergurte, schließt und verriegelt den Brustgurt, legt die Beinschlaufen um die Oberschenkel und zieht sie fest. Er überprüft die Ausrüstung bei jedem Kind zweimal, bis er ganz sicher ist, dass der Fallschirm richtig sitzt und die Kräfte, die während des Falls und der Landung wirken, gleichmäßig über den Körper verteilt werden. Nur so kann den Kindern nichts passieren.

Schließlich hängt er die Karabiner der Reißleinen an einer der beidseits unter der Decke des Flugzeugs entlang laufenden Stangen ein, damit sich jeder Fallschirm nach dem Absprung eines Kindes aus der Ladeluke automatisch öffnet. Er instruiert die älteren Kinder, die jeweils hinter einem jüngeren platziert sind, wann und wie genau sie dem vorderen Kind den entscheidenden Schubs aus dem Flugzeug geben müssen, um dann rasch danach selbst abzuspringen. Lew überträgt Pavel die Gesamtverantwortung und platziert ihn als letzten Springer.

Auf die Ängste und das Schluchzen der Kinder geht Lew nicht ein. Das würde ihn seinen letzten Fetzen Mut kosten.

Schließlich klettert er nach vorn ins Cockpit. Als er sich auf den Ledersitz hievt, nimmt er den vertrauten Geruch nach Öl und Metall wahr. Draußen ist es stockdunkel, doch Lew wagt es nicht, das Licht im Cockpit einzuschalten. Zu riskant, dass ihn jemand sehen könnte. Stattdessen klemmt er sich eine Taschenlampe zwischen die Zähne, um die Checks auszuführen. Er beherrscht die Handgriffe blind, und nur wenige Minuten später ist er bereit zum Start.

Noch nie hat er etwas getan, das so viel Sinn ergibt. In seinem Kopf zeichnet er nochmals die Karte der angrenzenden Länder nach. Wickelt einige Zentimeter imaginärer Bilder ab und rollt sie wieder auf.

Kurz hält er inne. Er ist sich sicher, dass sich sein Herzschlag im kritischen Bereich bewegt. Doch wenn er jetzt zögert, schnappen sie ihn, die eigenen Leute. In jenem Fall wird sich nie wieder eine Gelegenheit bieten, wiedergutzumachen.

Was in den vergangenen Stunden passiert ist, verleiht Lews Plan eine neue Dringlichkeit. Ihm bleibt keine Zeit. Für Angst ist es zu spät. Er startet die Triebwerke. Zuerst das rechte, gleich darauf das linke.

Hektik bricht am Militärflughafen aus, als der Hochdecker zur Piste rollt, darüberdonnert und mit gewaltigem Dröhnen abhebt. Eine Flugzeugentführung, denken die einen, ein geheimer Auftrag, denken die anderen.

Eine mondlose Nacht. Diese Verschwendung von Sternen! Unter ihm weit und breit kein Licht, kein Strom, bloß hier und da abgedunkelte militärische Anlagen. Anfangs hat Lew Mühe, den Horizont auszumachen. Vermutlich dort, wo die Sterne aufhören, doch es fehlt jeder Strich, jede Grenze. Lew hält die Maschine im Tiefflug, um möglichst den Radarstationen zu entgehen. Gerade hoch genug, um nicht eine dieser Antennen, dieser hundert, zweihundert, dreihundert Meter hohen Masten zu rammen.

Er fliegt wie in Tinte. Nur das Leuchten seiner Instrumente. Mit der Zeit lässt die Anspannung nach. Lew liebt es, dieses Fliegen bei Nacht. Wenn die Luft unberührt ist und regungslos über der Welt liegt, einzig darauf wartend, von ihm durchschnitten zu werden.

Auf das Navigationssystem kann er sich nicht verlassen. Das weiß er. Nicht selten liefern Störsender falsche Koordinaten. Lediglich auf den magnetischen Kompass, auf dieses faustgroße Relikt aus den Zeiten der Weltentdeckung, das selbst heute in keinem modernen Verkehrsflugzeug fehlen darf.

Kurz vor Sonnenaufgang spiegeln sich die Sterne in den flachen, glatten Seen, die er überfliegt. Und bald ein Schimmer von Dämmerung. Dieser Moment, genau an der Grenze zwischen Nacht und Tag, ergreift ihn immer wieder. Lew sieht zu, wie der erste Hauch Sonnenlicht – ein zaghaftes Tagblau – am Horizont hinaufzieht und die Sterne nach und nach erlöschen.

Kurz knipst er das Laderaum-Licht an, blickt nach hinten. Einige der Kinder scheinen aus purer Erschöpfung eingeschlafen zu sein. Besser so. Lew löscht das Licht wieder und blickt in die sich auflösende Schwärze der Nacht hinaus. Sonnenstrahlen kriechen hervor und lassen den Horizont golden schimmern. Die Welt unter ihm verwandelt sich in ein Relief mit langen Schatten. Und eine halbe Stunde später liegen Bäume, Wiesen und Häuser zum Greifen nah in der klaren Morgenluft. Hier ist es friedlich. Hier ist es gut.

Kurz darauf erblickt er die Küste und den Ort, an dem er bereits den kleinen Jungen hat aus dem Himmel fallen lassen. Zeit, die Kinder für den Sprung bereit zu machen.

83

Ein Meer aus Fallschirmen

Lew schaltet den Autopiloten ein und klettert nach hinten zu den Kindern in den Bauch des Hochdeckers. Er handelt schnell, da jedes Zögern zum Scheitern seines Plans führen würde. Die Kinder kreischen. Er befiehlt ihnen, sich in zwei Reihen hintereinander aufzustellen.

Ein metallisches Schnappen ist zu hören, als er die Verriegelungen der Heckrampe löst. Dann wendet er sich einem Panel mit mehreren Hebeln, Schaltern und Kontrollleuchten zu. Er umfasst einen der Hebel und zieht ihn nach unten. Das laute Zischen der Hydraulikpumpen ertönt. Es folgt ein Quietschen und Knarren, als sich die Heckrampe nach unten hin aufklappt.

Ein heftiger Luftstrom stößt in den Frachtraum. Der Wind pfeift, zerrt an Kleidung und Ausrüstungen. Das Kreischen der Kinder ist jetzt scharf wie Metall. Instinktiv tasten ihre Hände nach stabilen Gegenständen, an denen sie sich festhalten können.

Das Dröhnen der Motoren erfüllt die Luft, während die Panik im Laderaum mit jeder Sekunde größer wird. Drei Dutzend Kinder stehen da, schlotternd vor Angst, die Leinen ihrer Fallschirme mit einem Karabiner an einer der beiden Metallstangen eingehakt, die unter der Decke des Frachtraums verlaufen.

Die Größeren haben Hemmungen, die Kleinen nach

draußen zu schubsen. Sie selbst sind starr vor Angst. Ohne nachzudenken, packt Lew das erste Kind und stößt es hinaus. Dann das nächste ... Das Klicken von Schnallen und Ausrüstungen. Schreie durchschneiden die Luft, als sie nacheinander in die Leere stürzen.

Der Lärm der Motoren verblasst in der Ferne, während sie tiefer und tiefer fallen. Von der Welt losgelöst, schweben sie schwerelos in der unendlichen Bläue des Himmels. Für den Bruchteil einer Sekunde scheint die Zeit langsamer zu vergehen.

Der Wind reißt an ihren Fallschirmen. Wie Blütenblätter entfalten sich die runden Kappen und schnellen über ihren Köpfen in die Höhe. Dann gleiten die Kinder durch die Luft.

Lew blickt auf die geöffneten Kappen hinunter, die der Erde entgegenschweben. Die Fallschirmseide schimmert im Sonnenlicht. Die einzelnen, durch Nähte verwirkten Segmente des beschichteten oliv-glänzenden Polyamid-Gewebes sehen von oben aus wie Waben, wie ein Mosaik. Die Nylonfäden der Einfassungen wie ein Netz aus Schatten und Licht. Jeder Fallschirm – mit seiner kleinen runden Öffnung am Scheitel, durch die die angestaute Luft entweichen kann und so ein Pendeln verhindert – erscheint ihm wie der wundersame Blick in ein Kaleidoskop.

Pavel ist der Letzte. Lew fasst ihn mit beiden Händen an den Schultern, blickt ihm in die Augen und brüllt ihm ins Ohr: »Du bist ein prima Kerl, Pavel.«

»Ich kann nicht«, schreit Pavel. Er zittert. In seinen Augen schimmern Tränen.

»Du kannst!«, liest er von Lews Lippen ab. Trotz des Brüllens verschluckt der Lärm die Worte, der Wind zerreißt sie und treibt die Fetzen davon. Pavel versucht, Lews Mundbewegungen zu entziffern: »Leben bedeutet fallen zu können«, versteht er. Pavel schüttelt den Kopf. Lew presst den Jungen für den Bruchteil einer Sekunde an seine Brust, löst ihn wieder von sich, nickt ihm zu und formt mit seinen Lippen eine letzte lautlose Ermutigung.

Dann springt Pavel.

Auch sein Fallschirm entfaltet sich in der Luft wie ein Blütenblatt. Den Himmel berührend, von Stille getragen, gleitet er mit den anderen Kindern über dem Fluss der Zeit einem neuen Leben entgegen.

Lew blickt ihnen nach, bis sie kleiner und kleiner werden, zu winzigen Punkten schrumpfen, die sich schließlich in den Farben der Marsch auflösen.

Der Zauber dieses Augenblicks hält ihn für einen Lidschlag gefesselt. Dafür lohnt es sich zu sterben, denkt er.

Eine Sekunde später drückt er den Hebel am Kontrollpanel nach oben. Die Heckrampe schließt sich mit einem erneuten Zischen. Er verriegelt sie, stürzt durch den Laderaum und klettert zurück ins Cockpit. Er schaltet den Autopiloten aus und macht sich auf den Weg zurück.

Wie gern würde Lew landen und um Asyl bitten. Doch nach allem, was passiert ist, wäre das zu einfach. Er hat eine Mission: Er muss versuchen, weitere Kinder vor der Verschleppung zu retten. Auch wenn das bedeutet, dass sein Land ihn früher oder später schnappen wird.

Während die Kinder durch die Luft gleiten, fangen ihre Ohren die Geräusche der Natur um sie herum ein. Das Rauschen des Windes, das gelegentliche Zwitschern eines Vogels, das Flüstern der Blätter in den Bäumen, als sie sich dem Boden nähern, und das Tosen des in der Ferne auszumachenden Meeres. Bald schon erstreckt sich unter ihnen ein Pampasgrasfeld, ein Teppich aus meterhohen Halmen, deren silbrig funkelnde Wedel sanft im Wind wiegen. Der Duft von Erde steigt zu den Kindern empor, als sie auf das Feld zuschweben.

84

Was vom Himmel fällt

Ana blickt in ein wolkenloses Blau, in einen grenzenlosen Himmel, als sie in die Pedale ihres Fahrrads tritt und einen Hügel hinuntersaust. Die Luft glasklar. Der Fahrtwind bläst ihr ins Gesicht. Einzelne Haarsträhnen lösen sich aus dem locker gebundenen Zopf und wirbeln um ihren Kopf. Der Rahmen des Fahrrads vibriert auf der unebenen Straße. Die Reifen surren auf dem Asphalt. Sie schmeckt die salzige Brise. Bald erreicht sie die Küste. Wie sie sich freut an diesem frühen Morgen – auf ein Schwimmen im Meer.

Plötzlich ertönt ein Dröhnen in der Luft. Ein riesiges Militärflugzeug. Zuerst durchbricht der Lärm der Turbinen die Stille, dann erscheint es direkt über ihr. Der Rumpf leuchtet golden von der aufgehenden Sonne. Zwei Kondensstreifen wie feiner rosafarbener Puder durchziehen die blaue Luft. Ana greift in die Bremsen. Das Fahrrad kommt mit einem ruckartigen Quietschen zum Stehen, die losen Haarsträhnen fallen auf ihre Schultern. Sie steigt vom Fahrrad. Mit der einen Hand umfasst sie den Lenker und schiebt es ein Stück weiter, mit der anderen beschirmt sie die Augen, um besser sehen zu können. Was machte dieses Militärflugzeug hier?

Ana starrt in den Himmel und bleibt plötzlich stehen. Was sich ihrem Blick bietet, muss sie erst einen Moment lang ansehen, ehe sie es bewusst erfasst: Das Flugzeug wirft etwas ab. Päckchen. Eins nach dem anderen. Die über den Horizont kriechenden Sonne strahlt jedes einzelne an. Wie glühende Sterne fallen sie vom Himmel, die Päckchen. Und gleich darauf schießt aus einem ein Fallschirm empor. Noch einer. Und noch einer. Bis schließlich etwa drei Dutzend Fallschirme durch die Luft gleiten. Es sieht aus wie ein Tanz. Wie samtige Flocken, die der Erde entgegenschweben.

Nicht nur Ana beobachtet das Spektakel. Aus allen Richtungen drängen Leute heran, die auf das Brummen am Firmament aufmerksam geworden sind.

Das Dröhnen des Flugzeugs verblasst allmählich, als die Schirmchen tiefer und tiefer durch die Stille des Himmels hinabsegeln und in einem Feld aus meterhohem Pampasgras verschwinden.

Ana wirft das Fahrrad in den Graben und rennt los. Eilt zu den herabfallenden, seidenen Blüten.

Ein Rauschen der sich im Wind bauschenden Fallschirme erfüllt die Luft, kurz bevor sie auf das Gras treffen. Ein Rascheln, als die Fallschirmflieger durch die dichten, federartigen Wedel des Pampasgrases schwirren. Und schließlich ein Knistern und Knacken, als die Halme unter ihrem Gewicht brechen.

Ana schiebt die Rispen mit ausgestreckten Armen beiseite und bahnt sich einen Weg durchs Gras. Die dichten, leicht überhängenden silbrigen Wedel wiegen sich sacht im Wind. Für den Hauch eines Augenblicks senkt sich Stille auf das Fleckchen Erde.

Männer und Frauen drängen herbei, einige in Arbeitskleidung, andere mit Kleinkindern an der Hand. Innerhalb von Sekunden ist das Meer aus Gras mit Leben gefüllt.

Und dann tauchen Köpfe zwischen den hohen Stielen auf: Kinder. Kinder in Uniformen.

Aus ihren Augen blicken Angst und Schrecken. Die meisten von ihnen landen weich. Nur wenige schlagen auf der Erde auf, verschrammen sich das Gesicht oder schneiden sich an den scharfen Kanten des Grases in die Haut.

Die Schockstarre löst sich, und schon füllt sich die Stille mit Kreischen und Brüllen. Stumm tauschen die herbeigeeilten Frauen und Männer Blicke aus. Nach der ersten Verwirrung kämpfen sie sich durch die meterhohen Grashalme. Unter ihren Schuhen knackt es bei jedem Schritt. Als sie die Kinder erreichen, knien sie sich zu ihnen hinunter und befreien sie aus ihren Fallschirmen. Helfen ihnen auf die Beine, nehmen die kleinen auf den Arm, versuchen zu trösten.

Ana hat das Gefühl, alles um sie herum verändert die Farbe, den Klang und die Intensität. Mit gedämpfter Stimme spricht sie ein Kind nach dem anderen an, streicht ihnen mit der Hand über die Wange. Hört hier und dort, wie jemand der Erwachsenen ins Mobiltelefon spricht, Notarzt oder Polizei verständigt.

Es dauert nicht lange, und das Heulen der Sirenen liegt in der Luft, das rotierende Flackern der Blaulichter. Türen werden aufgerissen, Ärzte und Sanitäter stürmen aus Krankenwagen. Die Funkgeräte von Polizeiwagen knistern und knacken.

Mediziner und Krankenpfleger untersuchen die Kinder, überprüfen ihre Vitalfunktionen und versuchen, sie zu beruhigen. Die meisten sind unterernährt und erschöpft, aber scheinen keine schweren Verletzungen zu haben. Ihre Blicke werden kurz klar, wenn sie angesprochen werden, verschwimmen aber sofort wieder.

Und dann steht Ana plötzlich vor Pavel. Als er in ihre Augen blickt, die voller Zärtlichkeit sind, breitet sich in ihm eine sonderbare Ahnung aus. Die Ahnung, dass ihn ein neues Leben erwartet. Und dass es neben der Welt des Krieges noch eine andere Welt gibt. Eine Welt, die mitfühlend ist und ihn in die Arme schließt. Eine Welt der Nächstenliebe.

Er weint Tränen des Schmerzes und der Erleichterung, während Ana sich still neben ihn setzt und ihm einen Arm um die Schultern legt.

Die Nachricht des Ereignisses verbreitet sich wie ein Lauffeuer auf der Halbinsel und in der ganzen Welt.

85

Kriegswaisen

Die meisten dieser Kinder sind nicht mal sieben, als ihre Welt in Stücke bricht; eine Kindheit, an den Klippen des Krieges zerschellt. Von jedem Einstigen und Vergangenen abrupt gelöst, in die Leere geschleudert. Um die Zukunft beraubt, die einst für sie vorgesehen war und die sie verdient hätten.

Das Gestern vom Heute getrennt. So einschneidend, dass es das eigene Leben spaltet und zwei daraus macht.

Ihre Rettung bleibt eine äußerliche Rettung. Innerlich hocken diese Kinder in einem Krater des Grauens mit verstörter und zerbrochener Seele und tasten nach etwas, an dem sie sich festhalten und wieder aufrichten können.

Wenn Ana genau hinsieht, kann sie die Geschichten dieser Kinder in ihrer zähen, klebrigen Stille fast sehen, ganz so wie Schleimspuren, die Schnecken hinter sich herziehen. Nur dass sie bei Schnecken das Fortkommen ermöglichen, während die Spuren, die den Waisen anhaften, die Kinder daran hindern, sich vorwärtszubewegen.

Ihre Eltern sind tot. Dieses Wort ist in die Seelen der Kinder eingebrochen wie ein Felsbrocken ins Meer – und hinabgestoßen bis auf den Grund. Mit dem Gewicht dieses Wortes dehnt sich der Schmerz in ihnen aus, bis er jeden Winkel ihres Körpers ausfüllt und sie das Gefühl haben, auseinanderzubrechen.

Als sich Ana um die Kriegswaisen kümmert, die weder reden noch essen möchten, begreift sie: Es ist nicht so, dass man sterben möchte. Es ist nur so, dass man nicht mehr leben kann. Und ihr wird klar, dass diese Kinder nicht wie deren Eltern ein einziges Mal sterben, sondern mit all den grausamen Erinnerungen wieder und wieder. Sie alle haben den Boden unter den Füßen verloren. Es gibt keine Schwerkraft mehr, die sie zusammenhält, und so versuchen sie, sich aufzulösen.

Der Schmerz dieser Kinder ist etwas, das sie einschließt und alle anderen ausschließt. Wie ihnen helfen? Wie bringt man ihnen bei, den Kopf wieder zu heben, den Blick in den unendlich weiten Himmel zu richten und ihre Augen wieder zu öffnen für die glänzenden Sterne ihrer Kindheit? Die Saat für die Zweifel an der Schönheit der Welt sind viel zu früh gesät.

Man sieht es ihnen an, diesen Kindern, dass sie durch einige Feuer hindurchgegangen sind. Die meisten von ihnen sind dünn und zerbrechlich, halten ihre drahtigen Arme entweder vor dem Körper verschränkt oder dahinter versteckt. Scheu und ängstlich blicken sie unter den niedergeschlagenen Lidern hervor. Einige Wochen haben sie nur das Nötigste zum Essen bekommen. Viele wurden geschlagen oder misshandelt. Ihre Sinne reagieren auf die leisesten Reize. Jedes dem Krieg nur annähernd ähnliche Geräusch lässt sie zusammenzucken, verkrampfen oder völlig starr werden. Vor zu grellem Licht weichen sie zurück, bei zu lauten Tönen halten sie sich die Ohren zu.

Die befreiten Kinder sprechen wenig. In der ersten Zeit liegt eine schreiende Stille im Waisenhaus, die weder Margret noch Ana noch irgendwer sonst mit Worten zum Verstummen bringen kann. Der einzige schwache Trost der beiden Frauen, wenn sie diesem Leid täglich ins Gesicht blicken: Diese Kinder haben vermutlich das Schlimmste im

Leben bereits hinter sich. Was könnte es noch Elenderes geben?

Ganz langsam lassen die Kinder wieder etwas menschliche Nähe zu: Wenn Margret, Ana oder die anderen liebevollen freiwilligen Helferinnen und Helfer aus dem Ort den Kindern über den Rücken streichen, ihr Haar zerzausen oder sie anlächeln, erweichen die Gesichter der Kinder, entspannen sich die Muskeln ihrer Körper – ganz sachte –, wenn auch nur für einen Augenblick. Und manchmal deutet sich sogar hier und dort ein Lächeln um die Mundwinkel an.

Margret und Ana geben all ihre Liebe. Es entspannen sich hauchdünne, unsichtbare, schillernde Fäden zwischen ihnen und den Kindern, an denen sich die Waisen festhalten können. Beide Frauen besitzen diese Fähigkeit, zerrissene Menschen wieder ins Gewebe des Lebens einzuflechten.

Kinder- und Jugendschutzbehörden leiten notwendige rechtliche Schritte ein, doch entscheiden sich weiterhin für das örtliche Waisenhaus als Obhut, bis hoffentlich irgendwelche Angehörigen aufgespürt werden können.

Margret schafft Platz. Weitere Betten werden besorgt, Kissen und Duvets sowie jede Menge Kleider, die die Leute vom Ort spenden.

Die Behörden notieren Namen, Nachnamen und Geburtsdaten der Kinder sowie Informationen über sonstige Angehörige, insofern die Kinder alt genug sind und Auskunft darüber geben können. Pavel spricht Englisch und auch ein wenig Französisch und übersetzt. Die Institutionen versuchen, mithilfe internationaler Organisationen überlebende Familienmitglieder im Kriegsgebiet ausfindig zu machen, damit hier und da vielleicht ein Wunder möglich wird und einige der Kinder zu der eigenen Familie zurückkehren können. Ein Rinnsal an Hoffnung bleibt.

Die Kinder sind wie Schwämme, die alles aufsaugen, was um sie herum geschieht. Auch die fremde Sprache lernen sie schneller zu verstehen, als man erwarten würde. So ist es nicht zu verhindern, dass sie hier und dort Gesprächsfragmente aufschnappen, die nicht für ihre Ohren bestimmt sind, und ab und zu Dinge über sich selbst und ihre tote Familie erfahren, die sie für einen Moment wieder apathisch werden lässt. All das wird zu Narbengewebe, das in den tiefsten Lagen des Unbewussten wächst, Geflechte von Wunden, die vermutlich niemals heilen.

Die meisten Kinder kostet es Kraft, länger in der Gegenwart zu bleiben. Deshalb lassen sie sich in Tagträumen davontreiben – an einen Ort des Friedens, des Heils, der Glückseligkeit. Doch je mehr Tage in der neuen Realität vergehen, desto mehr Kraft kostet die Flucht aus dem Jetzt.

In den ersten Wochen sind Ärzte und Psychologen rund um die Uhr im Einsatz, bis allmählich etwas mehr Ruhe einkehrt und die Tage wieder eine gewisse Struktur annehmen.

Der sechzehnjährige Pavel baut ein vorsichtiges, wachsendes Vertrauen zu Margret und Ana auf. Beide Frauen gehören nicht zur Sorte Menschen, die mit Sprüchen kommen wie: »Du kannst mir vertrauen. Ich habe Erfahrung mit dem, was dir passiert ist.« Denn wie viel Erfahrung kann jemand schon haben mit Kindern, die binnen Sekunden beide Elternteile verloren haben, nicht selten direkt vor ihren Augen? Von Granaten zerfetzt oder von Schüssen durchlöchert? Er fühlt sich wohl in der Gegenwart der beiden, weil sie das Gespür dafür haben, im richtigen Augenblick zu sprechen oder eben den Mund zu halten.

Schweigen zu können, ist nicht selten ein Zeichen von Intelligenz. Takt eine Begabung. Beides setzt die Fähigkeit voraus, zu reflektieren und zu begreifen. Dinge, die kaum möglich sind, wenn man die ganze Zeit redet.

Als Pavel und Margret eines Abends auf der Veranda stehen – die Ellenbogen auf das weiß getünchte Geländer aus Holz gestützt – und auf den Garten hinunterblicken, in dem die Blumen in der Glut der untergehenden Sonne leuchten, während auf der anderen Seite das Meer in der Ferne schimmert, fragt er:

»Dürft ihr das denn? Uns einfach so hier behalten?«

»Wohin sollten wir euch denn zurückschicken? In den Krieg? In euer Land? In das des Feindes? Was machen die wohl mit Kindern ohne Eltern, ohne das Netz der Familie, das sie auffängt? Ihr bleibt hier, keine Frage. Und ich werde dafür nicht um Zustimmung irgendwelcher Behörden im Ausland bitten. Ich bin viel zu beschäftigt, als von allen die Erlaubnis für alles einzuholen.«

»Und wenn jemand nicht einverstanden damit ist?«

»Ich war auch schon mit vielem nicht einverstanden. Aber wen hat es da interessiert, was ich denke? Mach dir mal keine Sorgen. Ich bin schon mit jedem fertiggeworden.«

Pavel schweigt nachdenklich.

Margret spürt die Angst, die ihn quält. Sie sagt: »Pavel, es ist sinnlos, sich an Regeln zu halten, die keinen Sinn ergeben. Die meisten Menschen können den Unterschied nur nicht erkennen. Daher tun sie stets, was ihnen gesagt wird. Selbst dann, wenn sie sich dabei unwohl fühlen, eingeschnürt. Sie glauben, das muss so sein. Sie glauben, das sei der menschliche Zustand. Aber das ist nicht so. Niemand sollte uns aufhalten können, etwas zu unterlassen, was falsch ist, um etwas zu tun, was richtig ist. Sieh in die Ferne, Pavel, und in dich hinein. Dort findest du die Weite, die Tiefe. Und mit diesem Blick, mit dieser Art, die Welt zu betrachten, öffnen sich dir Türen.«

Diese Frau Margret ist ein Phänomen, denkt Pavel. Sie rollt sorgsam einen Teppich voller Wörter vor einem aus, und alles davon ergibt Sinn.

Die Blätter rauschen im Wind. Vereinzelte Wolken ziehen wie flüchtige Pinselstriche über den Abendhimmel, dessen buttergelbes Licht alle Konturen weicher erscheinen lässt. Margret und Pavel stehen da, im letzten Glanz des Tages – erfüllt von Staunen.

86

Nach dem Flugzeugraub

Lew ist bis in die Knochen erschöpft und hellwach zugleich. Seine Nerven saugen jede Bewegung und jedes Geräusch auf, erlauschen jede Regung und jeden Laut. Seine Tage zeitlos wie der Tod. Seine Nächte voll mit sich jagenden, erbarmungslosen Bildern. Es kann nicht sein, dass sie es nicht herausfinden.

Das Land ist abgelenkt von ersten Aufständen und einem Putschversuch. Der in derselben Nacht stattfand, in der Lew mit dem Transportflugzeug und den Kindern durchgebrannt ist. Nur deshalb haben sie ihn nicht geschnappt. Nur deshalb hockt er noch nicht im Militärgefängnis. Nur deshalb haben sie ihn noch nicht erschossen.

Die Antonow An-26 hat er in ausreichender Entfernung vom Militärflugplatz auf einem Feld abgestellt – eine improvisierte Notlandung, so jedenfalls sollte es den Anschein machen – und ist dann die restlichen Kilometer zu Fuß zurück zur Kaserne gelaufen. Doch irgendwann würden sie seine Tat rekonstruieren können.

Der Krieg läuft für sein Land nicht wie geplant. Der Präsident ist mit Gefühlen und Fakten konfrontiert, zwei Dingen, auf die dieser Mann gut verzichten kann. Dazu mischen sich weitere unangenehme aufständische Tatsachen, die Lew Zeit schenken. Akribisch plant er die nächste Evakuation von Kindern. Führt mental Buch darüber, wo sich weitere Lager mit verschleppten Kindern befinden. Notiert sich im Geist alles, was er von seinen Kameraden aufschnappen kann.

87

Verglühte Leben

Als Pavel vor wenigen Wochen zum ersten Mal im Foyer des Waisenhauses stand und begriff, dass seine Eltern ihm nie mehr sagen würden, dass er etwas Besonderes sei, dass er alles schaffen könne, dass sie ihn nie mehr in die Arme schließen, nicht zu seinem Schulabschluss kommen würden, sondern dass das hier seine Zukunft war, waren seine Nerven völlig überreizt. Alles war ihm zu viel, zu laut und zu grell. Was auch immer er tat und wie auch immer er das Vergangene zu verdrängen versuchte, immerzu hatte er das Gefühl, als ob ein Glassplitter seine Blutbahn durchströmte. Das Empfinden der Ausweglosigkeit stach aus jeder Ecke hervor. Am liebsten hätte er sich zusammengefaltet – wie ein Blatt Papier –, wieder und wieder, bis er den kleinstmöglichen Raum einnahm, um in seiner eigenen Dunkelheit zu verschwinden.

Es gelang ihm nur langsam, sich in den Alltag eines Waisenkindes einzufügen. – Wie sich das anhörte: Ich bin eine Waise. Gab es auch eine Bezeichnung für Eltern, die ihre Kinder verloren haben? Wie nannte man die? Für manches gibt es einfach keinen Namen.

Vielleicht, weil er es anders gar nicht ausgehalten hätte, verlor Pavel allmählich den Zugriff auf seine Vergangenheit. Die Erinnerungen mit seinen Eltern verblassten von Tag zu Tag. Was, wenn er noch die letzten an sie verlor?

Ihre Stimmen, ihr Lachen, ihr Aussehen? Über seine Erinnerung keine Kontrolle zu haben, machte ihm Angst.

Nun liegt er mit geschlossenen Augen im Bett und tut, was er jeden Abend tut: Er kneift die Lider fest zusammen und versucht, ein Bild seiner Eltern heraufzubeschwören. Doch kaum hat er es, löst es sich von den Rändern her schon wieder in ein flimmerndes Rauschen auf. Ein schwarz-weißes Rauschen, wie bei einem kaputten Fernseher.

Die Bilder des Krieges hingegen wird er nicht los. Die lassen sich nicht wegsperren. Vielmehr leuchten sie vor den inneren Lidern auf, schreien ihn an. Er sieht Aufklärungsflieger, die den Luftraum über seinem Elternhaus durchkreuzen, eine Weile in der Leere kreisend, dann wieder abschwirrend. Er sieht, wie ihnen wenige Tage später Kampfjets folgen, die über die Erde hinwegjagen, daraufhin Bomber, brummend wie riesige Ventilatoren, die alles in Flammen aufgehen lassen. Er sieht Menschen, die wie Fackeln lodern, bis sie völlig verbrannt sind. Er sieht Leben, von einem brandgeschwärzten Wind verweht. Die Sterne auslöschend und die Sonne schwärzend.

Und dann sieht er nur noch Dunkelheit. – Alles in ihm ist finster. Verglüht wie das Leben seiner Eltern.

88

Eine Pfütze aus Mondlicht

Es ist fast Mitternacht. Ana liegt im Bett und kann nicht schlafen. Sie spürt die Traurigkeit der neuen Kinder durch die Wände hindurch bis in ihr Zimmer. Jedes einzelne ist auf seine Art traumatisiert. Es wird Jahre dauern, bis die schrecklichen Bilder in ihren Erinnerungen verschwimmen werden.

Einige der Kinder, die schon seit Jahren im Waisenhaus leben, versuchen, den Neuankömmlingen Trost zu spenden. Ana hat beobachtet, wie jüngere Kinder gleichaltrigen oder gar älteren Neulingen Kuscheltiere – gar das eigene Lieblingskuscheltier – aufs Kopfkissen legten. Oder wie die Älteren nebeneinander auf dem hölzernen Steg am Meer hockten, ihre Füße ins Wasser baumeln ließen und redeten.

Manche Neuankömmlinge sind allerdings noch derart im Schock eingefroren, dass sie kaum trinken und essen. Weil es nicht vorbeirutschen mag, das Wasser oder die Nahrung, an diesem Kloß im Hals. Diese Kinder reden kaum. Sie verkriechen sich in ihr Alleinsein wie in eine geschützte Höhle. Es liegt ein langer Weg vor ihnen, bis sie wieder ins Leben finden werden.

Ana sieht all diese traurigen, starren Gesichter vor sich, und ihre Brust zieht sich zusammen.

Durch das offene Fenster weht kühle Nachtluft herein, und eine Pfütze aus Mondlicht sammelt sich auf dem Boden. Im Waisenhaus ist es still. Nur hier und da ein Knarzen im Gebälk.

Plötzlich ein kaum merkliches Geräusch an der Tür. Fast lautlos öffnet sie sich einen Spaltbreit, und die Finger eines älteren Kindes umfassen die Kante. Ana richtet sich auf und knipst die Nachttischlampe an. Die Dunkelheit zerspringt wie Glas. Pavel steht in der Tür mit feucht glänzenden Augen. Röte steigt ihm ins Gesicht, als er sich plötzlich in dem erleuchteten Zimmer findet. Die Nachttischlampe spiegelt sich als winziger runder Glanz in seinen Pupillen. Dann löst sich eine Träne aus seinen Augen. Die Scham brennt in Pavels Herz, nun, da Ana ihn weinen sieht. Verlegen senkt er die Augenlider.

Ana weiß, wie es sich anfühlt, wenn man Nacht für Nacht aus dem Schlaf in die schockierende Realität aufschreckt. »Magst du reinkommen?«, fragt sie und klopft mit der Handfläche auf ihre Bettdecke. »Komm, setz dich. Ich freue mich, dass du hier bist.«

Barfuß tritt der Junge im Pyjama zu ihr und setzt sich ans Fußende ihres Bettes. Er zieht seine Beine an und umschlingt die Knie mit den Armen. Sein Blick auf den Boden gerichtet, bleibt er stumm.

Pavel ist ein stiller, in sich gekehrter junger Mann, hochsensibel. Er spürt viel – vielleicht zu viel. Der Junge ist Ana nicht unähnlich. Vermutlich ist er ihr daher gleich aufgefallen, als sie zu den vom Himmel schwebenden Fallschirmen geeilt war und mit einem Mal die Köpfe von drei Dutzend gestrandeten Kindern wie Blüten aus dem meterhohen Gras geschossen waren.

Pavel gehört zu den Hellwachen, der das ganze Gewirr einer Angelegenheit sofort begreift. Vermutlich ist er sogar einer, denkt Ana, der im normalen Leben unter normalen

Umständen den Problemen an die Kehle geht. Nur ist das, was er erlebt hat, alles andere als normal. Und es sind auch keine Probleme, denen man die Luft abdrücken kann. Es ist die Hölle. Nichts als schreckliche Bilder würgen ihn, die wahrscheinlich für den Rest seines Lebens in den Winkeln seines Gedächtnisses schlummern und sich beim kleinsten Anstoß aus dem Dämmern befreien werden.

Mit den eigenen Gefühlen ist Pavel überfordert. Wer ist das nicht? Und nach allem, was er in seinem jungen Leben schon erfahren hat, ist es ein Wunder, dass er jeden Tag aufsteht und weitermacht. Er ist unglaublich stark, findet Ana.

Sie schaut den Jungen am Fußende ihres Bettes an und knipst das Licht wieder aus. Vielleicht fühlt er sich im Schutz der Dunkelheit sicherer, denkt sie.

Im Mondlicht schimmert Pavels Stirn blass, beinahe durchsichtig.

»Magst du mir etwas erzählen?«, fragt Ana. »Du brauchst dich nicht vor mir zu verstecken. Ich kenne mich mit Katastrophen aus. Und mit Schmerz. Ich glaube zwar, dass nichts mit dem vergleichbar ist, was im Krieg passiert, aber ich kenne kleinere Höllen.«

Ein knapper, schnalzender Laut entweicht Pavel, als sich seine Zunge vom Gaumen löst. Ganz so, als wolle er etwas sagen. Doch er sagt nichts.

Lange bleibt es still.

Sie hört ihn atmen, der Klang des Zögerns.

Dann plötzlich flüstert er in den Raum hinein: »Ich kann nichts tun gegen diese Dunkelheit in mir.«

»Ich weiß«, sagt Ana.

»Dieses Loch in mir, diese Schwärze.«

Ana nickt.

Sie ahnt, was in Pavel vor sich geht. Dass in der Erinnerung an seine Eltern alle Farben aus den Bildern rinnen.

Nach den richtigen Worten tastend, sagt sie: »Es gibt Dinge, die wir nur im Dunkeln sehen können.«

»Ich habe Angst, mich zu erinnern. Und gleichsam habe ich Angst, dass ich vergesse, wie sie ausgesehen haben, Mama und Papa«, haucht Pavel.

Ana schließt die Augen für einen Moment. »Ich wünschte, wir könnten furchtbare Bilder aus unserer Seele fortwischen wie Kreide von einer Tafel. Doch ich fürchte, die grausamen Erfahrungen sind uns eingebrannt, und die einzige Möglichkeit, wieder ins Leben zu finden, ist, zu lernen, mit ihnen zu leben.«

»Was, wenn ich sie vergesse? Meine Eltern.«

»Wirst du nicht.«

»Wie soll ich nur ohne sie weiterleben?«

»Ich weiß es nicht, Pavel.«

Der Junge nickt.

»Die Welt ohne die Menschen, die wir lieben, ist nichts als ein stecknadelkopfgroßer blauer Punkt im All«, sagt Ana und rückt ganz vorsichtig näher an Pavel heran. »Nach einem Verlust, wie du ihn erlebt hast, möchte man wahrscheinlich am liebsten weit zurück in die Vergangenheit reisen, zu dem Zeitpunkt, bevor die Welt zerbrach. Mit dem Wissen, das wir heute haben, würden wir gern alles ändern und daransetzen, dass unser kleiner Kosmos heil bleibt.«

Zögernd legt sie ihren Arm um seine Schultern, und als er seinen Kopf an ihre lehnt, bricht etwas in ihm auf, und er beginnt laut zu schluchzen. Sie hält ihn ganz fest. Sein ganzer Körper zittert in ihren Armen. Und dann, nach einer Weile, beginnt sich etwas in ihm abzulösen, wie ein schwerer Brocken, der ihm seit Kriegsbeginn auf der Brust klebte. Und ganz, ganz langsam kann er wieder etwas freier atmen.

»Ich verspreche dir, für dich und die anderen Kinder da zu sein. Es wird lange dauern, aber wir werden die Stücke eures blauen Himmels wieder zusammensetzen.«

Pavel lässt sein ganzes Gewicht an Anas Körper ruhen. »Glaubst du wirklich, das ist möglich? Es wird nie wieder so sein wie früher. Nie wieder.«

»Nein, wird es nicht. Aber es wird anders sein. Der Schmerz wird nie ausheilen, die Wunden bleiben. Aber sie werden mit der Zeit auf eine Größe schrumpfen, mit der es sich leben lässt.«

»Werde ich je wieder fröhlich sein können?«

»Ich glaube, wenn man so viel Schlimmes erlebt hat wie du, sind die Kanten des Lebens, an denen wir uns schneiden können, von all den schrecklichen Ereignissen abgeschliffen. Wie bei Scherben von Buntglas, die lange im Meer treiben.«

»Buntglas.« Pavel legt die Stirn in Falten. »In mir ist rein gar nichts mehr bunt. Alles in mir ist dunkel – tot. Wie soll ich je wieder leben können, wenn ich bereits gestorben bin?«

»Ich habe mal Bäume gesehen, die einen Waldbrand überlebt haben. Die äußere Schicht der Rinde, die Borke, war zwar verkohlt, Äste und Zweige verbrannt, doch nach einiger Zeit sprossen einzelne, leuchtend grüne Triebe. In allem, was lebt, liegt eine unglaubliche Kraft. Selbst dann, wenn unser Leben zersprungen ist, gelingt es uns Menschen manchmal, aus dem Klang der Scherben Musik zu machen.«

Eine Weile ist es still. Mit der Hand streicht Ana Pavel übers Haar.

»Ich würde so gern das Gesicht meiner Mama sehen oder das meines Papas«, schluchzt Pavel in die Stille hinein. Die Wörter bleiben ihm in der Kehle stecken. »Ich kann mich nicht erinnern.«

»Lass dir Zeit. Es braucht viel Zeit. Du wirst dich an sie erinnern. Irgendwann wird der Krieg verblassen, und die schönen Erinnerungen werden wieder austreiben. Leuchtend grün. Wie die Triebe bei einem Baum nach einem Waldbrand. Wir alle sind Teil von etwas, das größer ist als wir selbst. Das Universum wacht über uns.«

»Ich glaube nicht ans Universum.«

»Nicht schlimm. Das Wichtigste ist, dass das Universum an dich glaubt.«

In der kommenden Zeit gewinnen die Gespräche von Ana und Pavel weiter an Tiefe. Pavel weiß nicht genau, wie, aber irgendwie verbessert Ana seine Beziehung zur Welt. Während für ihn in den ersten Wochen im Waisenhaus alles wie zufällig wirkte, ganz so, als sei er willkürlich in dieses neue Leben – das er nie selbst wählen würde – hineingeworfen worden, beschleicht ihn immer häufiger das Gefühl, dass dieser Ort für ihn und die anderen Kinder irgendeinen Sinn ergibt, den er noch nicht begreift.

89

Schwarze Träume

Auch in Ludmillas Kopf zucken in fast jeder Nacht finstere Bilder. Überall Soldaten mit Maschinenpistolen. Der Knall. Die Explosion. Der Körper der Mutter, der auseinanderfliegt. Als verliere die Welt plötzlich ihre Konturen, fließen alle Ränder ineinander. Alles verschwimmt. Alle Geräusche verschwinden in der Ferne. Und dann plötzlich, als stehe die Welt still, verdichtet sich ihre Umgebung zu einer Finsternis, die alles auflöst. Sattes Schwarz. Bis sich über die Schwärze ein Film aus Blut legt.

Eines Samstagnachts schreckt Ludmilla aus dem Bett hoch. Auf ihrer Stirn glänzt ein dünner Film aus Schweiß. Ihre Schreie dringen durch die Wände. Pavel, der mit einigen Jungen im Zimmer nebenan schläft, eilt zu ihr hinüber, hockt sich auf ihre Bettkante.

Ludmillas Augen tasten im Leeren. Pavel hebt die Bettdecke an und schmiegt sich an das Mädchen, das inzwischen wie eine Schwester für ihn ist. Er beugt sich so nah über sie, dass seine Lippen beinahe ihr Ohr berühren. »Ist ja gut«, flüstert er.

Seine Hand umklammert Ludmillas Finger. Das Mädchen murmelt unverständliche Satzfetzen, hält Pavels Hand aber fest. Dann legt sie den Kopf auf seine Brust und weint so lange, bis sie vor Erschöpfung einschläft.

Als die anderen Mädchen am nächsten Morgen um sie herum zu wuseln und zu schwatzen beginnen, gleitet Ludmilla langsam aus dem Schlaf. Während jener Sekunden im Niemandsland, zwischen Schlaf und vollem Bewusstsein, überfällt sie sofort wieder die Tatsache, dass ihre Mutter tot ist. Mit einem Mal reißt sie die Augen auf. Pavel – der schon lange wach ist und noch immer neben ihr liegt – sieht den Abgrund darin, den er selbst bis in seine tiefsten Tiefen kennt. Er streichelt ihre Wange. Wieder fängt sie an zu zittern. Ihr ganzer Körper bebt, und eine Flut aus Wörtern bricht aus ihr heraus, brüchig, unzusammenhängend, gläsern. Ihre Stimme wie Kristall, sodass Pavel befürchtet, ihre Worte könnten zersplittern, wenn er sie mitten im Satz unterbräche. Er wartet, bis sie erschöpft und still in sich zusammensinkt. Dann bückt er sich zum Boden hinunter, greift nach einem Stift und einem Blatt Papier und legt beides neben Ludmilla auf die Bettdecke.

»Was soll ich damit?«, fragt Ludmilla zögernd.

»Das ist ein ganz besonderer Stift. Was immer du mit diesem Stift schreibst, gelangt überallhin, selbst an den Ort, an dem unsere Eltern jetzt sind.«

»In den Himmel?« Ludmillas Augen glitzern vor Kummer.

Pavel nickt. »Ich dachte, du würdest deiner Mama gern einen Brief schreiben.«

Ludmillas Lippen deuten ein schüchternes, zitterndes Lächeln an. Doch dann wird ihre Miene wieder ernst. Sie richtet sich im Bett auf und sagt: »Das gibt es doch gar nicht!«

»Magst du es nicht versuchen?«, fragt Pavel. »Wir sind an einem neuen Ort mit einem neuen Anfang. Warum nicht mit einem Zauber beginnen, mit etwas Magie? Es gibt kein Wunder für den, der sich nicht wundern kann.«

Einen Moment hält Ludmilla inne. Dann ergreift sie den

Stift und beginnt zu schreiben. Irgendetwas löst sich in ihr. Mit jedem Wort, das sie an ihre Mutter schreibt, schält sich etwas ab von dem Kleister, der ihr die Brust verklebt.

Nach dem Sonntagsfrühstück füllt Pavel im Bastelzimmer einen Ballon mit Gas und heftet Ludmillas Brief an die Schnur. Dann machen sich die beiden Hand in Hand auf den Weg zu dem Feld aus Pampasgras, in dem sie mit den Fallschirmen gelandet sind.

Schon von Weitem hören sie das Wasser des angrenzenden Bachs über die Kieselsteine rauschen, können es riechen, glockenrein und frisch. Eine leichte Brise weht vom Meer heran, streicht durch die meterhohen Stängel, und ihnen ist, als klinge ein Rascheln heraus. Und obwohl beide wissen, dass sie nicht mehr da sind, suchen Pavel und Ludmilla die Landschaft nach ihren Eltern ab. Es ist das, was sie – wie die anderen Waisen auch – von jetzt an immer tun werden: Sie werden immer nach ihren Eltern suchen, ihr ganzes Leben lang.

Als sie inmitten der Grashalme stehen, kramen beide die Erinnerungen an die Mutter hervor, an den Vater. Bruchstücke, die sie in Gedanken vor sich ausbreiten und in Bilder zusammenzusetzen versuchen. Und dann lässt Ludmilla die Botschaft an ihre Eltern los – in den Himmel hinauf.

In der Ferne heben sich die Silhouetten der Kiefern gestochen scharf vorm Firmament ab, das scharf konturierte Geflecht ihrer Äste wirkt wie ein Gemälde, wie eine Schrift, wie eine Antwort, die nur der lesen kann, der sich darauf einlässt. Und dann fliegt ein Vogel auf einen der Äste hinab und beginnt zu zwitschern.

Den ganzen Tag verbringen Pavel und Ludmilla auf diesem verzauberten Fleckchen Erde. Liegen im Gras, die Hände hinter dem Kopf verschränkt, und beobachten die vorbeiziehenden Wolken. Lassen wässriges Sonnenlicht über sich fließen. Fragen sich nach dem Warum. Nach dem, was kommt. Sind wütend über ihr Schicksal. Wundern sich über den Verlauf des Lebens.

Erst als das Licht schwindet und der Himmel die Farbe von Salbei annimmt, machen sie sich auf den Weg zurück zum Waisenhaus.

Das Erlebte und die immer wieder aufsteigende Traurigkeit binden Pavel und Ludmilla eng aneinander. Es kommt ihnen vor, als würden sie sich schon ewig kennen. Wie Geschwister, die die Realität von klein auf teilen.

Kein Wochenende vergeht, an dem Pavel nicht am Abend für eine Weile zu Ludmilla ins Bett schlüpft. Nicht nur, um sie zu trösten, sondern auch, um getröstet zu werden, und sei es nur durch ihr Beieinandersein. Denn auch ihn überkommt das Heimweh nach seinen Eltern immer wieder wie eine Welle, die ihn zu ertränken droht. In diesen Momenten ist das Einzige, was hilft, jeden Gedanken daran zu verdrängen, wie lieb sie zu ihm gewesen waren, und sich mit aller Aufmerksamkeit Ludmilla zu widmen.

Die beiden sehen einander im Halbdunkel an und suchen nach Worten, die es nicht gibt. Doch sie verstehen sich, auch ohne zu reden.

Bis Ludmilla eingeschlafen ist, hält Pavel sie im Arm, betrachtet ihre Augen. Augen aus Nebel und Verlust, die, sobald sich der Tag neigt, immer in die Vergangenheit blicken.

Pavels Verantwortungsgefühl Ludmilla gegenüber macht ihm bewusst, dass er nun tatsächlich die Welt der Erwachsenen betreten hat. Alles, was er will, ist, dieses Mädchen zu beschützen, zu trösten und zum Lächeln zu bringen. Und er findet, dass es keine einfache Erfahrung ist, dieses Erwachsenwerden.

90

Dunkelheit – oder das Fehlen von Licht

Dunkelheit ist nichts weiter als das Fehlen von Licht. Wenn hinter zahllosen Schichten von Schwärze das Licht unüberwindbar weit entfernt zu liegen scheint, wenn die Welt ihre vertrauten Farben und Konturen verliert, müssen wir uns auf unser Inneres und unsere Vorstellungskraft verlassen, um unseren Weg zu finden. In der Dunkelheit werden andere Sinne geschärft. Dunkelheit verschließt nicht nur, sondern eröffnet uns auch eine neue Dimension. Sie zwingt uns, uns von äußeren Eindrücken zu lösen und in uns selbst zu suchen.

91

Das Mikroskop

Das Waisenhaus nimmt allmählich wieder seinen Ruhepuls an, und Ana findet einen neuen Zugang zu den Kindern. Sie setzt sich zum Ziel, ihnen die Augen für kleine und große Wunder zu öffnen. Damit über all die Schwärze allmählich wieder Farbe fließen kann. Kristjan, der kleine Junge, ist immer an ihrer Seite.

Ana zeigt den Kindern verschiedene Bäume, lässt sie mit den Fingern über die Rinde gleiten, die Unterschiede ertasten. Die grobe und rissige Rinde von Eichenbäumen, die glatte und seidige eines Kirschbaums. Bei Besonderheiten hält sie inne. Unebenheiten zum Beispiel, wie eine Veränderung in der Struktur oder einer dunkleren Farbe. Dann bittet sie die Kinder, die Hand auf diese Stelle zu legen. »Wundholz«, sagt sie. »Es bildet sich über der Wunde, wenn der Baum durch Stürme, Blitzschlag, Feuer, Beschädigungen oder Krankheiten verletzt worden ist. Es ist Teil seiner Heilung. Der Baum lässt neue Zellen rund um die Wunde wachsen, wie Fruchtfleisch um einen Kern. Das schottet die verletzte Stelle ab und schützt sie, damit keine Schädlinge eindringen können. Der Baum wird dadurch robuster. Wenn ihr in den Stamm hineinhorcht, könnt ihr den Baum an dieser Stelle mit eurer Handfläche spüren. Etwas geht an dieser Narbe vom Baum aus. Geschichte. Etwas, das über die Zeit hinweg fortdauert. Etwas, das uns alle verbindet.«

Ana unternimmt mit den Kindern Wanderungen. Sie sammeln alles, was sie auf ihrem Weg finden: tote Käfer, Pinienzapfen, Farnblätter. Am Abend untersuchen sie jedes einzelne Fundstück mit einem Mikroskop. Die Kinder sind ganz verzückt davon, wie nah sich jedes Objekt heranzoomen lässt, welch winzige Details man sehen kann, wenn man es unter die Linse legt. Wie das für unser bloßes Auge Unsichtbare sichtbar wird.

Wie ein Schlüssel zu einer verborgenen Welt – einer Miniaturwelt, die unserem Blick normalerweise entzogen bleibt – öffnet es Türen zu Räumen, in denen kleinste Geheimnisse sichtbar und Wunder des Unsichtbaren enthüllt werden.

In den Kinderaugen liegt eine Neugierde, die alles aufsaugt. Nichts entgeht ihnen, nicht die leiseste Regung. Und immerzu ein ständiges Staunen.

»Je weiter wir unsere Gedanken spannen, auf je mehr wir sie richten, desto elender sieht unser Leben, unsere Welt aus«, sagt Ana. »Doch wenn wir das Winzige betrachten, uns auf die kleine Welt konzentrieren, entdecken wir Fantastisches. Und nicht selten: Wunder.«

92

Zerrissene Stille

Lew spürt es schon eine Weile: Das Glück wird knapp. Für den kommenden Tag hat er die nächste Evakuation geplant. Doch dann plötzlich, mitten in der Nacht, fliegt die Tür zum Schlafsaal auf, in dem Lew mit zwei Dutzend weiteren Cargo-Piloten untergebracht ist. Jemand legt den Schalter um, die Lichtröhren flimmern für den Bruchteil einer Sekunde, und schon ist der Raum bis in jeden Winkel hinein grell ausgeleuchtet. Der Staffelkommandeur der Cargo-Einheit, flankiert von einer bewaffneten Eskorte, stürzt in den Raum. Die Waffen am Gürtel, die Daumen in den Bund der Hose geklemmt, bauen sie sich nebeneinander auf.

Die Cargo-Piloten, teils in voller Montur bekleidet, teils in Unterhosen, schrecken aus ihren Betten hoch, springen auf, salutieren.

Lew denkt: Sie wissen Bescheid. Das Herz hämmert ihm in der Brust. Mit papierweißem Gesicht starrt er vor sich hin. Riskiert keine Kopfbewegung. Irgendwie hat er geahnt, dass sie ihn heute schnappen würden. Vielleicht hat er deshalb in Uniform und blank polierten Stiefeln auf dem Bett geschlafen.

Der Staffelkommandeur blickt sich um. Sein regennasses schwarzes Haar sieht aus, als sei es auf seinen Schädel lackiert. Plötzlich macht sein suchender Blick bei Lew halt, und er starrt ihn mit einem so düsteren Gesicht an, das alles Licht des Zimmers aufzusaugen scheint. Mit polterndem Schritt marschiert er auf Lew zu, bleibt dicht vor ihm stehen und fängt mit einem gespielt bronchialen Hustenanfall schmutzig an zu lachen: »Lew, Lew. Du bist ja viel gerissener, als du aussiehst! Und du hast ernsthaft geglaubt, mit so einer Nummer durchzukommen?« Er dreht sich zu den Männern seiner Eskorte um und sagt: »Na also. Wir haben ihn. War doch gar nicht so schwer.«

Einer drückt Lew die Arme auf den Rücken, ein anderer richtet eine AK-12 auf ihn und brüllt: »Mitkommen!«

Den selbstgefälligen Blick auf Lew ruhend, drückt der Staffelkommandeur den Lauf der Kalaschnikow mit der Hand zu Boden und sagt: »Wir bringen den Müll nicht selbst raus, das erledigen andere für uns.«

Wie Lew ihn hasst, diesen Mann, um den stets ein bitterer Geruch hängt. Ein faulender Geruch. Wie moderndes nasses Laub.

Der Kommandeur steckt sich eine Trillerpfeife in den Mund, und ein schriller Pfiff zerreißt die Stille. Zwei Sicherheitsbeamte treten in den Saal, marschieren auf Lew zu, haken ihn unter und schleifen ihn rückwärts aus dem Schlafsaal hinaus. Die Kanten der Gummiabsätze von Lews Stiefeln hinterlassen zwei parallele Streifen auf dem mit Linoleum ausgelegten Boden.

Minuten später hockt Lew in Handschellen auf der Ladefläche eines Pick-ups, bewacht von zwei Männern, die beide eine AK-12 auf ihn richten. Als verspüre er die winzigste Regung abzuhauen. Im Gegenteil. Nichts als Müdigkeit hängt in seinen Schultern. Müdigkeit von allem, was er in den vergangenen Monaten gesehen und erlebt hat.

Der Fahrer des Geländewagens drückt aufs Gas, und die Welt saust an Lew vorbei. Die Luft ist schwer vom Geruch des Herbstes. Feuchtes Laub klebt an der Windschutzscheibe.

Die Abendsonne zuckt durch kahle Sträucher und Bäume, Lichtblitze, die beinahe hypnotisierend wirken. Am Himmel zieht eine riesige Schar von Wildgänsen aus dem hohen Norden kommend in einem V über sie hinweg. Ihr vom Wind getragenes Schnattern wirkt kakofonisch, wie ein wirrer, unkoordinierter Chor. Es klingt wie die Ankündigung von etwas Erbarmungslosem, das Lew ahnt, aber noch nicht greifen kann.

93

Justizministerium

Wie still es hier ist. Der Korridor liegt geräuschlos da. Ab und an öffnet und schließt sich eine Tür nahezu unhörbar. Es sind diese Türen, hinter denen sich das Schicksal von Menschen entscheidet. Ein Gebäude, aus dem man bei ungünstigem Richterspruch nicht mehr herauskommt. Im Gegenteil. In diesem Gebäude verbirgt sich eine Welt, die einen, wenn man Pech hat, zerkaut, ganz und gar verschluckt und nach Jahren nur das wieder ausspuckt, was von der Menschenseele noch übrig ist.

Genau wie im Krieg ist es fast nicht möglich, in dieser unmenschlichen Welt menschlich zu bleiben. Das weiß Lew. Und er weiß auch, dass er nur deshalb noch lebt und nicht sofort erschossen wurde, weil irgendwer sich plötzlich daran erinnert hat, dass er jener Flugzeugingenieur des Landes ist, der die Steuerungssoftware der Militärflugzeuge wie kein anderer kennt. Der als Einziger in der Lage ist, Navigations- und Steuerungssysteme so zu optimieren, dass sein Land einen entscheidenden Vorteil gegenüber dem Feind gewinnt. Warum die Information über Lews Spezialwissen so lange verschüttet war, kann er sich nur mit dem Chaos des Krieges und verloren gegangenen oder fehlgeleiteten Berichten erklären. Nun zumindest rettet ihm das Bewusstsein der Militärspitze über diese Tatsache für einige Tage, vielleicht sogar Wochen, das Leben. Je nachdem, wie lange es Lew gelingt, seine Kenntnisse zurückzuhalten und sie ihnen nur häppchenweise zu servieren. Dennoch kann er nicht vor sich selbst leugnen, dass sie zu allen Mitteln greifen, ja, dass sie das Wissen aus ihm herausprügeln werden. Und dass er umgebracht werden wird, sobald sie sich seine Kenntnisse vollständig einverleibt haben.

94

Der Retter

Die Medien sind voller Berichte über den Mann, der ein Transportflugzeug gestohlen, damit Dutzende von Kindern in kriegsfreies Gebiet ausgeflogen und vor der Verschleppung gerettet hat.

Ana fragt sich, was für ein Mensch das ist, der in der Uniform seines Landes für die Gegenseite kämpft. Der sein Leben hergibt für all diese Kinder. Der ihnen allen ein neues Leben geschenkt hat und ihr eine Bestimmung dazu. Der sich in seinem eigenen Land ans Messer lieferte.

Sie muss ihn sehen, diesen Mann.

Sie muss etwas tun.

Denn nichts zu tun für diesen Menschen ist unmöglich.

95

Das Wagnis

Bisher kam ihr Vater nur am Rand ihres Lebens vor. Am äußersten Rand und auch nur bis zur Scheidung der Eltern. Er war ihr zu gleichgültig gewesen, als dass Ana den Kontakt hätte aufrechterhalten wollen. Ohnehin hat er ihr nur wenige Erinnerungen dagelassen: das vage Profil eines Gesichts, einen bestimmten Geruch, die emotionalen Ausbrüche eines reizbaren Menschen.

Staatsangehörigkeit und Pass ihres Geburtslandes hatte Ana verloren, nachdem ihre Mutter mit den beiden Töchtern in ihr Herkunftsland zurückgezogen war. Daria und Ana sind seither Staatsbürger des mütterlichen Geburtslandes. Doppelbürgerschaft war nicht zulässig, was Ana bis zum heutigen Tag weder störte noch vermisste. Im Gegenteil: Sie ist froh, nichts mit dem Land zu tun zu haben, das nicht nur seinem Nachbarstaat, sondern eigentlich einem ganzen Kontinent den Krieg erklärt hatte. Doch nun hat sich etwas geändert. Nun braucht sie diesen Pass.

Seit Wochen verfolgt Ana in Zeitungen und im Internet den Prozess um den Mann, der ein Flugzeug aus dem Militärdepot seines Stützpunkts gestohlen und damit drei Dutzend Kinder aus Kriegsgefangenschaft befreit hat.

Luftboten, wie Ana sie nennt, die geretteten Kinder, die vom Himmel fielen: Kristjan, Pavel, Ludmilla und all die anderen, die nun im Waisenhaus untergebracht sind und sich dort langsam heimatlich fühlen.

Lange wusste Ana nicht, wie sie es anstellen sollte, das mit dem Pass. Bis sie ihrem Denken besonders gut zuhörte und plötzlich der Hauch einer Idee um sie wehte. Sie drehte und wendete den Einfall, und dann ist Ana hineingeschlüpft in die Überlegung.

Ihr Vater lebt noch immer in seinem Geburtsland. Eine Last, die Ana zum ersten Mal nützlich sein könnte, wenn sie es richtig anstellt. Ja, wenn sie es richtig anpackt, könnte sich die Bürde, die eine Leerstelle in Anas Leben ist, als Lücke erweisen, durch die sie in jenes Land schlüpfen könnte, um dort am Gerichtsprozess teilzunehmen.

Sie muss diesen Fremden sehen, der so mutig war, verrückt zu sein.

Nach fast dreißigjähriger Funkstille zwischen ihr und ihrem Vater hegt Ana keine besonderen Erwartungen, als sie das Telefon in die Hand nimmt und seine Nummer wählt. Sie verschwendet nicht einmal Zeit für Plauderei, als er den Anruf entgegennimmt, sondern kommt sofort zum Punkt. Ihm bleibt kein Raum zum Staunen, dass sich seine Tochter nach mehr als einem Vierteljahrhundert erstmals wieder bei ihm meldet.

»Du unterschätzt die Welt da draußen und überschätzt meine Rolle darin, Ana«, antwortet ihr Vater, als Ana ihn schnurstracks um seine Hilfe bittet, ihr einen gefälschten Pass und einen Ausweis der staatlichen Presse zu besorgen.

Das wenige, das sich von ihrem Vater in ihre Erinnerungen gegraben hatte, ist, dass er früher nicht selten in zwiespältige Dinge involviert gewesen war.

»Mein Name, Geburtsort und -datum wären nicht einmal gelogen, lediglich der Wohnsitz«, sagt Ana. »Also, hilfst du mir?«

Der Vater ruft sich das kupferfarbene Haar seiner Ex-Frau ins Gedächtnis zurück, das hellblaue Band darin. Sieht vor seinen Augen, wie sie mit den beiden Mädchen, eines an jeder Hand, davongeht, ohne sich ein einziges Mal umzublicken.

Er weiß, dass seine vielfältigen Versuche, die Familie zusammenzuhalten, bei keiner seiner Töchter Spuren hinterlassen hat. Dafür sind sie damals noch viel zu jung gewesen.

Eine Weile ist Schweigen in der Leitung, dann sagt er: »Ich sehe, was ich tun kann, und melde mich.« Dann legt er auf. Wenige Worte, kein Versprechen, aber eine Abmachung.

Drei Wochen später ist er da, steht unangekündigt vor dem Tor des Waisenhauses.

Obwohl die Jahre ihn etwas gestaucht haben, steht dort kein schmalschultriger, knochiger Mann, wie Ana es erwartet hätte, sondern ein kleiner kompakter, ja, geradezu stämmiger Kerl mit Bulldoggen-Gesicht und schlohweißem Haar, der für sein Alter in viel zu junger Kleidung steckt. Ein Hoodie mit groß aufgedrucktem Label spannt sich um seinen Bauch. Tätowierungen, die gar nicht recht zu seiner Generation passen wollen, schmücken seine Handrücken. Und das ganze Wesen garniert mit einer Prise Rüpelhaftigkeit. Auch die dicken, verschmierten Gläser seiner goldgerahmten Brille wirken dissonant, denkt Ana. Sie lassen ihn etwas hilflos erscheinen, vergrößern seinen unklaren Blick. Eine Weile stehen die beiden schweigend voreinander.

»Meine Augen sind nicht mehr die besten. Das Alter«, sagt er, als er bemerkt, wie seine Tochter ihn fixiert. Er durchschaut ihren Blick sofort. Irgendwo, tief unter einer Schicht Anstand, regt sich das Gefühl der Scham für einen solchen Vater.

Ana kramt in der Tasche ihres Trenchcoats, zieht ein

Papiertaschentuch heraus und reicht es ihm: »Versuch's mal damit.«

Als der brutale und doch weich aussehende Mann die Brille abnimmt, um die Gläser zu putzen, schrumpfen die nackten Augen zu kleinen Punkten, und sein Gesicht wirkt plötzlich leer. Erst jetzt nimmt Ana ihn unbeholfen in den Arm.

Nebeneinander gehen sie einige Schritte über den Weg zum Haus. Der Kies knirscht unter ihren Schuhen. Sie setzen sich in die Schaukelstühle auf der Veranda. Ana betrachtet ihren Vater aufmerksam, ganz so, als habe sie noch nie mit einem Menschen wie ihm gesprochen.

»Hierher hat es dich also verschlagen«, stellt ihr Vater fest. Er nickt zustimmend mit dem Kopf.

»Warum lebst du noch dort, in diesem idiotischen Land?«, fragt Ana.

»Wer da noch lebt, entscheidet sich nicht für den Krieg. Der Krieg entscheidet sich für ihn«, sagt ihr Vater.

Dem hat sie nichts entgegenzusetzen. Warum ist sie nur so voller Aggression, so voller Wut auf einen Mann, den sie nach fast dreißig Jahren Funkstille nur deshalb kontaktiert hat, um ihn um etwas zu bitten, für das er geradewegs in den Knast wandern könnte? Ein Vater, der extra den weiten Weg auf sich nahm, um Ana bei etwas zu helfen, das er nicht versteht. Hasste sie ihn? Ihren eigenen Vater?

Als er ihr den gefälschten Pass und eine Identifikationskarte der wichtigsten staatlichen Zeitung reicht, drückt er ihr zusätzlich ein winziges Glasfläschchen in die Hand, das mit einem Korken verschlossen ist.

»Was ist das?«, fragt Ana.

»Gift.«

»Gift?«

»Schluck's runter, falls du erwischt wirst. Besser ein schneller Tod, als im Knast jeden Tag erneut sterben.«

»Ich werde nicht erwischt. Ist der Pass gut?«

»Er ist perfekt. Die Leute, mit denen ich arbeite, haben nur ab und an die Gewohnheit, sich zu überschätzen. Aber das sollte kein größeres Problem sein. Nun los, steck die Sachen ein, bevor ich es mir anders überlege. Ich reise bereits heute Abend zurück. Ist ein langer Weg, jetzt, da kein Flugzeug mehr unser Land anfliegt. Wenn du es mit der Einreise schaffst, kannst du ja mal bei deinem Alten vorbeischauen, falls es nicht zu viele Umstände macht.«

Ana schiebt Pass, Ausweis und das Fläschchen in die Tasche ihres Trenchcoats. Sie nickt: »Danke, Papa.«

Anas Vater schlägt die Lider nieder, steht auf und geht. Ohne sich nochmals umzudrehen, hebt er, nachdem er die Treppe zum Kiesweg hinuntergestiegen ist, die Hand zum Gruß und ruft: »Und überleg dir gut, was du denen an der Grenze erzählst.«

»Ich lasse immer die Männer reden«, antwortet Ana.

»Gut«, sagt ihr Vater, »und denk dran: Was geschieht, geschieht. Besser man nimmt das Leben nicht so ernst. Wir kommen da ohnehin nicht lebend raus.«

Ana sieht ihm nach, mit einer Mischung aus Liebe, Dankbarkeit und Mitleid. Einem Menschen, der, wenn man ihm im Fernsehen begegnen würde, einfach nur komisch wirken würde, dessen Wesen jedoch hier, da es sich um das wirkliche Leben handelte, etwas Tragisches bekam.

Und zum ersten Mal kommt Ana der Gedanke, dass die Tatsache, dass man lange nicht an jemanden gedacht hat, nicht bedeutete, dass man ihn nicht in sich trug.

96

Vor dem Kriegsgericht

Einige Wochen verbringt Lew in Untersuchungshaft. Teilt sich eine Zelle mit elf anderen Männern. Mit solchen, die sich auf den Feldbetten zurücklehnen, den bandagierten Arm eng an die Brust gebunden oder das eingegipste Bein von sich gestreckt, das ihnen der Vater oder Onkel gebrochen hat, um sie vor dem Militärdienst zu bewahren. Wenn es nicht funktionierte, sich durch Stille unsichtbar zu machen, dann zertrümmerte man eben demjenigen Familienmitglied, das kurz vorm Einzug stand, ein paar Knochen. Doch inzwischen waren so viele auf diese Idee gekommen, dass der Staat sämtliche Männer mit Knochenbrüchen einbuchtete, den Verlauf der Gesundung streng überwachend, um sie zum schnellstmöglichen Zeitpunkt an die Front zu schicken. Und zwar direkt an die Front.

In den Tagen vor Lews Verhandlung wird er allein in eine winzige, stinkende, dunkle Zelle gesteckt. Keiner spricht mit ihm.

»Ein kleiner Vorgeschmack auf das etwaige Urteil«, bezeichnet der Staatsanwalt die Isolation und verspricht sich davon, Lews Kooperationsbereitschaft zu beschleunigen und ihm sein Spezialwissen über Kampfjets rascher zu entlocken.

Über dem Gerichtsgebäude schwirren Hubschrauber wie Papierfetzen. Reporter drängen sich vor dem Eingangstor. Alle staatlichen Medien wollen einen Blick auf ihn erhaschen, auf diesen Mann, der etwas beinahe Unwirkliches getan hat. Und obwohl die Journalisten schon jetzt den genauen Wortlaut ihres Berichtes gegen diesen Piloten kennen, so bewegt Lew doch etwas in jedem Einzelnen, der für diese Blätter schreibt oder im Fernsehen darüber berichtet.

Der Prozess findet unter Ausschluss der Öffentlichkeit statt. Lediglich Journalisten staatlicher Zeitungen und Fernsehsender haben mit entsprechendem Ausweis Zugang.

Flankiert von zwei Wachmännern tritt Lew in den glashellen Raum des Gerichts und nimmt auf der Anklagebank Platz. Der Kragen seiner Uniform scheint ihn zu würgen wie ein Strick. Der Pflichtverteidiger setzt sich neben ihn, beugt seinen Kopf zu Lew und sagt:

»Überlegen Sie sich Ihre Antworten gut. Sie haben nämlich weder Geld noch Ansehen noch eine klitzekleine Chance und bestimmt keine Zukunft mehr in diesem Land. Und machen Sie es kurz. Ich möchte heute gern mal früher nach Hause zu Frau und Kindern.«

Lew denkt sich bloß: Arschloch.

Er spürt sie, die Hand an der Kehle. Es gibt keinen Weg zurück. Definitiv kein Aushandeln einer vorzeitigen Entlassung, selbst wenn er sich reumütig zeigen würde und vorgäbe, seine Tat inzwischen für Verrat am eigenen Land zu halten. Im schlechtesten Fall heißt das: Exekution. Im besten Fall bedeutet es Gefängnis. Unzählige Jahre in Gefangenschaft stünden ihm bevor, Jahre, in denen er Tag für Tag, Nacht für Nacht die Vergangenheit wieder und wieder durchleben würde, darauf wartend oder besser hoffend, dass sein Leben je wieder begänne.

Das einzig Positive, wenn das eigene Leben derart am Boden ist, ist, dass man nicht noch tiefer fallen kann. Er hatte nichts mehr zu verlieren.

Richter, Staatsanwalt und Verteidiger würden schließlich einsehen, dass er auf die Meinung anderer Leute nicht mehr angewiesen war, auch nicht auf ihre. Noch dazu, da diese Verhandlung ohnehin nur fürs Protokoll und die staatlichen Medien stattfand.

Der Raum ist zum Bersten voll. Lew lässt seinen Blick über die im Saal Anwesenden schweifen. In den Augen einiger sieht er seine Tat gespiegelt. Er hat das Richtige getan. Es war richtig gewesen, diese Kinder zu retten.

Ganz offensichtlich war er aber zu unvorsichtig gewesen, vielleicht hätte man ihn sonst nicht so bald erwischt, und er hätte noch weiteren Kindern eine Zukunft außerhalb dieses Landes schenken können.

Dass er nun vermutlich für Jahre eingesperrt werden wird – sollte es ihm gelingen, seine speziellen Fachkenntnisse nur tröpfchenweise aus sich herauspressen zu lassen –, nimmt er hin. Denn es gibt mehr als eine Sorte Gefängnis. Das hat er gelernt.

Als Lew nachdenklich auf der Anklagebank sitzt und auf den Prozessbeginn wartet, spürt er plötzlich etwas: einen Luftzug. Und dann? Dann spürt er sie eintreten, noch bevor er sie sieht. Wie damals, als er alles an ihr aus der Ferne bereits atmosphärisch gefühlt hatte.

Lew dreht seinen Kopf und blickt über die Schulter zum Eingang des Gerichtssaals. Kann das sein? Dort ist sie tatsächlich. Die Frau von damals. Ana.

Die Sonne wirft ihre Strahlen durch die hohen Fenster

des Saals. Ana steht da wie von flüssigem Licht übergossen. Unzweifelhaft schön, auch wenn die Jahre Spuren in ihrem Gesicht hinterlassen haben.

Lew wagt es nicht zu glauben. Und doch. Sie ist es. Ein sanftes Prickeln in seinen Adern. Sie wiederzusehen überwältigt ihn.

Im Gegenlicht sieht Ana im ersten Moment nur seinen Schattenriss, doch als sich eine Wolke vor die Sonne schiebt, erkennt auch sie ihn. Es ist kaum zu glauben: Der Mann, der den Kindern zur Flucht verholfen hat, ist derselbe, der sie einst so tief berührte. Ana versucht, in ihrem Kopf Ordnung zu schaffen und alles an den richtigen Platz zu bekommen. Er ist es wirklich. Ihr stockt der Atem.

Wie damals durchströmt sie brennende Zuneigung. Und es kommt ihr in diesem Augenblick vor, als habe sie ihr bisheriges Leben nur auf diesen einen Moment hingelebt.

Auf ihr Gesicht legt sich ein verwundertes Lächeln dem Leben gegenüber als einer Sache, die sie nicht begreift. Auch Lews Gesicht nimmt den Ausdruck einer scheuen, grenzenlosen Verwunderung an. Beiden kommt dieses Wiedersehen unwirklich vor, möglich, aber seltsam unwahrscheinlich.

Die Luft knistert wie damals. Und in ihm, dem sonst so nüchternen Ingenieur, erwacht eine Fantasie, die mit ihm davonrennt in diesem berauschenden Augenblick. Da ist es wieder, wie damals, dieses beinahe schmerzliche Glühen und Ziehen in ihm, dieses Sich-Auflösen, dieses Leicht- und Durchsichtig-Werden für einen einzelnen Menschen.

Eingefrorene Jahre tauen auf. Und das Geheimnis, das beide auch vor sich selbst versteckt durchs Leben getragen haben, zerschmilzt. Sie blicken einander in die Augen, und alles in ihnen erinnert sich. Mit einem Mal sitzen sie wieder gemeinsam in der Bar des Hotels auf der Halbinsel, die Ana inzwischen zur Heimat geworden ist. Sie in Begleitung ihres damaligen Freunds und er in Begleitung eines Kollegen. Zufällig waren sie an denselben Tisch platziert worden, weil es keine freien Plätze mehr gab, damals, vor etwa elf Jahren. Keine Ahnung, wie lange genau es her sein mochte. Der Krieg hat ihm jegliches Zeitgefühl genommen.

Aus der Distanz dieser vergangenen Jahre vergegenwärtigt sich Lew jene Episode, mit der alles seinen Anfang nahm. Alles, was in seinem späteren Liebesleben Bedeutung haben sollte oder aber gerade nicht. Damals war da sofort ein elektrisierendes Gefühl zwischen Ana und ihm gewesen, noch bevor überhaupt einer von ihnen am Tisch gesprochen hatte. Von dem Moment an, als sie sich in der Bar gesehen haben, von dem Moment an, in dem sich ihre Hände bei der Begrüßung berührten, zog es sie zueinander.

Das Auffällige an Ana lag für Lew gerade in ihrer Unauffälligkeit. Doch woran er sich erinnert, ist dieses schwarze, funkelnde Kleid, das sie an jenem Abend trug.

Eine Weile hatte niemand am Tisch etwas gesagt. Schließlich brachen Lew und Mika das Schweigen, doch keinem von beiden war das erste verbindende Wort geglückt. Ganz offensichtlich, weil sie beide insgeheim spürten, dass da etwas war zwischen Ana und Lew, etwas Tiefes, Unbewusstes, Unakzeptables.

Glücklicherweise hatte Lews damaliger Kollege – ein offenerer Typ, als sein zugeknöpfter Kleidungsstil hatte vermuten lassen – rasch eine Frage in das stickige Schweigen geworfen:

»Ihr beiden macht hier Urlaub?«

»Ja«, hatte Mika wortkarg geantwortet. »Und ich vermute, ihr seid hier berufsbedingt?«

»Sind wir.«

»Was?«

»Ingenieure.«

»Was sonst.«

Ana und Lew hatten nicht gewusst, wohin mit ihren Augen, so blickte Ana angestrengt auf ihre Hände unter der Tischplatte, und Lew schaute verloren im Raum umher.

Nach den ersten Drinks entstand dann unwillkürlich ein landläufiges Gespräch, in dem sich die Spannung jedoch nie ganz löste.

Als Ana kurz nach draußen ging, um der verrauchten Bar eine kurze Zeit lang zu entfliehen und Luft zu schnappen, sprang Lew unter Vorgabe, er müsse zur Toilette, schnell von seinem Stuhl auf und folgte ihr. Da standen sie dann voreinander, auf der Veranda des Hotels, gehüllt in die samtweiche Dunkelheit und schauten einander in die hungrigen Augen. Ana mit einer geheimnisvollen, sinnlichen Anmut. Und Lew, der sich nie zuvor von einer Frau so angezogen gefühlt hatte. Er tastete nach ihren Händen, verschränkte ihre Finger mit seinen. Dann glitten seine Fingerkuppen über ihre Arme bis zu ihren Schultern, den Nacken hinauf. Schließlich nahm er ihren Kopf in seine Hände und küsste sie. Ein Kuss, der in beide eindrang wie ein warmer Wasserstrahl. Ihr Blut wurde schwer, ihre Herzen rasten. Lews warmer Atem an Anas Hals, sein Körper gegen ihren gepresst.

Nie zuvor hatte Ana eine solche Leidenschaft empfunden. Vor diesem Kuss hatte sie ihren Körper lange nicht gespürt. Dann spürte sie ihn. Ein heißes Begehren wallte in ihr auf. Vor diesem Kuss war sie lange keine Frau gewesen. Dann war sie eine.

Auch Lew hatte so etwas noch nie erlebt bei seinen bisherigen Liebesabenteuern. Diesen Rausch. Diese zitternde Stille. Dieses Verlangen. Diese Sehnsucht und dieses tiefe Einverständnis ihrer Körper. Das Zarte, Zerbrechliche und

Zärtliche verzauberten ihn. Alles hätte er in diesem Moment für diese Frau hingeworfen. Alles. Er empfand etwas, das damals für ihn noch keinen Namen hatte. Heute weiß er: Es ist Liebe. Es ist ein Heimkommen nach langem Heimweh.

Eine Weile standen sie so da, eng ineinander verschlungen. Der Gegenwart für einen Moment entrückt, außerhalb der Zeit. Ein Augenblick vollkommenen stillen Glücks. Bis Mika plötzlich auftauchte und sich beide fieberhaft voneinander lösten. Verwirrt sprangen sie auseinander, starrten sich beunruhigt an, brachten kein Wort heraus und spürten, dass sich ein zartes, kaum geschlungenes Band zwischen ihnen wieder zu lösen drohte.

Bis heute weiß Ana nicht, was und wie viel Mika damals gesehen und begriffen hatte. Doch er handelte. Nach diesem Abend sahen Ana und Lew einander nie wieder. Mika sorgte am nächsten Morgen für ein unerhört frühes Frühstück, und danach reiste er mit Ana unter einem beruflichen Vorwand ab. Zwar hatte er Ana nie wirklich ganz gewollt, hatte sie aber auch nie freigegeben, wenn er irgendwo potenzielle Rivalen ausmachte. Und Ana war damals viel zu schüchtern und viel zu weit von sich selbst entfernt gewesen, als dass sie ihr Leben in die Hand hätte nehmen und die Situation hätte ändern können.

Bevor sie mit Mika ins Taxi zum Bahnhof stieg, kehrte sie nochmals an die Stelle auf der Veranda zurück, an der sie und Lew sich in der Nacht zuvor so leidenschaftlich geküsst hatten. Doch natürlich war er nicht dort.

Als sich das Taxi dann weiter und weiter vom Hotel entfernte, war ihr, als habe sie etwas ganz Besonderes versäumt, das nie wieder einzuholen war. Und auch wenn Ana damals bereits spürte, dass dies die echte, die wahre Liebe sein musste, war Liebe doch ein so zerbrechliches Wort.

Nach der Rückkehr mit Mika in die gemeinsame Wohnung trauerte sie tagelang heimlich um das Verlorene, das nie Wiederkehrende. Erst als es ihr gelang, ihre Sehnsucht in die kleinsten Winkel ihrer Seele zurückzudrängen, kehrte die korrekte Vernünftigkeit in ihr Wesen zurück, und sie fand sich mit Mika ab.

Lew war in jener Nacht in sein Hotelbett gefallen und hatte gewusst: Mit ihm war etwas passiert zwischen gestern und heute. Als er Ana am nächsten Morgen im Frühstückssaal suchte und nicht fand, kehrte auch er an den Ort der vergangenen Nacht zurück. Und obwohl dort niemand war, so war doch die Luft mit einer besonderen Stille geladen, ganz so, als sei dort zuvor jemand gewesen, dessen Körperwärme noch immer in der Luft hing, wenngleich sich der Mensch bereits verflüchtigt hatte. Vielleicht war es nichts, dachte er, doch vielleicht war es auch Ana, die er dort spürte.

Überall auf dem Hotelgelände suchte er nach ihr, fand sie aber nicht. Noch heute hegt sich in ihm – wenn er daran denkt – seine damalige Erregung, die an Schmerz grenzte.

Im Leben gibt es einfach zu viel, was sich zwischen uns und unsere Hoffnungen stellt.

Anfangs versuchte Lew noch, Ana aufzuspüren. Doch irgendwann gab er auf. Anas Beziehung mit Mika vereinfachte die Sache. Mit dieser Ausrede im Kopf – dass sie vergeben war – konnte sich Lew darauf beschränken, in schützender Entfernung ab und an in Tagträumen von ihr hingerissen zu sein.

Irgendwann ging er davon aus, dass er Ana nie wiedersehen würde. Doch Wahrscheinlichkeiten haben glücklicherweise kein Gewicht, wenn es um reale Begebenheiten geht. Denn nun, hier im Gerichtssaal, begegnen sie sich völlig unverhofft wieder. Zwei Menschen, die von verschiedenen Enden der Welt kommen, um sich hier zu finden. Als sei jetzt die richtige Zeit für ihre Begegnung gekommen.

Für Ana fühlt es sich an, als hätte sie all die vergangenen Jahre auf genau diesen Moment mit diesem Mann gewartet.

Ist es das, was die Leute meinen, wenn sie von Bestimmung sprechen?

Tatsächlich kommt es beiden so vor, als gäbe das Schicksal ihnen eine zweite Chance, da sie aus ihrer ersten nichts gemacht haben. Seltsame Wege wählte das Leben manchmal.

Lew sieht Ana an. Er sieht sie an und vergisst für einen kurzen Augenblick, warum er hier ist und in welcher Misere er feststeckt. Er begreift nicht, wie er in jener Zeit zu feige gewesen sein konnte. Zu feige, seinen damals für ihn völlig neuartigen Gefühlen zu trauen. Zu feige, ihr ein Zeichen zu geben, etwas zu sagen. Im richtigen Augenblick. Im einmaligen Augenblick. Er hätte eine Gelegenheit schaffen können. Irgendwie. Ihr zum Zimmer folgen, ihr eine heimliche Nachricht zukommen lassen können. Doch er hatte sich auf das Morgen verlassen. Auf das Morgen, das für sie beide nie gekommen war.

Damals war er ungelenk, war befangen im Umgang mit einer Frau, die ihn derart tief berührte. Ana sprach in ihm völlig unbekannte und ungeahnt zarte Gefühlslandschaften an.

Und am nächsten Tag war sie verschwunden. Sie war einfach weg. Spurlos. Lew hat noch herauszufinden versucht, wo sie herkam und wie sie mit vollem Namen hieß – er fragte an der Rezeption nach, steckte dem Concierge einen Geldschein zu. Doch vergebens. Sein Charme konnte es nicht mit dem Datenschutzgesetz aufnehmen.

Lange konnte er diese Frau nicht vergessen. Die Jahre, die Lew mit Ana hätte verbringen können, hätten ihn zu etwas Besserem gemacht, als er vorher war. Das weiß er.

Und jetzt? Da sie einander endlich wiedergefunden haben? Jetzt würde er für immer von der Bildfläche verschwinden. Er würde die nächsten Jahre, vielleicht Jahrzehnte im Gefängnis verbringen. Wahrscheinlicher noch: Sie würden ihn töten.

Eine eigenartige Stille liegt über den beiden. Nur das entfernte Tuscheln der Anwesenden im Gerichtssaal findet hier und dort eine Lücke und huscht hindurch.

Lews Augen saugen Anas Antlitz auf: zart gewachsen, anmutig, schlank und unbezweifelbar attraktiv. Nicht auf die gewöhnliche Weise. Nicht puppenhaft. Eher ist es eine Schönheit, die gerade nicht im Offensichtlichen liegt, sondern vielmehr in einer Art Strahlkraft, einem Zauber, der von ihrem ganzen Wesen ausgeht.

Der Blick in diese Augen, in diese wissenden und zärtlichen Augen genügt, und Lew empfindet dieselbe Nähe zu Ana, die er damals verspürt hatte. Nie hätte er zu hoffen gewagt, sie jemals wiederzusehen. Und nun ist sie da. Ein Gefühl breitet sich in ihm aus, eine Woge der Wärme und Anziehung, wie er es nur damals, vor vielen Jahren, erlebt hatte. Nie zuvor und nie mehr danach. Und in einem kurzen Moment pendeln Lews Gedanken zwischen seinem gegenwärtigen und einem erträumten Leben hin und her.

Auch Ana packt wieder dieses Gefühl tiefer Zuneigung und Begehrens, das sie schon damals verspürt hatte.

Mit ein wenig Mut, den richtigen Worten, hätten sie damals ihre beiden Leben in einem einzigen Moment zu einem anderen machen können. Doch keiner von beiden hatte das Leben in die Hand genommen, und so war es Mika gewesen, der über den weiteren Verlauf bestimmte.

Der Hammer des Richters durchschlägt die Stille. Und ein zweites Mal ist die Magie des Augenblicks verloren. Beide, Lew und Ana, finden sich zurück in der Gegenwart. Wie lange sie sich angeschaut und mit ihrer Erinnerung in die Vergangenheit gereist sind, wissen sie nicht. Große Augenblicke liegen jenseits der Zeit.

Sogleich stützt der Richter seine blutarmen, altersknorrigen Finger aufs Pult und spult seine Sätze so glatt ab wie einen jahrelang einstudierten Text. Er spricht seine wohlpräparierte, schneidende Anklage in die dicke Luft des Gerichtssaals. Als er damit fertig ist, setzt er sich und übergibt dem Staatsanwalt das Wort.

»Herr Lew Čechov, uns allen hier ist Ihre Tat hinlänglich bekannt«, beginnt der Staatsanwalt und sieht Lew scharf an. »Ich frage Sie also nur, weil ich Sie fragen muss: Was zum Teufel ist da in Sie gefahren?«

Schweigen senkt sich über den Gerichtssaal.

Dann fragt Lew mit heiserer, eingerosteter Stimme:

»Glauben Sie an das Universum?«

»Was soll das?«

»Es schickt uns manchmal Zeichen«, antwortet Lew in einen Raum hinein, der mit einem Mal so geräuschlos ist, als hätten alle Anwesenden zu atmen aufgehört. Sekundenlang ist es still.

Dann sagt der Staatsanwalt in schneidendem Ton: »Herr Čechov, um den Anwesenden ein klareres Bild der Situation zu verschaffen: Sie sind sechsundvierzig Jahre alt und liegen weit über allen einzugspflichtigen Jahrgängen. Sie haben sich vor vierzehn Monaten freiwillig gemeldet, um in diesem Krieg zu dienen, und sind vor knapp zehn Monaten eingezogen worden. Sie haben diesen Krieg damit nicht nur eindeutig bejaht, sie haben sich ihm persönlich verschrieben.« Der Staatsanwalt lässt seinen Blick über die

Anwesenden schweifen und das Gesagte in einer längeren Pause nachwirken. Dann fährt er fort: »Uns interessiert also, Herr Čechov, haben Sie Ihre Kriegssabotage von langer Hand geplant?«

»Dafür war ich am Anfang zu gedankenlos«, antwortet Lew spontan und knapp.

Ein Raunen huscht durch den Gerichtssaal.

»Manchmal macht uns unser Tunnelblick blind. Dann sind wir unfähig, klar zu denken und die richtigen Entscheidungen zu treffen«, ergänzt Lew.

Es wird laut im Gerichtssaal. Der Richter erschlägt das aufwallende Gemurmel und Geflüster mit seinem Hammer.

»Sie wollen uns hier nicht wirklich sagen, dass Sie bei klarem Verstand waren, als Sie gegen zahlreiche Paragrafen des Militärgesetzes verstoßen haben?«

»Ich habe nie klarer gedacht.«

Im Gerichtssaal wird es jetzt so laut, dass der Richter droht, etwaige Journalisten und die Leute vom Fernsehen hinausweisen zu lassen.

Nun mischt sich der Pflichtverteidiger ein: »Herr Čechov, Sie meinen nicht allen Ernstes, dass Sie Sie selbst waren, als Sie das Transportflugzeug gestohlen haben, um Kriegsgefangene aus dem Land zu schmuggeln.«

»Doch. Genau das meine ich.« Lew hält kurz inne, dann fährt er fort: »Es waren Kinder. Verschleppte Kinder.«

Der Pflichtverteidiger setzt gerade an, etwas zu sagen, da schneidet Lew ihm das Wort ab:

»Im Frieden finden wir heraus, wer wir sein können. Im Krieg finden wir heraus, wer wir sind. Und ich war kurz davor, ein Monster zu werden.«

Lautes Getuschel in den Zuschauerreihen. Der Richter lässt die hinteren Reihen räumen und die Menschen aus dem Saal verweisen.

»Kinder!«, betont Lew. »Wir alle haben eine Verantwortung für Kinder. Von welcher Nation auch immer.«

»Verstehe ich Sie richtig? Sie begründen Ihr Verbrechen damit, im Interesse dieser Kinder gehandelt zu haben?«, fragt der Staatsanwalt.

»Richtig«, antwortet Lew ruhig. Tagelang schon hatte er in Einzelhaft gehockt und mit niemandem gesprochen.

Die Augen von Richter, Staatsanwalt und Pflichtverteidiger werden hart.

Der Staatsanwalt räuspert sich: »Ich frage Sie noch einmal. Sie dienen unserem Land und haben im Interesse dieser Kinder gehandelt? – Dann wissen Sie also mehr als wir alle hier in diesem Gerichtssaal.« Er macht eine ausladende Geste und fährt dann in strengem, zornigem Ton fort: »Nicht nur, dass Sie die Gesetze unseres Landes missachtet haben, sich der Kriegssabotage und des Flugzeugraubs schuldig gemacht haben ... Wer sagt Ihnen, was im besten Interesse dieser Kinder ist? Wer sagt Ihnen, wo diese Kinder hingehören?«

»Alle im Krieg werden an Orte geschleudert, an die sie nicht gehören. Ich habe es vorgezogen, diese Kinder in den Frieden zu werfen.«

Der Pflichtverteidiger mischt sich ein. Nicht weil er es will, vielmehr, weil es seine Pflicht ist, etwas in Lews Sinn beizusteuern: »Aber Herr Čechov, nach heutiger Sicht und reiflicher Überlegung würden Sie das ja niemals wieder machen.«

Lew spürt, wie sich um seine steifen Lippen das freundliche, jahrealte Lächeln des Angepassten legen will. Er drängt es zurück unter die Haut und sagt: »Doch. Ich würde es wieder tun.«

Der Pflichtverteidiger räuspert eine kleine Heiserkeit aus seiner Kehle: »Selbstverständlich würden Sie es nicht wieder tun«, sagt er und sieht Lew eindringlich an.

Lew weiß, dass er hier im Gerichtssaal innerhalb von wenigen Sekunden alles verlieren kann, was er sich in den Jahren seiner windstillen Existenz vor dem Krieg aufgebaut hat. Und alles, was noch auf ihn warten könnte. Er wirft Ana – die auf mysteriöse Weise trotz späten Erscheinens einen Platz in einer der vorderen Reihen ergattern konnte – einen schnellen, zärtlichen Blick zu. Dann wendet er sich wieder den Prozessführern zu.

Draußen bricht die Sonne in breiten schrägen Bahnen durch die Wolken und flutet den Saal mit Licht. Und mit diesem Licht kommen die Erinnerungen. Die Erinnerungen an die Momente im Krieg, in denen alles, was zuvor schwarz-weiß und kalt gewesen war, plötzlich farbig und warm wurde. Lew denkt an die Händchen des kleinen Jungen, die ganz sachte zu seiner Wange gewandert waren, bevor er ihn mit dem Fallschirm aus dem Cargo-Flieger geschubst hatte. An Ludmilla, das Mädchen, dessen Mutter vor ihren Augen weggesprengt worden war und das trotz dieser Katastrophe Lews Arm verarztet und ihm damit vermutlich das Leben gerettet hatte. Er denkt an Pavel, diesen überaus tapferen, mutigen sechzehnjährigen Kerl. Er denkt an den gegnerischen Soldaten, dessen Leben unter Lews Händen davongeglitten war. An das Stückchen Stoff mit der Botschaft an die Hinterbliebenen. Und aus all diesen Erinnerungen erwächst in ihm die Kraft, jene Sätze zu sagen, die er schon viel zu lange mit sich herumgetragen hat:

»Gehört die Welt vielleicht uns allein, Herr Richter, Herr Staatsanwalt, Herr Pflichtverteidiger? Sind wir denn etwas anderes, etwas Besseres als die anderen? Haben diese Kinder etwa kein Recht zu leben?« Er macht eine kurze Pause, blickt nach unten auf seine ineinander gekrallten Finger. Dann fährt er mit gehobenem Kopf fort: »Haben Sie jemals eine niedergebrannte Stadt gesehen? Es schwelt noch tagelang.« Wieder macht er eine Pause. Dann sagt er: »Ich gestehe hier ganz offen ein: Heldentum entspricht nicht meiner Natur. Gewöhnlich mache ich mich in jeder unangenehmen und gefährlichen Situation schnellstmöglich aus dem Staub. Und doch. Und doch habe ich in diesem Krieg etwas begriffen, was es mir unerträglich gemacht hat, nichts gegen diese Schicksale zu tun. – Ja, ich würde es wieder tun!« Und noch während er das sagt, empfindet Lew eine wunderliche Regung in sich, etwas Federleichtes entfaltet sich in ihm.

Der Pflichtverteidiger versucht, eine adäquate Miene aufzusetzen, verfügt aber über keine, und sein Gesicht bleibt leer.

»Eine interessante Moral«, springt nun der Staatsanwalt dazwischen. »Was Sie getan haben, ist mehr als ein mikroskopisches Fleckchen auf der Reinheit Ihrer Uniform! Sie sind in diesen Krieg gezogen, um als Militärpilot Kampfjets zu fliegen und unser Land aus der Luft zu verteidigen. Wochen später haben Sie sich bereits geweigert, Raketen abzufeuern, als Sie den Befehl dazu erhalten haben. Und kurz darauf nutzen Sie Ihre mehr als gnädige Versetzung zum Lufttransport aus, um Kinder des Feindes über die Landesgrenze zu schmuggeln? Was ist denn das für eine Haltung?«

»Ein anderes Land überfallen, Städte zerbomben, Menschen niedermetzeln – was ist das für eine Haltung?«, sagt Lew. »Im 21. Jahrhundert! Dieser Krieg wird noch durch die Adern vieler Generationen fließen.«

Der Staatsanwalt zieht scharf Luft durch die Zähne ein: »Ich denke, wir haben genug gehört. Sie scheuen sich ja nicht einmal, uns Ihre wahren Beweggründe darzulegen.«

Im Zuschauerraum ist es so still, als hielten alle den Atem an. Nicht ein Hüsteln ist zu hören.

»Wozu?«, fragt Lew. »Würden Lügen einen Unterschied machen, hätte ich mich vermutlich hinter ihnen versteckt.

Aber ob ich nun die Wahrheit sage oder nicht, für mich läuft ohnehin alles auf dasselbe hinaus. Dann kann ich auch ganz offen sprechen. Und ich denke, diese Wahrheit ist das Gefängnis wert.«

Wenig später lauscht Lew der fernen Plädoyer-Stimme des Staatsanwalts, die in Konjunktiven und Imperativen ausnahmslos unangenehme Dinge gegen ihn vorbringt.

Immer wieder dreht er den Kopf nach hinten und blickt in Anas Augen, die ihn festhalten. Und er weiß: Er hat vermutlich mehr Menschen getötet, als er gerettet hat, aber die Befreiung dieser Kinder ist eines der wenigen Dinge in seinem Leben, die er richtig gemacht hat. Hätte er es nicht getan, säße er für den Rest seines Lebens in einem geistigen Schützengraben.

Der Richter entfernt sich, kommt jedoch schon nach fünf Minuten zurück in den Gerichtssaal.

»Der Angeklagte möge sich zur Urteilsverkündung erheben.«

Lew steht auf. Schichten um Schichten von Schweigen liegen im Raum.

Dann spricht der Richter in die gespannte Stille hinein:

»Ich verurteile Herrn Lew Čechov zu lebenslanger Haft. Abführen.«

Lew steht aufrechter da als je zuvor.

Sekundenlang sind die Zuschauer wie erstarrt. Obwohl sie alle mit diesem Urteil gerechnet und sich viele von ihnen sogar darauf verlassen haben. Es dauert eine Weile, bis die Lähmung vom Publikum abfällt, und mit einem Mal ist es laut im Saal. Jeder tauscht sich mit seinem Nachbarn aus. Seltsamerweise empfindet in diesen Minuten niemand Freude über das Urteil. Nicht einmal jene, die sich zuvor von einem solchen Rechtsspruch Befriedigung versprochen haben. Lew hat etwas gemacht mit diesen Menschen.

Mit der plötzlichen Lautstärke im Saal wird es in Lew ruhiger. Er strafft die Schultern, hebt seinen Blick, dreht sich um und schaut zu Ana. Mit gesenktem Kopf sitzt sie da, die Haare fallen ihr ins Gesicht. Doch als spüre sie seinen Blick, sieht sie auf, schaut ihn an. Tränen schwimmen in ihren Augen, lösen sich und zeichnen Spuren in dem Make-up auf ihren Wangen. Sie wischt sie nicht weg, sondern blickt Lew unverwandt an. Er lächelt ihr zu und formt mit den Lippen die Worte: »Alles wird gut.«

Verzweifelt schüttelt sie den Kopf. Kummer spannt ihre Lippen.

»Ganz bestimmt«, flüstert Lew in den Raum hinein.

Und obwohl Ana nicht daran glaubt, gleitet der Hauch eines Lächelns über ihr Gesicht.

Alles, was Lew und Ana besitzen, beruht auf wenigen, vor langer Zeit vergangenen Minuten in der warmen Dunkelheit auf der Veranda eines Hotels. Reicht das aus, um diese neu geknüpfte Verbindung zwischen ihnen zu bewahren?

Die Anwesenden erheben sich, als Lew aus dem Gerichtssaal abgeführt wird. Ana steht am Gang ihrer Sitzreihe. Ein letztes Mal tastet ihr unsicherer Blick nach seinem. Sie schauen einander an. Die zerbrechliche Zartheit des letzten Augenblicks.

Mit den Fingerspitzen streift sie seinen Arm, als er an ihr vorübergeht. Eine unermessliche Innigkeit liegt im Versteckten dieser Berührung. Lew fühlt Glück und Traurigkeit zugleich.

Ana lässt sich wieder auf die Bank sinken. Selbst als der Saal leer gefegt ist, sitzt sie noch immer reglos und in sich gekehrt da. Schließlich wird sie gebeten, das Gebäude zu verlassen. Sie steht auf, und ihre ganze Haltung verrät, wie sehr dieses Wiedersehen mit Lew ihre Sinne erschöpft hat. Wieder droht ihre Welt aus den Fugen zu geraten.

Ana tritt aus dem Gerichtsgebäude hinaus und blickt in eine ausgebleichte, triste Welt. Eine Weile steht sie da – mitten in der nun langsam ins Dunkel gleitenden Jahreszeit – und starrt vor sich hin. Überall an den Bäumen zusammengescharrte Haufen von verfaulendem Laub. Wolken verschlucken die Sonne. Der Regen fällt geräuschlos, aber unaufhörlich und in so dünnen Fäden, dass Ana ihn nur als herabrieselnde Kälte wahrnimmt. Hin und wieder ein zischendes Geräusch, wenn ein Auto über den nassen Asphalt an ihr vorbeirauscht. Winzige Wassertropfen verfangen sich in ihren Wimpern und lassen die Konturen der spätherbstlichen Umgebung verschwimmen.

97

Der Blick in den Teich

In den vergangenen zwanzig Jahren brach die schrille Glocke des gusseisernen Haupttors immer mal wieder in Margrets Träume ein, weil irgendwer ein Findelkind gefunden hatte und es in die Obhut des Waisenhauses geben wollte. Für diese Fälle stellte Margret schließlich einen Nachtportier ein. Ein alter Mann, der nicht selten über irgendeiner schwindsüchtigen Zeitung einschlief, eine Wange auf dem Gedruckten, die Arme weit von sich gestreckt, sodass die Tischlampe durch sein dünnes Haar auf der Kopfhaut schimmerte und schwarze Buchstaben auf einer Gesichtshälfte prangten, wenn er frühmorgens wach wurde, den Kopf hob und in Margrets freundliche Augen blickte.

Doch diesmal ist es nicht die Glocke des Haupttors und auch nicht die Stimme des Nachtportiers, die sie wecken. Diesmal zerreißt ein leichtes Klopfen an Margrets Zimmertür ihren viel zu dünnen Schlaf.

Margret setzt sich auf, steigt in ihrem Nachthemd aus dem Bett, greift nach ihrer langen wollenen Strickjacke, die über der Stuhllehne hängt, und wirft sie sich über die Schultern. Auf Zehenspitzen geht sie über den knarzenden Fußboden, öffnet die Zimmertür und blickt in die Augen von Ana.

Sie bemerkt es sofort: Ana ist bemüht, sich furchtloser

und hoffnungsvoller zu geben, als sie sich fühlt. Doch in ihrem Gesicht ist alles zu lesen. Zumindest für Margret. Zärtlich schließt sie sie in die Arme.

»Über die Dinge zu reden, so wie sie sind und wie wir sie empfinden, ist eine Freiheit, die wir uns viel zu oft verbieten«, flüstert Margret Ana ermutigend ins Haar, »mir musst du nichts vormachen.«

Die beiden lösen sich voneinander, gehen ins Zimmer und setzen sich auf das Sofa, das unter dem Fenster steht. Margret nimmt die Strickjacke von ihren Schultern und legt sie Ana um.

Nach einem Moment des Schweigens erzählt Ana mit vielen Pausen, was sie erlebt hat. Von der aufwühlenden, magischen und zugleich schmerzlichen Begegnung mit Lew. Sie erzählt davon, wie Lew sie angesehen hat. Ganz so, als sähe er mehr in ihr, als je jemand zuvor in ihr gesehen hat. Als ob er begreife, was das Leben für sie bedeute. Mehr noch, als ob er das Leben verstand. Sie erzählt, dass Lew ihr wie jemand vorkam, der die beste Version ihrer selbst sah, und der, wenn er sie nur anschaute, sie daran glauben ließ, diese Frau sein zu können. Und sie erzählt, dass sie, sollte Lew im Gefängnis sterben, in Stücke zerbrechen würde, die zu klein wären, um je wieder zu etwas Ganzem zusammengesetzt werden zu können.

Ana ist voller Fragezeichen und Gefühle, mit denen sie nicht umzugehen weiß. Nur eines ist sie sich sicher: Lew ist der Mann, der sie auf ihrer inneren Reise begleiten könnte.

Margret zieht Ana an sich heran und drückt sie. »Manchmal ist das Leben eine Zumutung«, sagt sie. »Es erscheint mir zuweilen wie ein trüber, tiefer Teich, in den alle Möglichkeiten hineinfallen und verschwinden. Sie sind noch da, man erkennt ihre dunklen Umrisse im tiefen Wasser, doch die Schwerkraft zerrt an ihnen, zieht sie hinab bis zum Grund. Und es braucht viele Versuche, bis man die richtige Angel oder das passende Netz gefunden hat, um sie von ganz unten wieder herauszufischen.«

Ana nickt.

Margret steht auf, verlässt kurz das Zimmer und kommt mit einer Flasche Fino und zwei Gläsern zurück.

»Das ist ein ganz besonderer Sherry«, sagt sie, als sie eingießt. »Der hilft immer!«

Als sich Ana nach dem ersten Glas ein wenig entspannt, fragt Margret: »Und, wie sieht er aus – dein Lew?«

»Wie mein nächster Fehler«, sagt Ana und lächelt.

Margret nickt.

Die ältere Frau sieht, dass Anas Lächeln porös ist und viel zu durchsichtig, um die dahinterliegende Trauer zu verhüllen.

98

Gefangenschaft

Lew wird ins Militärgefängnis gebracht. Die Türen hinter ihm verriegeln sich automatisch, sobald sie ins Schloss fallen. Überwachungskameras beinahe in jedem Raum. Nur nicht dort, wo die Wärter ihre Macht ungehindert ausleben.

»Es ist ein großer Fehler, hier zu sein«, sagt einer der Aufseher und spuckt Lew ins Gesicht. Ein anderer lacht dreckig und klatscht, als ein dritter Lew den ersten Schlag verpasst.

Als Lew nach brutaler Folter in eine stinkende, kalte, dunkle Zelle gestoßen wird, fällt er in einen Sack voller Schwärze. Tagelang weiß er weder, wer er ist, noch, wo er ist, bis sich die Düsternis um ihn langsam auflöst und die trostlose Gegenwart wieder Konturen annimmt. Die Zunge liegt ihm dick und geschwollen im Mund, er kann an nichts anderes denken als daran, irgendwoher Wasser zu bekommen. Er kriecht auf allen vieren zur Tür und schlägt so lange mit der Faust dagegen, bis ein Wärter sie öffnet, ihm einen Hundenapf mit einer stinkenden Brühe vor die Füße stellt und die Tür mit einem so lauten Knall wieder zustößt, dass es im ganzen Gang hallt.

Lew kippt die Flüssigkeit gierig in seinen Rachen, wischt sich mit dem Handrücken die Tropfen vom Kinn und schiebt sich auf Händen und Füßen zurück zur Pritsche, hievt sich darauf und lässt sich auf die löchrige, nach Schimmel und Moder stinkende Matratze fallen. Er blickt hinauf zur flackernden nackten Glühbirne, bis sie wenig später erlischt. Lew hat jegliches Zeitgefühl verloren, weiß nicht, ob es Nacht ist oder Tag. Seine Zelle ist beinahe fensterlos. Nur ein winziges Loch mit Gitterstäben ganz oben in der Mauer unterhalb der Decke. Ein Käfig aus Stein. Auf dem Rücken liegend, starrt er in die Dunkelheit seiner Zelle und wartet auf nichts.

Obwohl erschöpft, findet er nicht in den Schlaf. Nur kurz sinkt er unter, taucht dann aber gleich wieder auf, benommen vor lauter Gedanken, die er nicht will, die er nicht beeinflussen kann und die er am liebsten verdrängen würde. Sie verfolgen ihn, die Bilder des Krieges. Sobald er die Augen schließt, ist alles wieder da. Nein, er ist wieder da. Direkt an der Front. Kann die verkohlten Leichen riechen, sieht die verstümmelten Menschen.

Er denkt an die vielen Kriegswaisen und was wohl aus ihnen werden wird. Er denkt an die Gleichgültigkeit, mit der zerstört wird. Und er denkt an einen anderen Mann, der verschwunden ist: sein früheres Selbst.

Auch denkt er an Ana und an die Hoffnung auf ein Leben, das nun zermahlen ist.

99

Folter

Am nächsten Morgen pocht der Wärter mit schnellen lauten Schlägen an die Tür der Zelle und reißt Lew aus einem zähen Abgrund tiefster Erschöpfung. Es wartet Arbeit auf ihn.

Eines der schlimmsten Dinge in diesem Gefängnis ist die Unvorhersehbarkeit. Der Plan ist darauf ausgerichtet, dass es keinen Plan gibt. Keine Tagesstruktur. Hier wird nicht für Sicherheit und Ordnung gesorgt, sondern Kontrolle und Macht ausgeübt. Immer mit dem Ziel, die Gefangenen zu desorientieren, zu demoralisieren und bis auf die Knochen zu quälen.

Das Gefühl diffuser Zeitlosigkeit beherrscht Lew. Mal lassen ihn Wärter und Insassen in Ruhe, mal bekommt er aus irgendeinem Winkel eine Faust zu spüren. Und immer wieder zwischendurch gewaltintensive Verhöre, um aus ihm herauszuprügeln, wie sich Steuerungs- und Navigationssysteme der Kampfflieger optimieren lassen.

Das Leben ist ein Weg durch ein Minenfeld, denkt Lew, als er eines Abends in seiner Zelle hockt. Man weiß nie, mit welchem Schritt man auf die nächste Mine tritt und alles um einen herum in die Luft fliegt.

Als er wenig später die sich vom Korridor nähernden schweren Tritte hört, krampft sich sein Magen zusammen. Und schon fliegt die Tür seiner Zelle auf, zwei Wärter stapfen hinein, und er sieht sie direkt vor sich, vor seinem Gesicht: blank polierte schwarze Stiefel. Die Männer zerren Lew an den Armen aus seiner Zelle, nicht ohne sich daran zu ergötzen.

Wieder schlagen sie ihn brutal zusammen.

»Noch bringen wir dich nicht um«, speien sie mit einem dreckigen Lachen hervor. »Erst musst du leiden. So richtig vernünftig leiden.«

Sie rammen ihn mit dem Rücken gegen die kalte Wand, prügeln genussvoll auf ihn ein und grölen mit jedem Stoß lauter. Als ein harter Schlag Lews Brust direkt oberhalb des Thorax trifft, fällt er zu Boden. Ihm ist, als durchlaufe ein heftiger Schauer seinen ganzen Körper, eine Schockwelle wie ein Stromschlag. Vor seinen Augen nur weißer Nebel. Schließlich werfen sie ihn zurück in die Zelle. Leuchtende Funken glühen hinter seinen Lidern auf wie winzige Löcher, ganz so, als würde der abgewetzte dunkle Stoff dieser Welt vor ein weit helleres Licht gehalten. Dann erlöschen die Lichtpunkte, und alles ist dunkel.

Als sein Blick wieder klar wird und er das Bewusstsein zurückerlangt, liegt er um Luft ringend in der Ecke seiner Zelle. Bei der zaghaftesten Bewegung flammt der Schmerz auf. Die Wunden pochen, jeder Pulsschlag durchfährt ihn wie ein Messer.

Schmutziges Wasser haben sie ihm hingestellt. Das ist alles, was er hat. Mit zitternden Händen greift er nach der Schale und führt sie zum Mund. Die Hälfte schwappt über. Er wünscht, er könnte heulen, sich den ganzen Druck von der Seele schreien, aber seine Drüsen sind trocken. Das Einzige, was ihn davon abhält, zugrunde zu gehen, ist seine Überzeugung, dass er alles verdient, was ihm hier passiert.

Wird so seine eigene Geschichte enden?

Die Wochen schleichen dahin. Kaum sind Lews Wunden verheilt, knöpfen die Wärter ihn sich erneut vor, nur um noch fester zuzuschlagen. Weil er noch immer nicht tot ist.

Wie viele Monate, Jahre noch wie diese? Lew hofft, dass auf die Flut all dieser Kriegs- und Gefängniserfahrungen irgendwann eine Flut des Vergessens folgt. Am besten das Vergessen selbst.

Nachdem sie ihn wieder einmal nach brutaler Misshandlung zurück in die Zelle geworfen haben, merkt er, wie Wellen von Müdigkeit die letzten Körnchen Kraft aus seinem Körper spülen. Er fällt und fällt, stürzt hinab in einen schwarzen Schlaf. Mehrmals zuckt er, fährt immer wieder zusammen, krümmt sich. Doch trotz der vielen schmerzhaften Wunden wacht er kein einziges Mal auf. Die Erschöpfung betäubt ihn.

In den Träumen läuft sich Lew davon, so schnell er kann. Er läuft an einer Aneinanderreihung von Tagen, Wochen, Monaten vorbei, bis er schließlich an dem Tag ankommt, an dem er sich freiwillig zum Kriegsdienst gemeldet hat. Und als er in die eisigen Augen des Mannes blickt, der ihm seine Uniform reicht, schreckt er mit feuchtglänzender Stirn und schlotternden Gliedern auf.

Am Abend eines jeden überstandenen Tages belohnt sich Lew mit Gedanken an Ana.

Seine sinnlichste Erinnerung – die wenigen Minuten auf der Veranda des Hotels, der innige Kuss, der Duft ihres Haares, ihre ganze Erscheinung – ist durch zu häufigen Genuss ausgebleicht. Sie liegt auf der anderen Seite einer einschneidenden Zeiteinteilung: vor seinen vergeudeten Jahren als Junggeselle, vor dem Krieg, vor dem Gefängnis. Und doch sind diese Fantasien das Einzige, woran er sich festhalten kann.

Freiheit gibt es nur noch in seiner Vorstellung. Dennoch

lohnt es sich, das Gefühl für einen Moment auszukosten, das die Vision von Freiheit in ihm weckt. Obwohl der Preis für die selbstvergessene Träumerei immer aufs Neue der Augenblick der Rückkehr ist, dieses erneute Sich-Wiedereinfinden in das, was real ist und mit jedem Mal nur noch grausamer wirkt.

100

Besuch

Keiner darf ihn besuchen. Viele Monate nach seiner Verurteilung, einzig und erstmals Lews Mutter.

Als Lew in den Besucherraum geführt wird, wo sich Verurteilte und Angehörige in eng eingegrenzten Abteilen hinter Scheiben aus Panzerglas gegenübersitzen, entdeckt er sie sofort. Gebückt sitzt die alte Frau hinter der Glasscheibe, presst ihre Handflächen dagegen.

Tränen sammeln sich in ihren Augen, als ihr Sohn den Raum betritt, übersät mit blauen Flecken an Gesicht und Hals, das linke Auge von einem Schlag zugeschwollen, die Lippen aufgeplatzt mit einem dünnen roten getrockneten Blutfaden, der vom Mundwinkel zum Kinn gekrochen ist. Unter dem fadenscheinigen Sträflingsanzug zeichnet sich jede einzelne Rippe ab. Lew wirkt auf seine Mutter wie ein Mensch, der sich nur noch mit ein paar ausgefransten Fäden zusammenhält. Es erscheint ihr, als stehe da bloß noch sein schwindendes Ich.

Lew setzt sich und legt seine Handflächen gegen ihre. Linke auf rechte. Rechte auf linke. Nur Millimeter trennen sie voneinander. Und doch fühlt es sich an, als seien es Welten. Langsam erwärmt sich die Scheibe unter ihren Händen. Das Gefühl der Wärme macht den Abstand erträglicher. Er blickt seine Mutter an. Das Geflecht aus Runzeln auf ihrer Stirn ist ihm vertraut wie eine oft gelesene Landkarte.

Beide lösen ihre rechte Hand von der Glasscheibe und greifen zum Telefonhörer, legen jetzt die linken Handflächen gegeneinander.

»Mein Gott, Junge! Was haben sie nur mit dir gemacht!«, stöhnt die Greisin.

»Es ist nicht so schlimm, wie es aussieht, Mutter. Es geht mir ganz gut.«

»Mach mir nichts vor. Es geht dir genauso, wie du aussiehst.«

Lew gibt im Gespräch mit seiner Mutter vor, unverändert zu sein, lügt sich zurück in die Normalität. Seine Befürchtung, nicht durchhalten zu können, gesteht er ihr nicht. Selbst wenn er es vorhat, zu überleben. Für seine Mutter und für Ana.

»Dieses verfluchte Land mit seinem Zwang, seine Machtsphäre ins Unermessliche auszudehnen. Zum Teufel mit unserem Präsidenten! Nicht einmal der Tod will ihn. Nur deshalb lebt er noch.« Ihr tiefer Atemzug rasselt. »Du hättest nie in diesen Krieg ziehen dürfen, Lew.«

Lew bekennt nicht, dass sie recht hat. Stattdessen sagt er: »Es war richtig, zu gehen, Mutter. Früher bin ich mir davongerannt. Der Krieg hat mich auf mich selbst zurückgeworfen, er hat mich mit mir selbst konfrontiert. Er hat mir die Augen geöffnet. Für das Richtige und für das Falsche. Für andere Menschen. Aber es stimmt, ich hatte keine Ahnung, was Krieg bedeutet.«

»Dass es eine solche Erfahrung braucht, um dir dieser Dinge bewusst zu werden, spricht nicht gerade für deinen Charakter.«

Lew nickt. »Das ist wohl so, Mutter.«

»Wenn du hier rauskommst, vergisst du das alles und fängst ein neues Leben an.«

»Klingt verlockend. Hier rauszukommen. Zu vergessen und sich neu zu erfinden. Allerdings glaube ich nicht, dass ich so bald hier rauskomme. Und selbst wenn ich jemals ein solch unermessliches Glück haben sollte, werde ich mich immer schuldig fühlen. Schuld legt sich wie ein Schatten über einen. Ein Schatten, der mit dem Voranschreiten der Zeit immer größer wird. Auch das habe ich gelernt.«

»Nicht den Mut verlieren, Lew. Wenn der Krieg vorbei ist«, sie hält kurz inne, spricht dann weiter, »und man munkelt, dass das Ende naht, dann kommst du hier raus.«

Lew schlägt die Augen nieder.

Seine Mutter erzählt ihm von der Möglichkeit eines Freispruchs, sollte der Präsident gestürzt werden.

Er darf die Chance nicht außer Acht lassen, dass doch irgendwann alles gut werden kann. Allerdings ist Lew nun schon viel zu lange weg aus der Welt des Alltäglichen. Ihm fehlt das Selbstvertrauen, positive Gedanken zu wagen, an ein Ende seiner Haft zu glauben.

Ohnehin würde ein solcher Freispruch für ihn nicht wirklich ein Freispruch bedeuten. Er würde sich selbst nie freisprechen können. Und wovon sollte ihn sein Land freisprechen, wenn sie endlich begriffen haben? Ein Freispruch würde nur ihnen selbst gelten, ihrer Feigheit, ihren eigenen Verbrechen, die ihr Gewissen nicht länger ertragen könnte.

Lew hat genug Schuldgefühle, die er wie Scherben auf einem unendlich scheinenden Faden zu einer Kette auffädeln kann, um sie für den Rest seines Lebens jeden Abend mit seinen Fingern zu befühlen und sich daran zu schneiden. Sollen die anderen ihre Arbeit machen und ihre Haltung überdenken.

»Nach deiner Verurteilung habe ich mir eingeredet: Besser du steckst im Gefängnis als im Krieg. Hier kannst du wenigstens nicht getötet werden. Aber wenn ich dich jetzt sehe, mein Gott! Sie bringen dich auch hier um. Nur anders. Ein Sterben auf Raten«, sagt seine Mutter.

»Auch wenn du es vielleicht nicht verstehen kannst, Mutter. Aber ich bin dankbar für diese Verurteilung. Für den Staat sitze ich im Gefängnis, weil ich die Gesetze unseres Landes missachtet und gebrochen habe. Für mich selbst sitze ich im Gefängnis, weil ich gegen die Grundrechte der Menschheit verstoßen habe. Weil ich einst aus Überzeugung in diesen Scheißkrieg gezogen bin und es nicht gescheut habe, Menschen zu töten. Für mich ist es eine Form von Buße. Auch wenn man das, was ich anderen angetan habe, nie vergeben kann. Ich mir selbst am wenigsten.«

»Du hast nicht nur Fehler gemacht. Du hast diese Kinder gerettet. Du bist jemand, der etwas gesehen hat, das niemand anderes gesehen hat.« Sie lacht kurz auf und sagt dann: »Wenn man in der wahren Welt etwas sieht, was niemand zuvor gesehen hat, bekommt man den Nobelpreis! Aber im Krieg reißen sie einem dafür den Kopf ab. Dieses Flugzeug zu stehlen und damit die Kinder aus dem Land zu schmuggeln. Was für eine brillante Idee! Das war mutig, selbstlos.«

»Vermutlich war es in erster Linie nichts Heldenhaftes, sondern purer Wahnsinn. Im Krieg habe ich begriffen, dass wir Menschen wirklich sterben. Und dass auch ich irgendwann sterben werde. Ich hätte nie den Mut gefunden zu leben, wenn ich nicht begriffen hätte, dass ich sterben werde. Wenn einem bewusst ist, dass man stirbt, ist man zu allem fähig.«

Seine Mutter nickt. »Trotzdem. Es gibt wenige mit einer solchen Courage. Ich bin stolz auf das, was du getan hast,

Lew. Du hast Dutzende Kinder vor einer grässlichen Zukunft bewahrt.« Sie hält kurz inne, blickt zum Fenster, dann wieder zu Lew. »Draußen – gewiss nicht in unserem Land, aber auf der anderen Seite – wirst du gefeiert wie ein Held. Das dringt zwar nicht bis hierher durch, aber manchmal, da erzählt mir mein Nachbar davon. Du weißt, der mit dem Diplomatensohn.« Sie atmet tief ein und aus, ihre linke Hand gleitet an der Glasscheibe nach unten, Lew zeichnet ihre Bewegung mit seiner Hand nach, sodass ihre Handflächen weiterhin aneinanderliegen. »Nun«, sagt sie mit belegter Stimme, »wenigstens haben sie dich nicht sofort umgebracht.«

»Nein, Mutter, das haben sie nicht.« Er löst seine Hand von der Scheibe und fährt sich über den geschorenen Kopf. »Ich habe hier viel Zeit nachzudenken, weißt du? Mir ist vieles klar geworden. Vor dem Krieg steckte ich irgendwie fest. In einer Art Tunnel aus Glas. Immer war da eine unsichtbare Wand zwischen mir und der Welt. Angenehm, ja. Sorglos, meinetwegen. Doch jetzt, da sich die Wände dieses Tunnels aufgelöst haben, sind mir die Menschen näher. Mein Dasein hat einen Sinn bekommen. Und wenn auch im Gefängnis, so lebe ich doch jetzt unter freiem Himmel.«

Seine Mutter nickt.

»Ich habe mich daran erinnert, was Papa mir oft gesagt hat, bevor er starb. Er sagte: ›Sinn im Leben findet man nicht, solange man in Mittelmäßigkeit feststeckt.‹ Er sagte, wir empfänden unser Leben als sinnlos, solange wir der Durchschnittsmensch seien, von gestern, von heute und von morgen. Solange wir uns nichts trauten. Solange wir nie in irgendetwas das durchschnittliche Maß überschreiten würden. Solange wir gewöhnlich seien. Er glaubte, dass es jenen Menschen, die es vorziehen würden, in Windstille und gemäßigtem Schicksalsklima zu leben, oft an Sinn mangle. Er glaubte, dass solche Menschen dem Gedächtnis der Menschheit entschwänden, sobald sie gestorben seien. Keiner frage mehr nach ihnen, keiner interessiere sich dafür, wer dieser Mensch wirklich gewesen sei. Und meist hätte sich ein solcher Mensch selbst diese Frage nie gestellt, wenn das Schicksal es nicht getan hätte. Es gehöre zum Glück, oder aber zum Unglück, eines mittelmäßigen Menschen, dass er sich nicht hinterfrage, dass er sich nicht ausmesse. Seine Möglichkeiten jedoch lasse er damit ungenutzt in sich schlafen, seine Talente verkümmern. Die Bedeutung eines solchen Lebens erlösche mit seinem Tod. Papa glaubte, dass wir nur durch Schicksalsschläge lernten, alles zu sein, was wir sein könnten und vielleicht sogar mehr, als wir je geahnt haben. Er glaubte, das Schicksal treibe uns durch die Konfrontation mit Unglück aus uns selbst und aus unserer Mittelmäßigkeit heraus. Hätten wir zu viel Glück und wüchsen auf der Sonnenseite auf, schwänden uns die Sinne, würden wir zu sorglos und spürten irgendwann weder uns selbst noch die anderen.«

Tränen sammeln sich in den Augen von Lews Mutter und verfangen sich in ihren hellen, kaum noch sichtbaren Wimpern. Schließlich laufen sie der Greisin über die Wangen.

»Nicht weinen, Mama. Papa hatte recht. Ich glaube, erst im Unglück findet man heraus, wer man ist.«

Die Alte löst ihre Hand von der Glasscheibe, greift in die Handtasche auf ihren Knien und zieht ein Stofftaschentuch heraus. Sie wischt sich die Augen, faltet das Tuch mit ihren krummen, langen, bläulichen Fingern wieder ordentlich zusammen und verstaut es in der Tasche. Sie hebt den Kopf und sieht Lew an.

»Was du da gesagt hast, ist wunderschön. Du erinnerst mich an deinen Vater. Ich bin dir dankbar, dass du mich zum Weinen gebracht hast. Das befreit.« Sie hält kurz inne und klopft sich sanft auf die Brust. »Hier herum, meine ich. – Ich habe fast keine Tränen mehr. In meinem Alter trocknet man zusehends aus. Alles wird brüchig und beginnt zu krümeln. Feiner und feiner werden die Krümel, und zum Schluss bleibt nicht mehr von einem Menschen übrig als ein Häufchen Staub.«

»Dafür siehst du aber noch blendend aus«, schmunzelt Lew. »Du musst ein wenig unter Leute, Mama. Gehst du denn ab und zu ein wenig raus?«

»Was soll ich denn unter Leuten? Die reden ja ohnehin alle nur vom Krieg.«

»Aber was machst du dann den ganzen Tag?«

»Mich auf den nächsten Tag freuen. Schau nicht so, Lew, das ist die Wahrheit. Ich freue mich jeden Tag auf morgen, nur deshalb, weil es nicht mehr heute ist und weil uns jeder weitere Tag einem möglichen Ende des Krieges näher bringt.«

101

Gitter

Durch das winzige Fenster blickt er in ein gittergeteiltes Stück Himmel. Zerzupfte Wolken ziehen vorbei.

Der Anblick seiner Mutter hat sich Lew wie ein Stein aufs Herz gelegt. Sie war ihm so zusammengefallen vorgekommen. Überhaupt war alles an ihr geschrumpft. Ganz so, als löse sie sich Tag für Tag ein wenig mehr auf. Wie gern hätte Lew die kleine, zierliche Frau in seine Arme geschlossen und einfach nur festgehalten.

Würde er das je wieder tun können? Seine Mutter umarmen? Oder war die letzte Berührung bereits jene gewesen, als er sich von ihr verabschiedet hatte, bevor er in den Krieg gezogen war?

Wie kostbar doch Momente sind.

Erstmals kommt Lew der Gedanke, dass sie nicht mehr da sein könnte, wenn er irgendwann je wieder frei sein sollte. Er denkt an den kleinen Jungen, an Ludmilla, an Pavel und an all die anderen Kinder und daran, dass auch Mütter sterblich sind. Obwohl sie seit jeher da sind, sind sie ein Mensch wie jeder andere mit einem Ende. Lew fragt sich, ob es bloß eine plötzliche Angst ist, seine Mutter zu verlieren, oder eine Ahnung seiner dünnhäutig gewordenen Seele.

Die vertraute Unwirklichkeit des Ganzen überfällt ihn wieder. Und diese Angst, die ihn lähmt.

Als Lew am nächsten Tag – nachdem er sein Pflichtprogramm erfüllt und sein tägliches Kontingent an Schlägen eingesteckt hat – an den kalten Mauern seiner Zelle lehnt, hört er plötzlich Schreie vom Dach des Gefängnisses zu ihm herunterwehen. Das winzige Gitterfenster ist ohne Glas, sodass er immer mitbekommt, was in der Außenwelt vor sich geht. Wenn Gefangene im Hof reden, schreien oder wenn neue angeschleppt werden. Zudem durchdringt das Gebrüll anderer Gefängniszellen die Mauern, das Heulen derjenigen, die es nicht mehr aushalten und darum flehen, erschossen zu werden.

Der Tumult oben auf dem Dach wird lauter. Lew hebt gerade in dem Moment den Kopf zum Fenster hinauf, als plötzlich ein massiver Schatten vorbeigleitet und im Bruchteil einer Sekunde einen dumpfen Schlag nach sich zieht. Einen Moment lang ist es still. Dann dringen aufgeregte Stimmen aus allen Winkeln des Gebäudes, und jemand brüllt: »Der hat sich umgebracht. Wie gut für ihn! Sammelt die Teile ein, und verscharrt sie an der üblichen Stelle. Einer weniger, an dem wir uns abarbeiten können. Aber keine Sorge. Nachschub lässt nie lange auf sich warten.«

Lew erfährt nicht, wer sich das Leben genommen hat, und auch nicht, wie das in einem solchen Hochsicherheitstrakt gelingen konnte. Aber die bloße Tatsache, dass sich einer in seiner Verzweiflung von einem mehrstöckigen Bau in den Tod stürzt, führt ihm vor Augen, dass der Krieg hier drinnen weitergeht. Bloß anders.

102

Wende

Einmal in der Woche darf er duschen. Nicht, damit er sich besser fühlt, sondern, damit er sich keine Läuse einfängt, die beim Foltern den Wirt wechseln könnten.

Als Lew sich auf den Weg zur Gemeinschaftsdusche macht, glaubt er zu sehen, wie sich am Ende des düsteren Korridors eine Silhouette vor dem kahlen Mauerwerk abhebt. Als er sie näher in Augenschein nimmt, verschwimmen die Konturen für einen Augenblick, zeichnen sich aber beim Näherkommen wieder deutlicher und formen schließlich die Umrisse einer menschlichen Gestalt. – Nein, es ist nicht bloß einer. Es sind viele.

Die Tür zur Gemeinschaftsdusche wird ihm von einer lückenlosen Mauer aus Körpern versperrt: von Insassen, für die Lew ein Landesverräter ist, und von einem der Wachmänner, der die Nasszellen beaufsichtigt. Mit gespannten Gesichtern starren sie ihn an.

Aus Lews Poren dampft die Angst. Bei jedem neuen Angriff sieht er dem eigenen Ende ins Auge. Wenn es ausbleibt, wird die Panik vor der nächsten Attacke nur größer.

Ein anwachsendes Brüllen greift um sich, ein Anfeuern, und schon versetzt ihm einer den ersten Schlag in den Bauch. Lew hat die Faust nicht kommen sehen, so schnell war sie auf ihn zugerast. Nur für einen kurzen Moment waren die lilafarbenen Adern auf dem Handrücken des Angreifers aufgeblitzt, dick wie Stricke.

Während sich Lew vor Schmerz krümmt, verpasst ihm ein anderer einen Stoß in die Seite. Beifall brandet auf. Der Wachmann grinst mit vor dem Körper verschränkten Armen.

Ein Dritter will gerade das Bein anheben, um auf Lew einzutreten, da schießt eine Faust aus der Menge und schlägt dem Mann – einem kompakten Insassen mittleren Alters – mitten ins Gesicht. Er stürzt zu Boden, und bevor er sichs versieht, schrecken die anderen Häftlinge zurück.

Es war die Faust von Matvej, die sich zwischen Lew und die Angreifer geschoben hat. Die Faust des brutalsten und furchterregendsten Wärters von allen. Matvej, der überall seine Maulwürfe und Komplizen hat und um den sich nicht nur die Struktur der Wärter ordnet, sondern auch die der Gefangenen. Sein Einfluss scheint grenzenlos.

Matvej bückt sich zu Lews Angreifer hinunter, packt ihn am Kragen, zerrt ihn hoch, stellt ihn wieder auf die Füße und drückt ihm den Zeigefinger auf die Brust. »Pass auf!« Er schaut den Insassen eiskalt an. Dann hebt er den Blick und lässt ihn in der Runde kreisen. »Ihr alle passt auf, und hört mir jetzt mal ganz genau zu! Ab sofort wird der da«, Matvej zeigt mit dem Kinn auf Lew, »von keinem mehr angefasst. Ist das klar?«

Ein leises, zustimmendes Grummeln macht die Runde.

»Haben wir uns da verstanden?«, brüllt Matvej.

»Klar, Boss«, grummelt es durch die Reihe.

»Ich höre nichts.«

»Klar, Boss!«, schallt es diesmal kräftiger.

»Gut. Und jetzt verzieht euch! Lasst ihn in Ruhe duschen! Sehe ich noch mal einen von euch sich ihm nähern, gibt's ein hübsches Tattoo mit der Glut meiner Zigarette. Ihr wisst, wie sehr ich es liebe, jemandem ein hübsches

Markenzeichen von mir einzubrennen! Und das nächste Mal wird es ein ganz besonders schönes – mitten im Gesicht.«

Stille.

Matvej dreht sich zur Seite, macht einen Schritt auf seinen Kollegen zu und spuckt ihm vor die Füße. Dann stapft er mit schweren Schritten davon.

Die Menge der Insassen löst sich auf, und bevor Lew begreifen kann, steht er allein mit dem eingeschüchterten Wärter vor dem Waschraum. Der Wärter senkt den Kopf, und Lew, der sich die Hand in die Seite presst, verschwindet hinkend hinter der Tür im vom Dampf vernebelten Gemeinschaftsbad.

Er geht zu einem der Lavabos hinüber und wischt mit einem Handtuch über den beschlagenen Spiegel. Lew sieht miserabel aus. Der Spiegel sieht das genauso. Lew dreht den Hahn auf und spritzt sich kaltes Wasser ins Gesicht. Eine angenehme, nahezu betäubende Kühle legt sich auf seine Haut und lässt die Wunden weniger stark pulsieren. Anschließend stellt er sich minutenlang unter die Duschbrause und lässt den warmen, weichen Wasserstrahl über seine Glieder rinnen. Erst als die Haut auf seinen Fingerkuppen runzlig ist, stellt er die Brause ab. Er schlingt ein Handtuch um seinen Körper, reibt seine Haut trocken, zieht sich frische Unterwäsche an und streift dann die graue Häftlingsuniform wieder über. Die Hose sitzt lose und rutscht ihm bis auf die Hüften hinunter. Auch die Jacke ist viel zu weit.

Mit schlurfenden Schritten schiebt sich Lew aus der Tür am Wärter vorbei, der ihn unterhakt und zurück in seine Zelle bringt. Auf Lews Haut liegt der Duft von Seife und in seinem Gesicht ein unmerkliches Lächeln – trotz der Blutergüsse und Schürfwunden.

Manchmal braucht es ein wenig, bis selbst der Letzte begreift, dass man besser nicht zu arg ins unterirdische Getriebe eines Gefängnisses eingreift.

In der kommenden Nacht betritt einer der Wärter, zu dem Matvejs Botschaft noch nicht durchgedrungen ist, Lews Zelle, zerrt ihn aus dem Schlaf und packt ihn mit der fleischigen Hand an der Kehle. Gerade als er Lew würgen will, legt sich dem Wärter eine noch massigere Hand auf die Schulter und schleudert ihn herum. Matvej steht da in seiner ganzen Kraft und Größe. Er greift nach dem in Folie eingeschweißten Ausweis des Wärters, wirft einen schnellen Blick auf den Namen und sagt: »Arni.« Lautstark zieht er Luft durch die Nase ein. »Also, Arni, falls es sich noch nicht bis zu dir herumgesprochen hat, der Typ da«, er zeigt mit dem Kopf in Lews Richtung, »steht ab sofort unter meinem Schutz.«

»Aber er ist fällig. Du weißt schon. Kleine Tracht Prügel.« Arni lacht dreckig.

»Sagt wer?«

»Der Boss.«

»Ab sofort bin ich für alle Belange dieses Mannes der Boss. Ist das klar?«

Arni rührt sich nicht.

»Ich habe gefragt, ob das klar ist.«

»Aber die Vorschriften ...«

»Diese Vorschriften gelten für ihn ab sofort nicht mehr.«

»Wer sagt das?«

»Ich sage das. Und nun zieh ab und flüstere das mal ganz schnell weiter. Andernfalls gibt's gern 'ne Kostprobe neuer Anordnungen.«

103

Ein Hauch von Freiheit

In den kommenden Tagen wagt sich keiner in Lews Nähe. Nicht nur, dass Matvej Wärtern wie Insassen den Kopf zurechtgerückt hatte. Lew wird sogar in eine bessere Zelle verlegt, die neben einer sauberen Matratze ein größeres Gitterfenster hat. Er kann jetzt mehr vom Himmel sehen, etwas, das ihm, solange er in dieser Zelle hockt, niemand nehmen kann.

Staunend blickt Lew hinaus in die Abendsonne, die sich in den Wipfeln der Bäume fängt, auf Blätter, die im letzten Licht des Tages flirren. Und ist gebannt vom Magischen dieses Moments.

Warum Lew den Schutz des allmächtigen Matvej genießt, versteht keiner. Am wenigsten Lew selbst. Sich im Gefängnis frei bewegen zu können, ist ein ganz neues Gefühl. Ein Hauch von Freiheit.

Lew wird erst sehr viel später von der engen Freundschaft zwischen Matvej und Anas Vater erfahren. Und davon, dass der Vater den Freund um einen Gefallen gebeten hat, nachdem ihm seine Tochter bei einem Besuch nach der Gerichtsverhandlung gestanden hatte, was Lew ihr bedeutete. Denn auch wenn Kinder es nicht immer sehen oder glauben: Eine Mutter oder ein Vater tut, was menschenmöglich ist. Und so hat Anas Vater direkt nach ihrer Abreise getan, was er tun konnte.

Es stimmte, was Ana über ihren Vater sagte: Er war ein Mann, der immer dagegen war. Doch was Ana erst viel später begriff, war, dass ihr Vater vor allem gegen Ungerechtigkeit, unsinnige Vorschriften und ungehörige Anordnungen war. Es dauerte eine Weile, bis sie bereit war, das zu verstehen.

Wir sehen die Welt nur so, wie sie in unseren Köpfen ist.

104
Sehnsucht

Stundenlang starrt Lew an die kahlen Mauern, als in seinem Kopf plötzlich eine Melodie spielt, die sich damals in jener Nacht in der Bar in seine Erinnerung geschrieben hat.

Er hat sie wiedergefunden. Die Frau von damals. Die Unbekannte, von der er nie mehr in Erfahrung gebracht hatte als ihren Vornamen: Ana. Es fühlte sich an wie eine Erinnerung aus einem anderen Leben, als er im Gerichtssaal in ihr Gesicht blickte. Der Gedanke an sie wiegt ihn in einen sonderbaren Taumel. Er lehnt seinen Kopf an die Wand und schließt die Augen.

In welch misslicher Lage er doch steckt, nun, da er ihr wiederbegegnet ist. Er fühlt sich äußerst glücklich und zutiefst unglücklich zugleich. Vermutlich wird er sie nie wiedersehen. Alles andere wäre ein Wunder. Und sein Kontingent an Wundern in diesem Leben hat er aufgebraucht. Da ist er sich sicher.

Nun hockt er hier in der Zelle mit dieser Sehnsucht. Und ihm wird mit einem Mal bewusst, dass er all die Jahre vor dem Krieg nur gewandert ist. Von einem Projekt zum anderen. Von einem Bett ins andere. Weil er eigentlich bloß auf der Suche war. Auf der Suche, ohne zu wissen, wonach.

Viele Menschen sind in ihrem Leben auf Wanderschaft. Das weiß Lew. Doch nun wird ihm klar, dass jeder, der auf

Wanderschaft geht, einen stabilen Punkt braucht, von dem aus er loszieht und zu dem er immer wieder zurückkehrt. Verloren fühlt man sich dann, wenn man diesen Punkt nicht hat.

105

Zeitsplitter

Der Tag vor dem vergitterten Fenster ist lichtlos und trüb. An Lews Gefängnistür ertönt das inzwischen vertraute Surren – irgendwer in der zentralen Steuerungsstelle hat den elektronischen Hauptverriegelungsmechanismus seiner Zellentür entsichert. Wenig später hört Lew die schweren Schritte des Wärters im Flur. Es ist Matvej. Lew erkennt inzwischen alle Wärter an ihrem Gang. Der Riegel wird zurückgezogen, die Zellentür einen Spaltbreit geöffnet. Matvej steckt den Kopf hindurch. Sein Gesicht scheint fahler als sonst.

Einen Moment lang ist es völlig still. Lew meint, das Geräusch der letzten Blätter zu hören, die draußen im Gefängnishof leise auf das Pflaster fallen.

Und dann tritt Matvej ein und teilt Lew eine Nachricht mit, die sich nahtlos in die Katastrophen der vergangenen Monate einreiht: Seine Mutter ist tot.

Lew steht da, vom Schock erstarrt. Wie ein beißendes Gift, das durch die Adern schießt, breitet sich der Schmerz in seinem Körper aus.

Matvej geht auf Lew zu, legt ihm die Hand auf die Schulter und drückt leicht zu. Dann lässt er Lew mit seiner Trauer allein.

Minutenlang ist Lew wie gelähmt, kann keines seiner Glieder bewegen. Dann plötzlich schlägt er seine Stirn so lange gegen die bloßen Mauern, bis die Haut aufplatzt und ihm das Blut über die Augen rinnt. Als sich der körperliche Schmerz über den seelischen legt, wird er allmählich ruhiger. Er faltet sich zusammen, sinkt auf die Pritsche nieder und heult wie ein Kind.

Ihr Leben ist weggeweht.

Was hatte sie damals zu ihm gesagt, als sein Vater, ihr Mann, gestorben war? »Wenn jemand stirbt, den du liebst, fühlt es sich unmöglich an, ohne diesen Menschen weiterzuleben. Wenn die Liebe zu jemandem so tief ist, dass sie Teil dessen ist, was du bist, verliert mit dem Tod dieses Menschen alles seine Bedeutung. Der Verlust und die Sehnsucht schreiben sich in deine DNA, in deine Haut, in deine Knochen. In deine innere Landkarte. Sie sind die Rinnsale, die Bäche, die Flüsse in dir.« – Ja, denkt Lew, so ist es.

Er schließt die Augen, lässt seine Mutter in seiner Vorstellung entstehen. Er zoomt sie heran, näher und näher, noch näher, um sie ganz genau in Augenschein zu nehmen. Die blassen, zärtlichen Augen, die tief in den Höhlen liegen. Das Muttermal rechts oberhalb der Lippe. Ihre langen, dünnen, bläulichen Finger.

Lew spürt, wie sie ihn ein letztes Mal umarmt, sieht dieses ihm ins Herz eingeschriebene Bild jenes Augenblicks, der beinahe real zu werden scheint. Immer realer und realer, bis seine Erinnerung in einen Traum übergeht.

106

Trauer

Durch den Stoff seiner Häftlingskleidung fühlt er das Bündel Briefe. Seit seiner Gefangenschaft hat ihm seine Mutter jede Woche geschrieben. Zwar zensiert und durch viele Hände gegangen, bevor die Briefe Lew erreichten, aber jedes einzelne Blatt: ein Stück von ihr. Die Bögen: sein kostbarster Schatz. Lew trägt sie stets bei sich. In der Nacht in den Bund seiner Hose gesteckt, am Tag in der Brusttasche des gestreiften, fadenscheinigen Baumwollhemds. Immer wieder fährt er mit der flachen Hand darüber.

Er hört ihre Stimme in seinem Kopf, doch er hat das Gefühl, sie verliere jedes Mal, wenn er sie sich in Erinnerung ruft, an Kraft, werde immer leiser und leiser. Auch hat er Angst, irgendwann nicht mehr auf die anderen Erinnerungen mit ihr zugreifen zu können. Je häufiger Lew das Gesicht seiner Mutter heraufbeschwört, desto mehr scheint es zu verblassen.

Wenn er ihre Briefe am Ende eines jeden Tages liest, überkommt ihn ein solches Heimweh nach seiner Mutter, ein solcher Schmerz, der ihn zu zerreißen droht. Eine Sehnsucht nach einem verlorenen, unwiederbringlichen Teil seines Lebens.

Lew umklammert die Kuverts, presst sie sich aufs Herz. Er will sie festhalten, seine Mutter, will sich an ihre gemeinsame Geschichte klammern.

Eines Morgens, draußen ist es noch dunkel, klingen ihre letzten Worte in seinen Ohren:

»Der Krieg wird irgendwann vorbei sein, mein Sohn. Die Propaganda wird sich auflösen, die Menschen werden wieder lernen, frei und selbstständig zu denken. Einige von ihnen werden begreifen. Andere nicht. Jene, die begreifen, werden die Vergangenheit unseres Landes neu schreiben. Sie werden beweisen, dass wir viel zu lange Zeit Schuld am Geschehen hatten, ohne schuldig zu sein. Weil wir nichts gegen diesen Krieg unternommen haben.«

Tränen glitzern in Lews Augen, während er die Sätze seiner Mutter im Gehirn abspult. Was war sie nur für eine weise Frau. Warum hat er ihr früher nie zugehört? Wie viel hätte er von ihr lernen können. Jetzt ist es für Fragen zu spät. Aber mit ihrem Blick in seinem Herzen kann er Antworten finden, denkt er.

Und das Stückchen Himmel im Fenster seiner Zelle wird allmählich hell.

107

Das Foto in der Zeitung

Die Frau schlägt sich die Hände vor den Mund und ist mit einem Mal ganz bleich. Ohne den Blick vom Foto in der Zeitung abzuwenden, ruft sie ihren Mann. Der glaubt, sie habe wieder eine dieser Panikattacken, die sie oft überfallen, seit sie im Krieg ihren bis zur Unkenntlichkeit verbrannten Sohn in den Trümmern zurücklassen mussten, um vor den nächsten Luftangriffen zu fliehen.

Tränen treten in die Augen der Frau, ihre Hand zittert, als sie mit ihrem Zeigefinger ganz langsam die Reihen der Kinder entlangfährt, auf denen ihr ein Gesicht direkt ins Auge springt. Und auch ihr Mann erkennt ihn sofort. Wie kann das sein? Er lebt!

In den Köpfen der Eltern kriecht sofort die flimmernde Leere hervor, die über dem verbrannten Fleck Mensch gezittert hat, den sie für ihren Sohn gehalten haben. Ein Schrei entfährt der Mutter. Ein Schrei, der tief aus der Seele kommt. Ein Kind, das man für tot, für verloren hält, zurückzubekommen, ist das größte Geschenk des Universums.

Der Bericht unter dem Foto widmet sich, wie viele in den vergangenen Tagen, dem Helden – einem Soldaten der gegnerischen Truppen, einem Feind, der kein Feind ist. Er hat siebenunddreißig Kinder aus der Kriegsgefangenschaft befreit, mit einem waghalsigen Flugzeugraub aus seinem Land geschafft und sie dann, über einem friedvollen Land am Meer, an Fallschirmen dem Himmel und einer Zukunft übergeben.

Es wird erwähnt, wo sich die Kinder befinden und wie man mit dem Waisenhaus Kontakt aufnehmen kann, falls man ein Familienmitglied auf dem Foto erkennt.

Frau Margret prüft jeden Anrufer, der vorgibt, Verwandter eines Kindes zu sein, bis aufs Mark. Wie mit der Flüchtlingsbehörde abgestimmt, lässt sie sich präzise beschreiben, um welches Kind auf dem Foto es sich handelt, und gleicht dann sorgfältig die Daten ab: Vorname und Name des Kindes, Geburtsdatum, Geburtsort, letzter Wohnort, Lieblingsessen, Lieblingsbeschäftigung und so weiter – insofern die Kinder damals, bei ihrer Aufnahme ins Waisenhaus, alt genug waren und Auskunft darüber geben konnten.

Stimmen die Angaben des Anrufers mit ihren Dokumentationen überein, vereinbart sie – unter Beisein der zuständigen Behörden – einen Termin für ein Treffen im Waisenhaus.

So findet das ein oder andere Kind in seine Familie zurück. Und selbst wenn beide Elternteile im Krieg umgekommen sind, gibt es manchmal Tanten, Onkel oder Großeltern. Familie ist eben Familie. Und meistens besser als nichts.

108

Mysterium

Eines Tages wird Pavel aus dem Unterricht gerufen, um einen Umschlag in Empfang zu nehmen. Er erkennt die Schrift darauf sofort.

Er tritt hinaus in den warmen Herbstmorgen, hockt sich unter einem der breit gefächerten Pinienbäume auf die aus der Erde hervorbrechenden Wurzeln und lehnt sich an die durch tiefe Längsrisse gespaltenen rötlich grauen Holzplättchen der Borke. In der Luft liegt eine unwirkliche Ahnung, ein Versprechen.

Erst als er sich versichert hat, dass niemand in der Nähe ist, reißt er das Kuvert auf und zieht das Blatt Papier heraus. In der leichten Brise flattert es wie ein Vogel. Beinahe lebendig fühlt sich der Zettel in seinen Händen an.

Anfangs glaubt er nicht, was er liest. Immer wieder schüttelt er den Kopf, ganz so, als wolle er sichergehen, dass die Zeilen sich nicht plötzlich wieder verflüchtigen. Dass er nicht träumt.

Die Sätze springen ihm entgegen. Er liest sie mit solcher Hast, dass er Angst hat, sich an den Worten zu verschlucken.

Und als er am Ende des Briefes angelangt ist, löst sich mit einem Mal der tief sitzende Knoten in seiner Brust auf, und Tränen laufen ihm über die Wangen. – Jede einzelne eine funkelnde Einzigartigkeit von Glück.

109

Die Eltern

Eine Frau. Ein Mann. Die Frau legt den zitternden Finger auf den Messingknopf und drückt die Klingel. Das polierte Metall ist kühl, ihr Finger hinterlässt einen kleinen feuchten Fleck. Sie hören ein rasches, gedämpftes Poltern, als jemand im Inneren eilig die Treppe hinunterspringt. Er nimmt immer zwei Stufen auf einmal. Das wissen sie. Tränen glitzern in ihren Augen. Und doch glauben sie nicht an ihr Glück.

Das Geräusch eines Riegels, der zurückgeschoben wird. Und dann steht er vor ihnen: Pavel! Er hat die Eingangstür des Waisenhauses so heftig aufgerissen, dass sie sich fast aus den Angeln hebt.

Da stehen sie nun voreinander und schauen sich an. Nach einer so langen, ungelebten Zeit. Von außen kann man beinahe zusehen, wie sich die Bruchstücke in ihrem Innern wieder zusammenfügen. Wie die scharfen Kanten verschwinden und wieder etwas Ganzes daraus wird.

Gefühle des Glücks, des Schmerzes, der Erleichterung und Dankbarkeit mischen sich in die Fülle dieses Moments. Keiner sagt ein Wort, aber in ihren Blicken liegen tausend Sätze. Dann endlich fallen sie einander in die Arme.

Das Unmögliche ist geschehen: Sie haben sich wieder. Sie leben noch. Alle drei. Obwohl jeder vom anderen geglaubt hat, dass er tot sei. Wie konnte das sein?

Was keiner von ihnen je ergründen wird, ist, dass sich die Wege von Lew und Pavels Eltern im Krieg gekreuzt hatten. In ihrer zersprengten Heimatstadt. Damals nämlich, als Pavels Eltern über einen bis zur Unkenntlichkeit verbrannten Jungen gebeugt, von Schmerz fast zerrissen, um ein Kind getrauert haben, das in Wirklichkeit gar nicht ihr Sohn war. Weil Soldaten aus Lews Reihen das Leid selbst nicht mehr hatten ertragen können und bloß blindlings auf dieses Kind gezeigt haben, um der endlosen, aussichtslosen Suche dieser Eltern nach ihrem Kind ein Ende zu setzen. Auch, um sie davor zu bewahren, bei der nächsten Explosion selbst zu sterben. Und weil es beim Ausmaß der Zerstörung ohnehin unwahrscheinlich war, dass der Sohn dieser Leute noch lebte.

Es sind diese Schicksalsfäden, die sich unsichtbar von der Spule des Universums abwickeln und die Leben von verschiedenen Menschen zu einem Gewebe verwirken, ohne dass wir es sehen oder begreifen können.

Pavel glaubt nicht an Gott, gehört keiner Religion an. Die Antworten, die der Glaube auf die Fragen des Lebens gibt, erkennt er nicht an. Und die Wissenschaft kommt auch an ihre Grenzen, wenn es darum geht, befriedigende Antworten darauf zu liefern. »Denken allein kann die Dimensionen dieser Fragen nicht fassen«, hat ihm Margret erklärt. »Die Antworten gibt uns nur das Leben selbst.« Wie recht sie damit hat, denkt Pavel jetzt.

Sie sind eine der wenigen Familien, die lebend aus diesem Krieg herausgekommen sind. Pavel und seine Eltern.

In ihr Land, das noch lange auf den Frieden warten muss, das noch viele Jahre zerstört und brach liegen wird, wollen sie erst einmal nicht zurück. Und so mieten Pavels Eltern das kleine Strandhaus, in dem Ana nach ihrer Ankunft an diesem magischen Ort einige Wochen verbracht hat.

Ihr nächster Krieg ist ein Papierkrieg, um Ludmilla zu adoptieren. Denn Ludmilla, das steht fest, ist für immer untrennbar mit Pavel verbunden. Und somit auch mit seinen Eltern. Wer einen echten Krieg überstanden hat, der schafft auch das.

Manchmal, in ruhiger, aufgeräumter Stimmung, denkt Pavel über die Ereignisse und Zufälle nach, die sein Leben geprägt und bestimmt haben. Dann fragt er sich, ob sein Fall etwas Besonderes ist oder ob alle Schicksale auf solch tragische und doch mystische Weise geformt werden.

Und manchmal, wenn er ganz allein ist und niemand ihn sehen kann, erlaubt sich Pavel die Kostbarkeit, in überfließender Dankbarkeit zu weinen.

110

Das Finden von Türen

Eine Möglichkeit kann erst anklopfen, wenn du dafür eine Tür schaffst«, sagte Margret zu Ana.

Und Ana erschuf sie, diese Tür – und machte sich erneut auf den Weg in ihr Geburtsland. Sie musste Lew wiedersehen.

Ihr Vater half ihr bei diesem Wahnsinn. Und Matvej auch.

Zwischen Steuer und Sitz eingeklemmt, hockt der gedrungene, beleibte Mann in dem für ihn viel zu kleinen Auto.

»Ich glaube an dich, Ana«, sagt er zu ihr.

»Ich habe nie an mich geglaubt, hätte aber in meiner Jugend jemanden gebraucht, der es tat«, sagt Ana, die unruhig auf dem Beifahrersitz hin- und herrutscht. Nach einem Tag und einer Nacht in Bussen und Zügen ist sie völlig übermüdet.

»Ich wollte nicht noch gewaltigere Fehler machen, als ich bereits fabriziert hatte, darum habe ich mich jahrzehntelang nicht gemeldet«, sagt ihr Vater. »Andere in die eigenen Fehler hineinziehen, macht die Fehler nur größer. Ich wollte euch Mädchen vor dem Schmerz schützen.«

»Das war falsch.«

»Das ist vermutlich wahr.«

Ein Anflug von Wut zeichnet Anas Gesicht. »Ich habe mich von dir abgelehnt gefühlt.«

»Für mich warst du immer großartig. Durch meine Abwesenheit und mein Schweigen wollte ich dafür sorgen, dass du großartig bleibst.«

Ana sagt nichts.

»Eltern formen ihre Kinder«, fährt er fort, wie um sich selbst zu rechtfertigen.

»Nicht nur durch ihre Anwesenheit. Vor allem auch durch ihre Abwesenheit«, sagt Ana.

»Ich hatte Angst, dass ich deine Schönheit und dein Strahlen mit meinem dunklen Wesen auslösche. Wir hatten kaum Geld. Und sagen wir es so: Damit ich eine vierköpfige Familie durchbringen konnte, musste ich mir mit Geschäften etwas hinzuverdienen, auf die ich nicht immer stolz war. Das war letztendlich auch der Grund, warum die Ehe mit deiner Mutter gescheitert ist. Ich hätte euch meine volle Aufmerksamkeit geben sollen. Vermutlich hätte ich dann andere Lösungen entdeckt. Irgendein Schlupfloch an Möglichkeiten findet sich immer. Wenn man genau hinsieht.«

Sie biegen auf die Allee ein, die zum Gefängnis führt. Auf Matvej ist Verlass. Oder auf die Schmiergelder von Anas Vater, so recht weiß sie das nicht. Matvej hat es irgendwie hinbekommen, Ana für eine Stunde ins Gefängnis einzuschleusen. Für einen Bericht über Landesverräter in der staatlichen Presse, meldete er an die Aufsicht. Den dafür notwendigen, gefälschten Presseausweis hat Ana noch. Fest umklammert hält sie ihn in ihrer feuchten Hand.

»Koste jede Minute aus«, sagt ihr Vater, als er den Wagen am Vorplatz einlenkt und vor dem Sicherheitstor anhält.

»Wie kannst du wissen, dass ich es schaffe? Dass ich da drin nicht auffliege?«

»Ich setze deine Größe voraus«, sagt er zu seiner Tochter, bevor sie aussteigt und die Beifahrertür schließt.

Der Wagen wendet. Anas Vater wirft ihr durch die heruntergelassene Scheibe noch einen aufmunternden Blick über die Schulter zu, schließt kurz die Lider und öffnete die Augen wieder.

Seine Annahmen über das Wohl seiner Kinder waren falsch gewesen. Das begreift er jetzt. Er fragt sich, was er sonst noch falsch eingeschätzt hatte. Klar ist ihm nun, dass er Fragen all die Jahre verdrängt hat und sein ganzes Leben lang vermieden hat, Antworten zu suchen. Er wendet sein Gesicht ab und braust mit dem senfgelben, in die Jahre gekommenen Lada Riva davon.

Ana sieht dem Wagen nach, beobachtet, wie die Rücklichter Meter für Meter weiter in sich zusammenschmelzen und sich schließlich im Dunst des frühen Morgens auflösen. Mit einem Mal ist ihr bewusst, dass ihr Vater in all den Jahren nicht weg war, nur weil sie nicht an ihn gedacht hatte. Er war immer da – irgendwie.

Im Leben gibt es so etwas nicht: einen Abschluss. Beziehungen, die uns geprägt oder falsche Entscheidungen, die wir getroffen haben, sind nie wirklich abgeschlossen.

Matvej empfängt sie bereits am Sicherheitstor. Sein weiches Lächeln passt so gar nicht zu dem kahl geschorenen Kopf und der mächtigen Statur.

Er kennt Anas Vater offenbar seit Jahrzehnten. Woher genau, will sie gar nicht wissen. Es genügt, dass sie aufgrund dieser Freundschaft heute hier sein und, wenn alles gut ging, Lew sehen kann.

Matvej streckt ihr eine fleischige Hand entgegen, in der Anas zierliche völlig verschwindet. Dann führt er sie durch ein Labyrinth aus Gängen und Sicherheitstüren in einen kleinen, etwa neun Quadratmeter großen Raum ohne Fenster.

Stille. Eine Welt ohne Welt. Ohne Autolärm. Ohne Stimmen. Ohne das Grün der Bäume und das Gezwitscher der Vögel. Anas Atem kurz und schnell.

»Ihr habt eine Stunde«, sagt Matvej. Er verlässt den Raum und stapft davon.

Ana schaut sich in der kalten grauen Leere des Zimmers um. Unmittelbar fröstelt sie. Nach einer Weile hört sie erneut Schritte über das Linoleum des Korridors scharren. Träge und schwerfällig wie die eines alten Mannes. Und noch bevor sie sich umdreht, fühlt sie Lews Gegenwart: Es ist diese Veränderung in der Luft, die sie immer dann spürt, wenn sie mit ihm im selben Raum ist.

Da steht er, im Türrahmen, abgezehrt und grau, und verschmilzt nahezu mit der tristen Umgebung des Gefängnisses.

Wärme durchströmt Ana. Ein Kribbeln durchfährt ihren Körper, wie Blasen, die in einem Wasserglas aufsteigen. Ich will mit ihm zusammen sein, schießt es ihr durch den Kopf. Ein Wunsch, so groß und unrealistisch, dass er ihr den Atem nimmt. Wieder hat Ana das Gefühl, dass dieser Mann etwas in ihr weckt, von dem sie nicht wusste, dass es existiert.

Und auch in Lew regt sie sich: die Fantasie.

Stille. Ihre Augen sagen einander alles, was zählt.

Als sich die erste Nervosität legt, spürt Ana ein Gefühl in sich – ein Prasseln wie ein leichter Regen –, und ganz unmerklich wird ihr klar, dass es Erleichterung ist. Erleichterung darüber, dass Lew noch lebt und nun hier vor ihr steht. Und sie ist glücklich, bei ihm sein zu dürfen.

Lew sieht Ana an und weiß, dass er ihr alles sagen könnte und sie ihn dennoch nicht verurteilen würde. Sie ist sich dessen bewusst, dass er als Soldat Menschen getötet hat. Und trotzdem ist sie hier. Er ist ein Wrack. Doch das bedeutet ihr nichts – und das bedeutet alles. Ihr Gesicht verschwimmt für einen Moment, und da merkt Lew, dass er weint.

Wie lange hat er sich in der Erinnerung an sie verzehrt. Und nun steht sie hier, direkt vor ihm.

Langsam setzt er einen Schritt vor den anderen, geht auf sie zu. Es ist seltsam, denkt er, aber der Blick in die Augen dieser Frau ist, ja, es ist wie nach Hause kommen.

Voreinander stehend, fühlen sie eine Ganzheit, eine Vollständigkeit, die sie nur dann empfinden, wenn sie beieinander sind. Es ist wie ein Moment außerhalb der Zeit. Außerhalb ihrer beiden wirklichen Leben. Ein gestohlener Augenblick, bevor das echte Leben in seiner Rohheit wieder dazwischenkommt. Es ist einer dieser flüchtigen Momente, die alles bedeuten.

Ich liebe dich, denkt auch er, und die Worte – deren Bedeutung er jetzt nicht mehr leugnen kann – machen ihn glücklich und traurig zugleich.

Welch brutale Schönheit in diesem verzweifelten Moment liegt.

Keiner von beiden sagt etwas.

Innerhalb der Gefängnismauern hat Lew noch andere Mauern um sich errichtet. Es sind solche, die sein Verlangen und seine Sehnsucht nach Ana bändigen sollen. Hier mit ihr in diesem Raum fühlt er das enorme Glück, das auf der anderen Seite dieser Mauern liegt.

Seine Fingerspitzen tasten nach ihren. Er streicht ihr eine Haarsträhne hinters Ohr, lässt den Arm wieder fallen. Und obwohl sie einander nicht mehr berühren und keiner etwas sagt, hat Lew das Gefühl, das Salz von Anas Tränen auf seiner Zunge zu schmecken.

Keiner von beiden erlaubt sich die Vorstellung einer gemeinsamen Zukunft. Das Einzige, was sie wissen, ist, dass es ihnen beiden nach dieser erneuten Begegnung noch schwerer fallen wird, die Tage, Monate, vielleicht Jahre durchzustehen, bis sie sich vielleicht wiedersehen. Dieser Moment ist das Einzige, was sie haben.

Keiner von beiden glaubt an Worte. Sie wissen, dass ohnehin keines ausdrücken könnte, was sie denken und fühlen. Für manche Dinge gibt es keine Sprache.

Es sind Minuten von solcher Intensität, die ihnen keiner mehr nehmen kann.

Sie stehen einander noch immer schweigend gegenüber, als Matvej nach einer Stunde zurückkehrt, um Lew zurück in die Zelle und Ana aus dem Gefängnis zu führen.

Ein stiller Abschied – in nur einem Wimpernschlag liegt ihre ganze Welt.

111

Winde

Menschen sind wie Winde. Es gibt beständige Winde, die immer da sind. Es gibt solche, die plötzlich ihre Richtung ändern. Und jene, die mit Wucht auf uns niederstürzen. Es gibt trockene Winde und feuchte. Solche, die sanft über uns hinwegziehen, und andere, die ganze Landstriche verwüsten und unter sich begraben. Winde können warm sein oder eisig. Sie können dahintreiben und sich am Ende im Meer selbst ertränken. Sie können Staub aufwirbeln, verwüsten und verschlingen. Sie können leicht sein und schwer. Sie können in Gestalt von Wirbeln daherkommen, von Säulen oder einem Tuch, das sich sanft auf uns legt. Sie können entfernte Stimmen heranwehen oder davontragen. Sie können mit den Düften des Lebens gefüllt sein. Und sie können uns anwehen, genauso wie Lew, wenn er einen Brief auseinanderfaltet, den er von Ana erhalten hat.

Ihre Worte legen einen weiten Weg zurück, bis sie ihn im Gefängnis erreichen: von Ana zu ihrem Vater, der sie in ein anderes Kuvert steckt und sie Matvej in die Hand drückt. Und von Matvej schließlich ins Gefängnis zu Lew. Und doch enthält jeder einzelne Brief einen Splitter von Anas Leben und jenen Wind vom Ort, an dem sie sich aufhält. Lew sammelt ihre Worte wie die wenigen Augenblicke mit ihr. Er lebt davon. Er überlebt damit. Mit ihrer beider Geschichte.

112

Furcht vor der Freiheit

In seiner Zelle kauernd, gegen die kalten Mauern gelehnt, schleudern ihn die Gedanken immer wieder in die Welt der Vergangenheit. Er denkt an das Grauen auf dem Schlachtfeld und fragt sich, wie er nach einer solchen Erfahrung je wieder in ein Leben draußen zurückkehren kann.

Wohin sollte er gehen? Seine Mutter ist tot. Das Elend, das sie lange Zeit nur zu beugen schien, hatte sie schließlich gefällt.

Wie flüchtig doch das Leben ist. Man kommt an, man bleibt ein bisschen und reist wieder ab. Ein recht kurzer Aufenthalt, um sich selbst so wichtig zu nehmen, wie es manch einer tut. Sind unsere Alltagssorgen vor dem Hintergrund dieses Bewusstseins und mit dem Wissen um die wirklich schrecklichen Dinge nicht bloß mikroskopische Probleme?

Nicht einmal zur Beerdigung seiner Mutter konnte Lew gehen. Sich verabschieden von dem Menschen, der ihn geliebt hat, wie ihn kein Mensch mehr lieben würde. Bedingungslos. Der ihn besser gekannt hat als er sich selbst vor diesem Krieg. Der gewusst hat, dass Lew in diese Schlacht gezogen war, weil die Einberufung ihn weggerufen hatte von sich selbst. Von sich selbst und seinem bis dahin sinnlos geführten Leben.

Lew war in diesen Krieg geflüchtet. Seine Mutter hatte

um die Wunden eines solchen Kampfes gewusst. Um Wunden, die sich nicht einfach desinfizieren und verbinden lassen.

Wünscht er sich manchmal, alles wäre anders verlaufen? – Diese Frage stellt sich gar nicht. Das hier ist sein Leben.

Doch wohin soll er zurück? Wer braucht ihn? Für wen, wofür soll er leben? Wem kann er sich zumuten? Er ist ein Wrack.

»Was auch immer uns passiert, das Wichtigste ist, nicht rückwärts in die Zukunft zu gehen, sondern vorwärts«, hatte seine Mutter zu ihm gesagt.

Lew zieht das fingerlange Stück des geflochtenen Polyamid-Seils unter der Matratze hervor, das Matvej für ihn aus den Sachen gefischt hat, die nach Lews Überführung ins Militärgefängnis beschlagnahmt worden sind.

Lew hat sich nach seinem ersten Wagnis ein Stück von der Reißleine des kleinen Jungen abgeschnitten, nachdem er ihn aus dem Cargo-Flieger in den Himmel geworfen hatte.

Er betrachtet den robusten Faden, befühlt ihn, dreht ihn in seinen Händen.

Dieser kurze Strang Gewebe beschreibt den Wahnsinn eines Menschen, der siebenunddreißig Kinder in ein neues Leben geworfen hat.

Mit fotografischer Schärfe sieht Lew das Bild des kleinen Jungen vor sich: Wie er ihn aus dem Bettchen hebt und an seine Brust schmiegt. Wie er ihm Glassplitter aus dem Haar zupft. Wie er ihm einen letzten Kuss auf die Stirn drückt.

Und dann entdeckt er – nach sieben ihm endlos erscheinenden, brutalen Jahren der Gefangenschaft – zu seiner eigenen Überraschung, dass er in jener früheren Welt draußen vor den Gefängnistoren trotzdem wieder leben möchte.

Wer aus der Hölle heimkehrt, wiegt alles mit einem neuen Gewicht.

113

Das Ende des Grauens

Im Gesicht des Präsidenten: nichts, was Reue andeutet. Lediglich das Bedauern, dass er mit diesem Krieg nicht durchgekommen ist. Dass er gescheitert ist.

Sein Gesicht ist verhärtet, grau und mürbe – wie rissiger Granit –, als er abgeführt wird. Abgeführt von der Bühne einer Welt, die er schlechter gemacht hat, als sie vor seiner Präsidentschaft war.

Die Glocken läuten auf dem ganzen Kontinent. Anfangs begreifen die Menschen nicht, dass es vorbei ist. Nur unmerklich weicht die Furcht in ihren Gesichtern einem Ausdruck zögerlicher Entspannung.

Und dann, ganz plötzlich, fällt die Erleichterung über sie her, und Millionen von Menschen, die für die ein oder andere Seite gehofft oder gekämpft haben, fühlen wie nie zuvor, dass sie zusammengehören.

Jeder einzelne Soldat hatte zu Beginn dieses Krieges sein winziges Ich in die Masse geschleudert, um den Gegner zu vernichten. Nun fallen sie sich in die Arme, schütteln einander die Hände. Sind sich dem Menschsein bewusster als je zuvor. Fühlen sich nicht mehr als der isolierte Mensch von früher, sondern als Weltgemeinschaft.

Bis auf einige, die noch immer nicht aus ihren starren Überzeugungen erwacht sind. Die gibt es immer.

Das Schicksal hatte sie alle in den Krieg geschwemmt. Die einen beauftragt von ihren Regierungen, die anderen geflüchtet, verfolgt und gebrandmarkt. Jeder einzelne abgelöst von seiner eigentlichen Existenz und ins Zufällige geschmettert. Alle mit ihrem Dasein an den Ausgang dieses Horrors gebunden. Und keiner von ihnen ist mehr der, der er vor diesem Krieg war. Wir sind nie mehr dieselben.

Und schließlich fangen sie an aufzuräumen. Berge von Schutt abzutragen. Ab und an brechen sie bis zur Hüfte in die Trümmerberge ein, aus denen hier und da Gliedmaßen ragen. Sie graben sie aus, diese zerstückelten, verschütteten Leben. Sammeln sie ein, diese gesprengten Leiber, die zum Vorschein kommen, und legen sie in Särge. Tote ohne Namen mit gestorbenen Geschichten.

Alles Zerstörte muss mühsam abtransportiert werden. Damit schließlich in dem skelettierten Land neue Hoffnung sprießen kann.

114

Der Freispruch

Die Regeln des Krieges gelten nicht mehr. Und solange es noch keine neuen gibt, flüchtet sich jeder in den Raum dazwischen. In das noch Mögliche. In das noch Bestehende. Wie zu Beginn des Krieges die Gefängnisse geöffnet wurden, um die Häftlinge an die Front zu schicken, werden jetzt jene in die Freiheit entlassen, die gegen die Gesetze des Krieges verstoßen haben. Es herrscht Chaos, ohne amtierenden Präsidenten, und in diesem winzigen Schlupfloch der Zeit, bis ein neuer feststeht, macht jeder ein wenig, was er will, und bringt sich selbst in Sicherheit.

So wird auch die Haftstrafe gegen Lew aufgehoben.

115

Der letzte Tag im Gefängnis

Lew hat geglaubt, er hätte den Krieg längst verlassen. Doch jetzt, da er seine Freiheit wiedererlangt, begreift er, dass er sich während der letzten Jahre bloß eingebildet hat, woanders zu sein. Dass er aber in Wirklichkeit die ganze Zeit weiter im Krieg feststeckte. Im Trümmerregen. Inmitten all der Leichen. Dort, wo der Tod von morgen heute schon in der Luft hing.

Er blickt ein letztes Mal durch die Gitterstäbe des Zellenfensters und erinnert sich an die ersten Schneeflocken, die damals durch die Tannen herabgeweht waren, als er das Schreiben mit der Anordnung erhielt, sich zur Musterung einzufinden. An die Nacht, als er seiner Mutter von seinem Einzug erzählt hatte. Eine Nacht, in der über einen tiefschwarzen Himmel weiße Wolkenfetzen jagten. Und an all die grausamen Tage und Nächte, die darauf folgten. Bilder, die ihn nie verlassen werden.

Es gibt ihn, diesen düsteren Riss, der sich mitten durch ein Leben zieht und es in ein Vorher und ein Nachher teilt. Wie eine Schlucht, die alles hinabzieht, was ihr zu nahe kommt. Ein Riss, der alles verändert. Der aus der eigenen Geschichte zwei macht. Und in Lews Fall nicht nur eine entbehrliche, wegwerfbar wie Unrat, sondern eine schädliche dazu. Eine, die es fast unmöglich macht, sich nach all den Jahren noch eine bessere zuzulegen.

Oder zählt es als Wiedergutmachung, wenn man siebenunddreißig Kindern das Leben rettet, nachdem man es Hunderten von Menschen geraubt hat? Wann ist etwas wieder-gut-gemacht? Gibt es Wiedergutmachung überhaupt?

Wie viele Menschen legen sich neue Geschichten zu. Neue Vergangenheiten. Glanzvoll und für andere leicht zugänglich. Die das armselige traurige Ich der bisherigen Biografie zukleistern sollen. Doch die Wahrheit ist: Die echte Vergangenheit kann man nicht abschütteln. Man wird zu ihr. Zu dieser Vergangenheit.

116

Gewebe des Lebens

Lew tritt hinaus in die blendende Helle der Freiheit. Frühlingsluft streicht ihm übers Gesicht. Er schreitet über den gepflasterten Vorplatz bis zur Pforte.

Als das Tor des Gefängnisses mit einem Quietschen aufschwingt, reißt auf einmal der Horizont auf, und Sonnenlicht durchglüht die Wolken.

Zögerlich setzt er einen Schritt vor den anderen, nachdem sich das Tor wieder hinter ihm geschlossen hat. Ganz so, als liefe er auf Glas.

Jahre sind vergangen, seit er sein Leben zum letzten Mal selbstbestimmt geführt hat. Er ist jetzt dreiundfünfzig. Die Welt vor den Gefängnismauern hat sich weitergedreht, während die dahinter an seinem Wesen geschabt hat. Immer wieder war der Hammer auf die Meißel niedergesaust und ließ Kante für Kante seines Inneren schärfer hervortreten.

Völlig allein steht er nun da, ein Bündel Wäsche in der Hand, die wenigen Habseligkeiten in einen Beutel gestopft, und weiß nicht, wo er hinsoll.

Arme und Beine, die am Morgen noch ohne Gewicht waren, fühlen sich taub an und schwer. Seine Hände sind feucht. Lew lehnt sich an einen der Steinpfosten, reibt sich mit dem Handrücken über die Stirn.

Und dann plötzlich drängen von allen Seiten Kinder, Jugendliche und junge Erwachsene vom Rand des Gefängnisgeländes heran.

Sie alle halten etwas in der Hand, das Lew auf die Entfernung hin nicht ausmachen kann. Erst als sie näher kommen, erkennt er es: Es ist ein Stück Stoff. Ein Stück Ripstop-Nylon. Und er begreift: Sie alle halten ein Stück des Fallschirms in der Hand, der sie einst in ihr neues Leben getragen hatte.

Alle sind sie gekommen: der kleine Junge, der jetzt gar nicht mehr klein ist und Kristjan heißt, wie Lew wenig später erfahren wird, Ludmilla, Pavel und vierunddreißig andere.

Lew steht da, sprachlos, mit glänzenden Augen und einem kindlichen Staunen. Die Schönheit der Welt, die er hier vor sich ausgebreitet sieht, treibt ihm Tränen in die Augen.

Er schiebt seine Hand in die Hosentasche und zieht ein kleines Päckchen aus zerfaserter, verschmutzter Gaze heraus. Er hält es in der einen Hand, während er es mit Daumen und Zeigefinger der anderen Hand auffaltet. Ganz so, als öffne er eine verschlossene Blüte.

Dann liegen sie da, in seiner Handfläche, angestrahlt von Sonnenlicht: die drei Metallsplitter, die Ludmilla ihm einst aus dem Arm gezogen hat. Und daneben: das fingerlange Stück Nylonfaden, das Lew von der Reißleine jenes Fallschirms geschnitten hat, mit dem Kristjan in sein neues Leben gesegelt ist.

Siebenunddreißig Stücke oliv-schimmernder Fallschirmseide, ein Nylonfaden und drei Stahlsplitter beschreiben ihre ganze gemeinsame Geschichte.

Er geht ihnen entgegen, diesen Kindern, Jugendlichen und jungen Erwachsenen, lässt seinen Blick über ihre Gesichter schweifen. Hin – und wieder zurück. Und schaut sie ungläubig an.

Einen Moment lang scheint die Zeit stillzustehen. Dann plötzlich bricht ein Crescendo aus Jubel aus. Sie stürmen auf Lew zu, umarmen ihn, klopfen ihm auf die Schulter, greifen ihn am Nacken, umfassen seine Oberschenkel und heben ihn hoch in die Luft.

Die Anspannung in Lew löst sich und macht einem Wohlgefühl Platz. Ganz langsam entweicht die Leere aus seinem Körper, und eine Welle an Dankbarkeit flutet ihn.

Und dann plötzlich bleiben seine Augen an einem Gesicht hängen. Er schüttelt den Kopf, blinzelt mehrmals. Er, der weiß, dass er seinem Scharfsinn vertrauen kann, misstraut dem, was er sieht. Er, der in den vergangenen Jahren zu einem aufmerksamen Beobachter geworden ist – zu einem, der in nahezu jedem Moment selbst das registriert, was noch niemand für bemerkenswert hält –, kneift die Augen zusammen, um besser zu sehen.

Kein Zweifel. Sie ist es.

Ein Lächeln bildet sich um Anas Mundwinkel.

Alle Gesichter wenden sich ihr zu. Sie heben Lew von ihren Schultern herunter. Die Menge teilt sich.

Und dann gehen sie aufeinander zu. Lew und Ana. Ganz langsam. Und als sie voreinander stehen bleiben, streckt Ana ihre leicht zitternde Hand nach ihm aus. Schweigend schauen sie einander an.

In den vergangenen Tagen waren Ana die Worte nur so im Kopf herumgeschwirrt. Jetzt, da sie sie braucht, lassen sie sie im Stich.

Doch dann, als Lews Gehör sich gerade auf eine neue Form von Stille einstellt, sagt Ana, die Hand noch immer tastend nach ihm ausgestreckt: »Wir dachten, wir können dich vielleicht irgendwohin mitnehmen.«

Lew lächelt, legt seine Hand auf ihre, sucht ihre Finger und verschränkt seine mit ihren. Ein leichter Druck von beiden.

Stille. Nur die Augen, die schüchtern einander abtasten.

Bis Lew schließlich sagt: »Das war eine merkwürdige Reise, eine siebzehnjährige Reise, die ich gemacht habe – um dich zu finden.«

Es war doch seltsam. Bei allem, was passiert ist, nie wäre Lew auf so etwas gekommen. Während des Fliegens hatte er den ganzen Himmel nach dem Sinn abgesucht und ihn am Ende auf der Erde gefunden.

Früher hatte er an sehr wenig geglaubt. Inzwischen weiß Lew, dass auch das sich geändert hat. Seine Seele ist reich. Ein seltsames Gefühl überkommt ihn: das Gefühl, dass er in diesem Moment alles, was je Bedeutsames in seinem Leben passiert ist, gleichzeitig in sich spürt.

Dann plötzlich streicht ihm ein Luftzug übers Gesicht, übers Ohr, und er vernimmt die Stimme seiner Mutter, die ihm zuflüstert, dass er eine bessere Version von sich geworden ist, als sie je geglaubt hätte. Sie hatte auch diesmal eine Tür gefunden, um ihre Liebe zu ihm über Raum und Zeit hinweg durchscheinen zu lassen. In Erinnerung an sie schüttelt Lew lächelnd den Kopf und denkt: Glück ist nie vollkommen. Aber gerade in seiner Unvollkommenheit liegt die eigentliche Schönheit.

117

Vierzig Jahre später

Lew ist dreiundneunzig. Oftmals in den vergangenen Jahrzehnten hat er gedacht: »Was für ein Glück, dass die Frau, die ich liebe, auch meine Ehefrau ist.«

Dann jedoch schlich sich vor Jahren die Demenz bei ihm ein, die nach und nach sein ganzes Denken gefangen nahm.

Noch immer ist er mit Ana verheiratet, die ihn, obwohl mit neunzig auch in die Jahre gekommen, liebevoll pflegt.

Ihr Adoptivsohn Kristjan hat inzwischen selbst Familie und lebt nur unweit von Ana und Lew entfernt. Ebenso ihr enger Freund Pavel, der glücklich verheiratet, Vater von drei schon fast erwachsenen Mädchen ist und der selbst nach so vielen Jahren immer noch darüber staunt, wie sich die Katastrophen in seinem Leben zum Guten gewendet haben. Auch Ludmilla, die von Pavels Eltern adoptiert wurde, nachdem sie ihren Sohn wiedergefunden hatten, und die heute das Waisenhaus leitet, wohnt nur einen Katzensprung entfernt. Margret war kurz nach Ende des Krieges an Herzstillstand gestorben. Die genaue Ursache fand man nicht heraus. Zu ihrer Beerdigung waren selbst ihre beiden Söhne angereist – sie hatten sie dreißig Jahre nicht gesehen.

Ana ist Schriftstellerin geworden. Wie auch nicht? Der Stoff für ihre Bücher lag ausgebreitet vor ihr. Die ganze

Welt ist eine Fundgrube an Geschichten und voll von Protagonisten, deren Leben sie erfinden konnte.

Lew hat bis zu seiner Pensionierung als Ingenieur für Entminungsroboter gearbeitet.

In ihren vierzig gemeinsamen Jahren erlebten die beiden Höhen und Tiefen, überstanden Krankheiten und Schicksalsschläge.

In den letzten Monaten vor seinem Tod tauchte Lew immer häufiger in den Brunnen der Erinnerung und verweilte darin für kurze Zeit – mit geschlossenen Augen und einem Lächeln auf dem Gesicht.

Seit Wochen schon erkennt er Ana nicht mehr und spricht sie mit »gnädige Dame« an. Eines Herbsttages erscheint der alte Mann in seiner besten Kleidung zum Mittagessen, streicht sich das spärliche weiße Haar mit der Hand glatt und nimmt am Esstisch in der Küche Platz. Er wendet Ana sein Gesicht mit den sanften grauen Augen zu und strahlt, als er sie ansieht. Mit beiden Händen greift er über den Tisch nach ihren und drückt sie sanft. Dann sagt er: »Sie sind eine wunderbare Frau, gnädige Dame. Wenn ich nicht schon verheiratet wäre, würde ich Ihnen jetzt einen Antrag machen wollen.«

In Anas Augen sammeln sich Tränen. Mit einem Lächeln erwidert sie: »Sie haben ganz bestimmt eine entzückende Gattin.«

Lews Gesicht strahlt auf: »Das habe ich. Sie heißt Ana. Habe ich Ihnen schon erzählt, wie ich sie kennengelernt, verloren und wiedergefunden habe? Das war wie – Magie.«

Ana blickt nach draußen in den leuchtenden Herbst. Die Traubeneiche, die sie und Lew nach ihrem Einzug ins gemeinsame Haus vor vierzig Jahren in den Garten gepflanzt haben, wächst inzwischen meterhoch in den Himmel hinauf. Die Blätter fallen von den Zweigen und funkeln in der

Nachmittagssonne golden vor dem strahlend blauen Firmament. Ana meint das Geräusch zu hören, wenn sie langsam auf den Rasen hinabsinken.

Zwei Eichenblätter, die nebeneinander an einem Zweig in der leichten Herbstluft zittern, nehmen Anas Blick gefangen. Ihr kommt es vor, als unterhielten sie sich miteinander, genau wie sie und Lew.

Sie wendet sich wieder Lew zu und sagt zärtlich: »Ja, Sie haben mir von dem Wunder schon berichtet. Aber erzählen Sie mir doch nochmals die ganze Geschichte, sie ist so wunderschön.«

Lew atmet tief ein. Seine leuchtenden Augen sind auf Ana gerichtet, bis sie plötzlich mit einem Anflug von Staunen in eine andere Welt blicken. Als er zum Sprechen ansetzen will, rutscht er tiefer in den Stuhl und haucht in einem letzten Zug sein Leben aus – und damit ihrer beider Geschichte.

Und draußen vor dem Fenster löst sich eines der beiden Eichenblätter vom Zweig, wird sanft durch die Luft getragen, als flöge es mit Lews letztem Hauch davon.

Ana sieht ihn an, ihren Mann – voller Liebe. Noch immer ein Lächeln auf dem Gesicht, fällt sein Kopf zur Seite. Sie flüstert ihm zu: »Warte auf mich, Liebster. Warte.«

Sie hält seine Hände, bis sie kalt und schon ganz wächsern sind. Und dann, ganz plötzlich, legt sich auch über sie eine Müdigkeit. Ana schließt die Augen, und nur wenige Stunden nachdem Lews Herz aufgehört hat zu schlagen, löst sich das zweite Blatt vom Zweig der Traubeneiche und fliegt davon. Und Anas Leben erlischt leise.

Hand in Hand sitzen die beiden am Tisch. Das Haus verströmt ihrer beider Geruch, die Wände atmen ihre Geschichte, die Holzdielen flüstern ihre Schritte. Und dann plötzlich erheben sich ihre Silhouetten von den Stühlen und gleiten Hand in Hand durch den herbstlichen Abendnebel hinaus, machen sich gemeinsam auf den weiten Weg zu dem fernen Land hinauf, hoch oben hinter dem glitzernden Fluss.

Epilog

Du wirst geboren mit einer Frage.
Du gehst mit einer Antwort.
Du bleibst mit der Erinnerung.